JN084580

「移動する子ども」学

川上郁雄
KAWAKAMI Ikuo

children crossing borders

くろしお出版

目　次

序

なぜ「移動する子ども」学なのか

1. はじめに

　本書は新しい学問領域として「移動する子ども」学を提案する。

　子どもに関するテーマは多様にある。たとえば、子どもの誕生から心身の発達、言語習得、学力と心の成長、社会性の育成、社会参加など多様な課題があり、それらを探究する学問領域として保育学、児童心理学、学校教育学、教育社会学、心理言語学、教育人類学などがすでにある。

　しかし、本書の「移動する子ども」学は、これらの既存の学問領域と重なりつつ、微妙にズレている。一般に、自然科学は自然を対象にする学問群であり、人文社会科学は人間を対象にする学問群と呼ばれる。「移動する子ども」学も、人間理解を目指す学問領域であるという意味で、当然、後者に含まれる。

　では、「移動する子ども」学とは、何を研究対象に、どのような方法で探究する学問領域と考えられるのか、またそれはなぜ今、必要なのか、具体的に考えてみよう。

2. 「移動する子ども」という現象

　最近、国際色豊かな若いアスリートがたくさん活躍している。たとえば、ダルビッシュ有さん（野球選手）、ケンブリッジ飛鳥さん、サニブラウン・アブデル・ハキームさん（ともに陸上競技選手）、八村塁さん（バスケット

ボール選手）、大坂なおみさん（テニス選手）など。そして、これらのアスリートは日本代表選手として活躍している。これらの人は、父親が日本以外の国（イラン、ジャマイカ、ガーナ、ペナン、ハイチ）の出身者で、母親が日本人という、いわゆる国際結婚家庭で育った人である。

このように国際結婚した両親を持ち、日本で生まれ育って、様々な分野で活躍している人がいる一方、海外に目を転じると、日本人の両親のもと海外で生まれ成長した人、たとえば長洲未来さん（フィギュアスケート選手）のような人もいる。長洲さんはアメリカ代表として活躍している。

さらによく見ると、日本で生まれ、その後、親の移住や転勤にともなって海外へ移り、その地で成長した人もいる。あるいは逆に、海外で生まれた後、親の都合で来日（帰国）し、日本で成長した人もいる。どちらも、出生地と居住地、さらに学校の間を移動しながら成長する子どもたちである。そのような子どもたちが、今、私たちの周りに多数いるのだ。

これらの子どもたちに共通するのは、幼少期より複数言語環境で成長しているという点である。その環境とは、たとえば、家庭で使用する言語と学校で使用する言語が違う場合や、父親の言語と母親の言語が違うような場合である。そのため、子どもは日常的に複数の言語を使い分けたり、複数の言語を混ぜて使用したりすることが起こる。また、親の突然の移住や転勤などにともなって、子どもはそれまでの生活空間から新しく馴染みのない生活空間に移動したり、親の休暇のたびに親の祖国に一時帰国したりするなど、言葉や習慣の異なる場所で生活することを小さい頃から体験する。

さらに、異なる言語を使用して学んだり考えたりすることも日常的に起こる。たとえば、子どもは家では親の言語の絵本を読み、学校では異なる言語で教科書を読むという場合や、海外では平日は現地校へ通い、週末には補習校やコミュニティ・スクールに通う子どももいる。その場合、平日の学校の使用言語と週末の学校の使用言語が異なる場合がある。つまり、学びの言語が異なるのである。

これらの子どもに共通するのは、小さい子ども時代から①言語間を移動する、②空間を移動する、③言語教育カテゴリー間を移動する、という日常的

な「移動の経験」がある点である[1]。今、「移動する子ども」という現象は世界各地で起こっている。

　では、そのような「移動の経験」は子どもにどのような影響を与えるのか。

3.「移動する子ども」という経験

　幼少期より複数言語環境に暮らす子どもは異なる複数言語で他者と接触する体験を日常的に積みながら成長する。複数言語によるやりとりは、ときには他者と繋がり、ときには他者と繋がらない体験である。つまり、他者との接触体験には子どもの持つ複言語能力が深く関わっており、その能力によってコミュニケーションが成功したり不成功に終わったりするのだ。その結果、複数言語に関わる体験はときに楽しい体験であり、ときに苦しくつらい体験にもなる。さらに、複数言語を使用して他者と繋がったり、繋がらなかった体験には、他者からのまなざしが常にともなう。また同時に、その体験は、自らが他者をまなざし、そして自己を振り返る機会にもなる。そのような機会を日常的に繰り返し持ちながら、子どもは成長していく。

　このような体験は、自己アイデンティティの形成に影響する。ここでいうアイデンティティとは、「自分が思うことと他者が思うことによって形成される意識」（川上編、2010）である。

　「複数言語を使用して他者と繋がったり、繋がらなかった体験」を自分の中で意味づけ、そして自分の人生の経験として位置づけていくということは必ずしも容易なことではない。なぜなら、その作業は自己の生きざまと向き合う作業であり、ときに苦しかった体験が思い出され、苦痛がともなうことがあるからである。

　なぜ苦痛がともなうことがあるのか。その理由のひとつに、社会が持つ規範性に照らして、自らの位置づけが不安定になる場合があるからである。たとえば、日本人の両親を持つ子どもが海外で成長し、大学生になってから来

1　「言語教育カテゴリー」とは、英語圏の学校へ通う日本人の子どもは「第二言語としての英語学習者」、補習校では「継承日本語学習者」、日本に帰国すると「海外帰国生」と呼ぶなど大人の作ったカテゴリーをいう。

日し、大学に通う場合、外見は日本人に見えるのに日本語に「外国人訛り」があるとか、漢字が書けないことから、周りから「日本人なのに、どうして？」と訝しく見られたりすることがある。このとき、その大学生は自分が日本人なのかと思い悩んだり、日本に居場所がないと感じたりする。

　同様に、国際結婚した両親のもと日本で育った子どもが大人になってから親の祖国に行ったとき、その国の言語が十分に使用できず自分の言語能力に不安を感じたりすることがある（たとえば、本書の第9章、第10章）。このような体験と向き合い、自分自身の生き方を模索するとき、常に直面するのが、ひとつの国民国家はひとつの言語文化で成立しているといった社会的な規範意識である。それは他者が持つ規範意識であり、同時に自己が持つ規範意識でもある。まさに、「想像の規範性」の影響下にあって、自己のアイデンティティを形成しようと働くのである。

4.「移動する子ども」という記憶

　このような意味の「移動する子ども」という経験は、けっして成長期だけに見られる現象ではない。子どもが大人となって社会で活躍していく過程でも、複数言語を使用する場面に遭遇したり、自分と同様の経験を持つ人と出会ったりする中で、幼少期から体験してきた複数言語に関わる記憶が呼び戻され、それらの記憶が新たな「経験」として意味づけられたりするからである。それは、人が幼少期からの記憶を大人になってから新たな記憶として読み替え、再度、意味づける作業である。

　つまり、「移動する子ども」という経験は、「移動する子ども」という記憶として、その人の中に蓄積されていくことになり、人のアイデンティティを再構築していくことに繋がる。

　ただし、その記憶が固定的なものかと言えば、そうではない。たとえば、グローバルな社会現象や国際関係の変化、観光やメディア、国際犯罪等によって、言語に対する社会的な評価や、その言語を使用する人々や国に対するイメージが変化したりすることがある。その結果、幼少期より複数言語環境で成長してきた人の、自ら持つ複数言語に対する「記憶」の意味づけも変

化することがある。

　さらに、そのような人が壮年期、高齢期を過ごしていくうちに、生活や仕事のうえで複数言語使用の頻度や、使用言語と不使用言語のバランスが変化していくことがある。出生地の地域や国を離れ、出生地とは異なる地域や国で老齢期を迎えることはけっして珍しいことではない。そのようなライフコースの中で、「移動する子ども」という経験の意味づけも変化し、新たな「移動する子ども」という記憶となって、人のアイデンティティや生き方に影響し続ける（たとえば、本書の第 10 章、第 11 章）。

　では、このような「移動する子ども」という記憶は人のアイデンティティや人生にどのような影響を与えるのであろうか。「移動する子ども」という記憶は社会においてどのような意味があるのであろうか。近年のグローバルな移動の時代に、この「移動する子ども」という経験そして記憶を持つ人々が急増している。つまり、誰もが「移動する子ども」となる 21 世紀の人の研究は、「人種」「民族」「国籍」「エスニシティ」などの 20 世紀の概念では捉えきれない新たなステージへ向かっている。それゆえ、「移動する子ども」は、21 世紀の人の研究における、主観的な意味世界を探究する新しい分析概念となりうるのである。

5.　分析概念としての「移動する子ども」

　では、主観的な意味世界を探究する新しい分析概念となりうる「移動する子ども」とはどのような概念か。

　「移動する子ども」とは、目の前の生きている子ども（実体概念）ではなく、幼少期より複数言語環境で成長したという経験と記憶を中心に持つ分析概念である。その分析概念には、「空間」「言語間」「言語教育カテゴリー間」の移動経験の貯蔵庫が 3 つあり、それらが相互に影響しつつ重なり、記憶が形成されていく。また、「今、ここ」の日常的移動の横軸と、「あの時そしてこれから」という過去と未来を繋ぐ個人史的移動の縦軸を持つ（図 1）。幼少期から複数言語環境で成長する人の生を捉え、理解するには、このような分析概念としての「移動する子ども」が有効である。

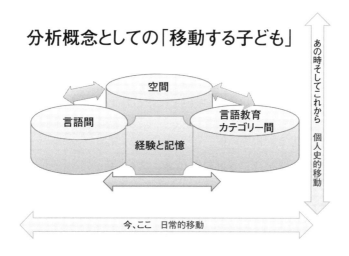

分析概念としての「移動する子ども」

図1　「移動する子ども」

6. 何をどのように研究するのか

　すでにおわかりのように、「移動する子ども」学は、目の前の子どもだけ
を考察の対象にしていない。考察の対象は、居住地がどこであれ、複数言語
環境で生活する子ども、学生、大人、障がい者、高齢者など、すべての人々
を含む。

　そのうえで、「移動する子ども」学は、「移動」と「ことば」というバイ
フォーカル（bifocal）な視点から、移動性、複文化性、複言語性を持つ人の
あり方を考察する。「移動」と「ことば」というバイフォーカルな視点とは、
21 世紀に生きる私たちは空間的にもバーチャルにも、また時間的にも常に
移動の中に暮らしているという理解と、言語が持つ社会的な相互作用性や複
合性、動態性を持つという理解から成り立っている。この視点から見ると、
「移動」を経験する人々を理解するためには、定住者の視点から捉える固定
的な枠組み（たとえば、国籍やエスニシティや出生地など）を離れ、研究者
自身が移動を続けながら考察対象に寄り添い、研究テーマに向き合う地動説
的研究を目指す必要がある（川上、2018a）。

　このような「移動」と「ことば」というバイフォーカルな視点に立つ「移動する子ども」学は、必然的に、既存の学問領域の視点と研究方法と微妙にズレた視点を取ることなり、結果として、既存の学問領域を超えた学問領域を創出することになろう。それは、新たな子ども理解や、認識枠組み、成長と記憶、人の主観的な意味世界を探究することになり、21世紀に生きる人々の移動性、複文化性、複言語性のリアリティを明らかにすることになろう。

7.　本書の構成

　本書は12章から構成されている。以下に、それぞれどのような問題意識から書かれたものかを述べることによって、「移動する子ども」学の研究領域の輪郭を示したいと思う。

　第1章と第2章は、「移動する子ども」学の理論編になる。

　第1章は、「移動」が100年以上前から社会における重要なテーマとなっていたことを確認する。その後、「異郷人」「異人」「マージナル・マン」「ストレンジャー」などとして研究されてきた研究史を振り返り、「移動する子ども」学の本質的課題が何かを検討し、かつ、このテーマが21世紀の現代にも繋がる重要なテーマであることを論じる。

　第2章は、近年の人口移動とグローバル化の進む中で、人類学、歴史学、社会学、経済学、国際関係論などで、「移動」が大きな研究テーマになっており、人文科学あるいは社会科学において外せない重要な主題であることを論じ、その中に「移動する子ども」学が位置づけられること、また研究方法として地動説的アプローチから、当事者の主観的な意味世界を探究することが、この学の中心的テーマであることを確認する。

　第3章から第6章までは「複数言語環境で成長する子ども」を具体的な事例をもとに検討しつつ、研究をするうえでの課題を検討する。

　第3章では、これまでの子どもに関する国内外の研究をレビューし、それらの課題を検証しつつ、「移動する子ども」学がそれらの先行研究とどのように違うかを、一青妙さんの自己エスノグラフィーを例に検討する。

　第4章は、「複数言語環境で成長する子ども」に関する方法論に関連して、

研究対象のくくり方の問題点を、ベトナム難民として来日した親を持つ子どもを事例に検討する。そのうえで、「移動する子ども」をめぐる「名付け」と「名乗り」の弁証法的関係について論じる。

　第5章は、「移動する子ども」に関する研究で、何が主題となるかについて、タイに暮らしながら複数言語環境で子育てをした母と子の具体的な語りにそくして議論を展開する。

　第6章は、複数言語環境で成長する子どもの「ことばの力」をどのように捉えるか、そしてそれを踏まえて、どのような「ことばの教育」が必要かについて、日本の現状と課題も分析しながら、論じる。

　第7章と第8章は、文学作家の作品を取り上げる。第7章は、台湾に生まれ幼少期に来日した作家、温又柔（おんゆうじゅう）さんのエッセイと小説を検討する。さらに第8章は、オーストラリアに在住する作家、岩城（いわき）けいさんの小説を検討する。どちらもエッセイや小説であるが、描かれている世界は、まさに「移動する子ども」学の主題に通じる。換言すれば、「移動する子ども」学と文学研究の協働的研究の可能性を示唆する。

　第9章から第11章までは、国際結婚した親のもと、「複数言語環境で成長した子ども」が大人になった事例研究である。第9章は、ドイツ生まれの20歳代の男性の語りを検討する。また第10章は、ドイツ生まれの40歳代の女性の語りを検討する。「移動する子ども」の経験と記憶を持つ女性が親になった事例である。第11章は、日本生まれの高齢者の男性の語りである。「移動する子ども」の経験と記憶を持つ人が高齢期になると自身のアイデンティティとことばをどう考えるかについて、当事者の語りをもとに考える。

　最後の第12章では、「移動する子ども」学の展望を述べる。ご覧の通り、「移動する子ども」学の取り扱う課題やテーマは、子どもに限らない。幼少期、成長期、青年期、壮年期から高齢期まで関わる。また日本国内だけではなく、世界各地に居住する人も含む。さらに、当然ながら、空間の移動、言語間の移動、言語教育カテゴリー間の移動、さらに、日常的な移動の軸と、過去と未来の時間を移動する軸とも繋がる人間の生に関するテーマを探究する。

　これらのテーマは、既存の学問領域だけでは収まらないものである。それゆえに、本書は「移動する子ども」学を提起する最初の書となるだろう。

第1章

「移動する子ども」という記憶と社会

問題意識①

　人が境界を越えて移動するということは、これまでの学問領域でどのように考えられてきたのであろうか。その思索は、幼少期より複数言語環境で成長する子どもの生を考えるうえで、どのように役立つのであろうか。あるいは、私たちが考えるべき課題は、どこにあるのであろうか。

1. 人の移動をめぐる思索

　移民、難民を含む大量人口移動は 20 世紀の最大の特徴の一つと言われたが、21 世紀に入っても人の移動は継続している。その背景には経済と情報のグローバル化、そしてそれを支えるテクノロジーの発達があり、豊かな生活を求める人々の移動と生活はますます複合的に構成され、人の生き方も複雑に変化してきている。

　このような状況で、国境を超えて移動する人々に関する課題は、国民国家とその成員との関係を改めて突きつけている。人の移動にともなう移民政策や難民対策、国家の安全保障や危機管理などはその一例であり、学際的な研究課題として広く関心を集めている。その中心的な課題は、国民国家のメンバーシップを持つ人をどのように認めるのかという課題でもある。

　この課題は、集団の枠を超えて移動する人や集団内における移動する人々についての課題であり、すでに社会学や人類学などにおいては 100 年以上前から探究されてきたテーマでもある。本章では、「人の移動」の視点から、人と集団の関係について考察する。集団の外部にいる人と集団との関係性、あるいは集団とその内部にいる外部にルーツを持つ人との関係性の課題を振り返る。そして、そこから現在の人の移動に関する研究課題の捉え方、また研究方法について検討することを目的とする。

　人の移動は、当然ながら、これまでの世界的な社会的状況の激動に応じて、大きく変化してきた。ここで改めて「人の移動」の視点から、集団と個の関係性を問うことは、現代および未来の人と社会を問うことになると考える。

2. 移動する人々と社会の関係──「異人」をめぐる議論

　人が集団を作り生活していくとき、その集団がどのように形成されるのか、またその場合、集団の外部の人と集団の内部の人はどのような関係になるのかについて、以前より理論的な研究が世界各地で行われてきた。その中心的な論点の一つは、集団の外部から集団内部に移動してくる人と集団内部の人との関係性であった。

　ドイツのベルリン生まれの社会学者、ゲオルグ・ジンメル（G. Simmel）は、1908 年に発表した論文で、集団の外部から集団内部に移動してくる「異郷人」を、「今日訪れ来て明日去り行く放浪者」としてではなく、「今日訪れて明日とどまる者」で、一定の空間的な広がりの「内部に定着している」が、「はじめからそこへ所属していない」者と定義した（ジンメル、1994）。

　ジンメルの議論の背景には 19 世紀後半の欧州で見られた、急速な都市化や人口移動という社会現象がある。たとえば、都市の外部で生産される生産物を都市にもたらす商人の存在や彼らによって生じる経済活動等である。そのように都市が、あるいは集団が機能するために集団外部から流入する人が集団にとっては必要なものとして考察された。集団外部から流入する人々の特徴は、まず移動性であり、さらに、集団内の習慣や忠誠や前例に拘束されない自由さ、それゆえの客観性であるとジンメルはいう。しかし、集団内部にいる外部の人が、たとえ血縁的、地縁的、職業的な定着化が進んでも社会に受け入れられることにはならないともいう。

　また集団の外部の人々から見れば、自らが集団の外部の人間であることを意識するのは、集団内部においてであるとジンメルはいう。したがって、集団外部の人々は集団にとって「近くもあれば同時にまた遠くもある」関係にあるという。集団の内部に長くいても、もともと集団内部にいる人々と異なる租税がかけられた、中世のユダヤ人税がその傍証としてあげられる。

　このようなジンメルの議論は、集団外部から集団へ移動する人々を、内部の人々と異なる「異人」と捉えた研究として様々な学問領域で展開された。たとえば、1928 年に日本の民族学者である岡正雄は、このジンメルの議論を踏まえ、集団外部から集団内部へ移動する人々の表象概念が文化史、経済史、宗教史あるいは神の表象に深く関わっており、極めて重要な概念であることを指摘した（岡、1979）。つまり、「異人」との経済交流、あるいはその経験が反映した神話や説話などのフォークロア、また神概念に「異人」の表象が残っているという指摘である。

　ジンメルの「異郷人」に関する議論を、文化人類学者の山口昌男は次のように解釈する。①集団内の「我々」のアイデンティティを確認するために集団外の「彼ら」が必要であり、有用となる。また、②集団の境界という観念

はけっして固定的なものではなく、その境界は流動的で、拡大したり縮小したりする。そして、③その利害は基本的に「我々」と「彼ら」の間で対立する。④我々側の「此方」と彼らの側の「彼方」も、意識の下層にある状態の投影物であって、それがなければ「彼ら」を創出しなければならない。山口は、ヨーロッパの中世におけるキリスト教社会の周縁に位置づけられたユダヤ人を例に論じている（山口、1975）。

　山口がまとめたように、集団が集団として成立するために集団の外部が必要であり、そこに「異人」が生まれるという構造には、集団内部の人々の社会意識によるところが大きい。

　文化人類学者の小松和彦は、このような議論の「異人」について類型化した4つのモデルを提示している。第一群は集団内に一時的に滞在するが、用がなくなれば立ち去る「異人」、第二群は集団に定着するようになった「異人」、第三群は集団内部から差別・排除する形で生まれてくる「異人」（この場合、集団内部に留まるものと、集団外部へ追放されるものがいる）、第四群は、遠くにいて間接的にしか知らない「異人」（鎖国時代の外国人など）や想像の中の「異人」（異界に住む善霊や悪霊など）である（小松、1995）。

　この小松の四類型には、岡正雄の述べた文化史全体に及ぶ「異人」の表象概念が含まれるし、山口昌男の指摘した「異人」と集団の関係性が含まれている。小松の類型の第一群と第二群は、集団外部から集団へ移動する人々であるが、第三群は集団内で追放・排除される「移動させられる人々」であるし、第四群は、移動の前提あるいは結果としての歓迎や畏怖の対象となる、移動する人々である。

　そのうえで、小松は「異人」をどう捉えるかは集団側の意識の問題であることを指摘する。つまり、「異人」は「関係概念」であると小松はいう。これは、集団が成立するためには外部の集団を想定しなければならず、その関係性の中に、差異を持つ他者が立ち現われるという意味である。さらに、関係概念という意味には、誰もが「異人」になる／なれるという含意がある。つまり、「異人とは、特定の集団との関係によって決定されるものであるから、私たちすべてがある局面で異人となるが、別の局面では異人ではない」（小松、1995: 176）となる。

　小松の言うように「異人」を関係概念という視点で捉えると、視野は一気に広がる。この点は、後述する。

　以上のように、ジンメルの提起した「移動する人々」に関する議論は、広く文化史を読み解くキーコンセプトになるだけでなく、移動する人々と社会の関係を考える原点となる。ジンメルの視野には19世紀から20世紀の陸続きの欧州における「人の移動」や経済活動、ジンメル自らの出自であるユダヤ人の歴史も入っていたはずである。だからこそ、ジンメルは社会とはそれを構成する諸要素の「相互作用」によって成立すると捉え、中でも個人の「心的相互作用」「主観的文化」に注目した。つまり、個人の持つ主観的な社会認識あるいは世界認識が「異郷人」あるいは「移動する人々」を捉えるうえで重要な働きをするという指摘である。次に、その論点がジンメル以後、どのように展開したか見てみよう。

3. マージナル・マンとストレンジャー

　ジンメルの「心的相互作用」「主観的文化」という議論は、アメリカ合州国でさらに展開される。社会学者のロバート・E・パーク（R. E. Park）は、アメリカ合州国に移住する移民のうち、「混血者」を「文化的なハイブリッド」となる新しい人間として「マージナル・マン」（marginal man）と呼んだ（Park, 1928）。またパークは、「マージナル・マン」は「けっして融合することのない二つの異なる社会と文化の周縁に位置する」人であり、ゆえにどちらの社会や文化へも所属意識を持てず、それらの間で分裂した自己を形成することになり、その結果、心的ストレス、葛藤や不安に悩まされ、安定して生活することができない人と捉えた。

　パークはアメリカに移住した多くの移民の自伝を分析し、「マージナル・マン」という概念を提示したが、この概念には20世紀前半のアメリカの社会的状況が大きく影響している。「黄禍論」（yellow peril）[1]の隆盛の中で、ユダヤ人、黒人、日系移民などはアメリカ社会に同化しない、同化できないと

1　19世紀から20世紀に欧米諸国で現れた「黄色人種」脅威論。

見るパークの見方には、固定的な「人種」観や「文化」観で移動する人を捉える、その時代の傾向が見て取れる。まさに、前述した小松の類型の第三群の「異人」であろう。

ジンメルは社会の持つ「心的相互作用」「主観的文化」に注目していたが、パークの議論は、ジンメルのいう移動する人の持つ客観性や自由という側面だけではなく、移動する人の心理により焦点化した点で注目される。つまり、受け入れ社会が移動する人をどう捉えるかが移動する人の心理へ影響を与えるとし、「マージナル・マン」の心理面の研究をすることが新しい時代に必要な研究であるとした点が、それまでの研究と異なる点であろう。

次に現象学的社会学のアルフレッド・シュッツ（A. Schuetz）の議論を見てみよう。シュッツはオーストリア生まれだが、ユダヤ系であったため、戦時中にナチスの迫害を逃れアメリカ合州国へ移住した社会学者である。欧州からアメリカ合州国へ移住した経験をもとに、新たな社会に参入する「移動する人々」の立場から論を展開している。

シュッツは、'The Stranger' と題する論文で、次のようにいう。「ストレンジャーとは、われわれの時代、文明に生きる成人した個人を意味し、彼が接近する集団に永久に受け入れられようとするか、少なくともその集団に許容されようとする人を指す」(Schuetz, 1944: 499)。

シュッツが米国移住を果たしたのは 1939 年であった。戦中戦後を通じて世界各地から自由とアメリカ的価値を求めてアメリカ合州国へ移住する者が増加した時代であった。その頃はすでに「メルティング・ポット[2]」神話が崩れ、移民はそれぞれのエスニシティを維持し、民族集団化しようとしていた。その中で、シュッツは集団の外部から移動してくる人の心理面に視点を置き、受け入れた国・社会と個の関係を考察した。

シュッツは、人が社会を認識するのは、自分との関連性（relevance）[3]によると述べる。その認識と関連する知識は等高線で描く地図のように、いくつ

---

2 「人種のるつぼ」の意味。1908 年にアメリカで上演された同名の劇に由来する。多様な背景を持つ移民が溶け合って新しいアメリカ人に生まれ変わるというストーリーだった。

3 この「関連性」(relevance) には個人の解釈や価値判断が含まれていることに留意したい。山口 (1975) はこの relevance を「妥当性」と訳している。

もの層によって形成される。そのため明確な知識から曖昧な知識や未知の領域まであり、かつ、その知識は統一的ではなく、明確なところもあれば不明確な部分もあり、矛盾する場合もあると見る。したがって、ある集団の内部の人にとって、集団内の習慣や制度や価値判断などの「文化的パターン」（cultural pattern）に関する知識も同様の関連性で認識されていると考えられる。同様に、集団外部から移動してくる人（ストレンジャー）も、元の自分の集団（home group）の「文化的パターン」に関する知識を持っている。そのため、新たな集団内に移動してくる人は、元の集団の「文化的パターン」の知識によって、新たな集団の「文化パターン」を解釈し、その集団に対する自分の認識を調整していくことになる。

　そのように考えるシュッツが注目するのは、新たな集団に移動してくる人（ストレンジャー）が持つ「客観性」と「忠誠心の曖昧さ」である。ストレンジャーは接近する集団（approached group）の「文化パターン」に関する知識に対して判断する「関連性」を持ち得ない、まさに文字通り「不案内な人」であるからこそ「客観性」を持ち、接近する集団から距離を持つことができると説明される。また、そのようなストレンジャーは、接近する集団のメンバーから見れば集団に対する忠誠心が曖昧であると判断されるという。パークの「マージナル・マン」という概念もここから生まれてくると、シュッツは見る。

　そのうえで、シュッツは、接近する集団への新参者（new comer）が、その集団の「文化パターン」を探究していく過程がその集団への社会的適応のプロセスであり、それが成功し、その「文化パターン」を当然のこととして、また疑いのない生活様式として、あるいは自分を守ってくれる場所として理解されるようになれば、もはやストレンジャーではなくなり、ストレンジャーの問題も解消しているという。

　シュッツの「ストレンジャー」論には、いくつかの論点がある。一つ目の論点は、日常生活の現実に対する人の認識は間主観的で、かつ多元的であるという点である。この点は、集団内の人にとっても集団内に移動してくる人にとっても同様である。二つ目の論点は、集団内に移動してくる人はその集団内の「文化パターン」を探究していくことに成功する場合と失敗する場合

があるという点である。成功すればストレンジャーではなくなり、失敗すれば「マージナル・マン」になる。三つ目の論点は、これらの成功・不成功の鍵は人の主観的な解釈によるものであるという点である。それは、集団内の人から見た移動してくる人への解釈であり、かつ、移動してくる人の接近する集団への解釈でもある。

　移動する人々に関する研究は、以上のように、ジンメルが示した「異郷人」の議論から集団間に見られる移動する人に関する思索、文化史全体に及ぶ他者表象の概念、さらに、日常生活の現実への主観的認識という心理的側面からのアプローチまで広がることがわかる。

　ただし、これらの議論には疑問点が3点ある。第一は、これまでジンメルの「異郷人」の議論から、集団内と集団外という枠内で移動する人、特に、集団形成力学としての包摂と排除のメカニズムに議論が焦点化してきたが、それらは定住対移動という二項対立の議論ではなかったかという点である。第二は、集団に移動する人の心理面の議論は集団に参入する人（成人）の社会認識の議論であるが、この議論も、定住あるいは集団の成員となることを前提とする議論ではないかという点である。第三は、集団間の人の移動を議論する場合、集団が本質主義的な統一体として捉えられる傾向があり、その結果、集団および移動する人の個別性、動態性、複合性が十分に考慮されていないのではないかという点である。

　これらの点に留意しながら、グローバル化の進む21世紀の社会的現実の中で、移動する人々の課題をどのように考えたらよいかについて検討してみよう。

4. エスノスケープと想像力、ディアスポラ

　文化人類学者のアルジュン・アパデュライ（A. Appadurai）は、グローバルな人の移動をエスノスケープ（ethnoscapes）という造語で説明しようとした（Appadurai, 1996）。アパデュライは、現代社会の文化経済が複合的で重層的で、乖離的（disjunctive）な秩序であるとして、人、メディア、テクノロジー、資本、イメージ（観念）がフローとなって世界を覆っていると見た。

この状況は、今も変わらないだけではなく、ますます活性化しているように見える。

アパデュライの問題関心は、多様なフローの中で、近代の国民国家（nation-state）を超える「グローバル、ナショナル、ローカルを関係づける枠組み」をどう構築するかにあった。ある領土に血縁、言語によって社会的、文化的に結びつけられる集団的アイデンティティを生産することで成り立つ国民国家は、グローバルな人の移動によって生まれる脱領土化した人々による多様な「ディアスポラの公共圏」の出現によって変質せざるをえなくなったからだ。

その結果、脱領土化した人々、つまり移動する人々が想像する「集団的アイデンティティ」はどのように生成されるのかが課題となる。

ここでディアスポラについて確認しておこう。ディアスポラの特徴について、政治学者のウィリアム・サフラン（W. Safran）は離散の歴史、祖国への記憶、ホスト社会での疎外感、最終的に帰り着く場所としての祖国、祖国への関わりの維持、祖国への集団的意識と結束をあげている（Safran, 1991）。しかし、サフラン自身もその定義だけでディアスポラをすべて語れないとも述べている。文化人類学者のジェームズ・クリフォード（J. Clifford）は、ディアスポラを、グローバルな諸条件の中で旅をしハイブリッド化していく、新たな言説を考える出発点になると指摘する（Clifford, 1994）。クリフォードはポール・ギルロイ（P. Gilroy）の「ブラック・アトランティック」（黒い大西洋）に見られる黒人移動と「黒人性」の意識や系譜の議論も視野に入れながら、人の移動にともなう集団的アイデンティティを論じようとしている。「ディアスポラ的地図」「ディアスポラ的帰属感」「ディアスポラ文化」「ディアスポラ共同体」「ディアスポラ的アイデンティティ」「ディアスポラ的次元」などの用語を駆使してクリフォードが論じようとしているのは、人の移動とその意識についてである。クリフォードが「旅する文化」（traveling cultures）という論考（Clifford, 1997）で論じているのも、人の移動と意識である。そこでは「ディアスポラ的状況」がこれまで使用されてきたエスニシティやアイデンティティの再概念化を求め、二元論的な捉え方の再考を迫ると主張している。人の移動を常態と考えることにより、定住して

フィールドワークする人類学的アプローチにも疑問を呈する。

アパデュライも、人類学者による民族誌のあり様に疑問を提示する。境界によってローカル化された空間と時間に生きる人々の生活を記述してきた、従来の民族誌の方法論は、グローバルな文化フローの研究に対応できていない。今後は流動化する社会生活における人々の「社会的実践としての想像力」を記述する方法論が鍵となると主張する。

では、脱領土化した人々はどのように「ディアスポラの公共圏」を想像するのか。この「想像力」を考えるヒントとして、アパデュライは自身の家族とともにインドへ帰国した際のエピソードを事例として提示する。その事例の概要は以下のようなものだ[4]。

彼はまず自分のことを「タミル族のバラモンの男で、ボンベイで育ちアメリカ合州国で《ホモ・アカデミクス》になった者」であるとし、妻を「白人のアメリカ人女性でインドの歴史研究者」と説明する。そのうえで彼は、1988年に妻と11歳の一人息子（息子はフィラデルフィアから合流したという）、兄の親族とともに、南インド最大の巡礼地の一つであるマドライのミナクシ寺院（Meenaksi Temple）を訪ねたエピソードを語る。寺院を訪ねた理由は様々であった。家族や親族の幸福を祈ることや、彼の妻がそれまで20年間にわたりその地の研究を行ってきたことも理由の一つであった。息子は、その地方に古くからあるヒンドゥー教の習俗を知っており、その習俗に従い、年配者や神の前では平然と平伏することができたし、ヒンドゥー教の大寺院の信じ難い騒音や人混み、忙しなさにも堪え忍ぶことができたという。その後、アパデュライ一家は、14エーカーほどの寺院遺跡群に入って行ったところ、数人の僧侶に出くわす。そこで、彼の妻が僧侶らに、彼女の研究上の情報提供者であるタンガム・バッタールという僧侶の居場所を尋ねると、「タンガム・バッタールはいまヒューストンにいらっしゃいます」という答えだったという。

つまり、米国のヒューストンのインド人コミュニティがインドのマドライの支配神ミナクシを祀るヒンドゥー教寺院をヒューストンで建立し、その寺

4　以下の概要は、Appadurai（1996: 48–65）による。

院に一人の僧侶の着任を要請し、その嘆願を受け、その僧侶は妻子をインドに残したままヒューストンへ赴いたというのだ。インドで「ネイティブ」の僧侶に会おうと思ったら、その僧侶はアメリカ合州国に「移動」していた。つまり、インドから出た人の家族がいろいろな考えや思いを持ってインドへ「移動」したが、同時に、インドにいる人もいろいろな考えや思いを持ってアメリカ合州国へ「移動」しているという事例である。

この事例に、アパデュライは現代社会の意味とコミュニケーションの巨大で流動的な構造を見る。インドの地方都市マドライの歴史的コスモポリタニズムがグローバルな新しい次元を獲得したこと、ヒンドゥー教がグローバル化を遂げたこと、「ネイティブ」が独自のコスモポリタンへ変容したこと、ミナクシ寺院自体が世界中へ拡散したこと等を指摘する。

そのうえでアパデュライは、その旅に同行した彼の息子について説明している。彼の息子が部分的にインドに繋がるアメリカ人（an American of partly Indian descent）として自らの生を作り上げていくとき、この旅を自分の《起源》（Roots）への旅として思い出すかもしれないという。しかし、それよりも、別の有名な寺院へ移動中に、突然トイレに行かなければならなくなり、慈善基金で建設されたゲストハウスのトイレに駆け込み、至福の解放を味わったことを鮮明に思い出すかもしれないともいう。

ただ息子の物語はここで終わらないとアパデュライはいう。なぜなら彼の息子は、好むか好まないかにかかわらず定期的にインドに行き、そのたびに自らの人生の物語を変換させる幾重もの網の目と遭遇しなければならず、そのため 11 歳のハイフンつきアメリカ人（hyphenated American）の息子の物語には、家族や記憶、ツーリズムのダイナミックな力が関わっていくからだという。

このエピソードからアパデュライが述べたいのは、想像力を場所から解放することによって生まれる民族誌のあり様であり、そのための「厚い記述[5]」なのであろう。

しかし、ここで問われなければならないのは、アパデュライが述べる、脱

5　文脈によって異なる意味の重層性を記述すること。ギアーツ（1987）参照。

領土化した人々が想像する「集団的アイデンティティ」という問題設定がどれくらい有効か、また、社会生活において「社会的実践としての想像力」を発揮するのは誰かということではないだろうか。この点は後述する。

アパデュライはまた、アメリカで暮らしてきた彼自身の自己表象について以下のように述懐している[6]。アパデュライはタミル族の一家族の息子としてボンベイで育ち、イギリスの植民地政策の影響が残るインド社会で大学教育まで受け、渡米する。そのため、彼はイギリス英語のアクセントがかすかに残る英語を使用し、かつ教育をしっかり受けた「外国人」としてアメリカ人から見られながら暮らし、そのことに満足していたという。

ところが、1972 年にシカゴのバス停で、ある黒人女性と話をしたときに、アパデュライは自身がインドのパスポートを携帯し英語で話していても「東インド人」と見られたことに気づき、彼自身がアメリカ合州国における人種的アイデンティティの政治学から逃れられないと感じるようになったと語る。

つまり、アパデュライはインド生まれの「アメリカ合州国在住の在留外国人」一世で、「アングロサクソン系アメリカ人の白人女性」の妻と、「複数の文化を背負ったティーンエイジャー」の息子とともに、いわゆる国際結婚家庭で暮らしているが、アパデュライは自分の顔色や少数派の身体的特徴が果たす役割や、街角にある人種的偏見との遭遇から、複数文化主義と愛国主義の間の関係や、ディアスポラ的なアイデンティティとパスポートやグリーンカードによって与えられる（不）安定性の結びつきなどを再考せざるをえないと語る。ポスト植民地的でディアスポラ的でかつ、アカデミックなアイデンティティから離れて自由に生きることと、日常的な出会いの中で人種化されたり少数派に位置づけられたり部族化されたりする不愉快な現実との間で、理論と実践をどう結びつけるのかと問う。

ここで注目するのは、アパデュライ自身がアメリカ合州国という複数文化主義の国民国家の中で自らの身体的特徴とその特徴に与えられたアメリカ社会の意味づけによって自らのアイデンティティについて、あるいはアメリカ社会におけるマイノリティ性を日常的に内省するという、アパデュライに

6　以下の概要は、Appadurai（1996: 168–172）による。

とっての不愉快な経験が、先に述べた「社会的実践としての想像力」の根底
にあるという点である。

　アパデュライのエピソードで語られるのは、インドとアメリカ合州国の間
を移動する人々であり、社会的現実の中で様々な力を受けながら生きる人の
アイデンティティである。ジンメルから始まる「移動する人と集団との関
係」が移動する人の心理的側面に深く関わることが、けっして過去のテーマ
ではなく、今も継続する現実のテーマであることが再確認できる。

　では、今後この課題を検討していくために必要な視点とはどのような視点
かについて、最後に考察してみよう。

5. 「移動する子ども」という視点

　クリフォードが「旅する文化」を口頭発表した後の「討議 (discussion)」
で、文化人類学者のケヤ・ガングリー (Keya Ganguly) がクリフォードに対
して次のような質問をした (Clifford, 1997: 45)。

　　ハイチとニューヨークの連続する空間にハイチ人と位置づけたり、イ
　ンドのインド人とニューヨークのインド人と言ったりすることは、文化
　的差異で捉えるというイデオロギーを再記述しているのではないか。イ
　ンド系移民の子どもである私の場合、自分自身をそういった差異のイデ
　オロギーで捉えることは非常に難しい。なぜなら自己同一化（アイデンティフィケーション）が別のレ
　ベルで生じるからです。たとえば、私は、ボンベイから来たインド人と
　してよりも、フィラデルフィアの人間という自己同一化を選びます。

これに対して、クリフォードは、次のように答えている。

　　あなたの質問は、アイデンティティの問題全体を、継承的なものとい
　うよりもむしろ政治的なものとして、そしてそれら二つの元となるもの
　が強く相互作用していることを指摘したと思います。あなたがボンベイ
　のインド人よりもフィラデルフィアに住む人々に自己同一化（アイデンティファイ）するという

とき、私はあなたが、二者択一的なエスニックな問題設定を避けている
と感じました。そして、ディアスポラ的な「インド人」とすぐに文化
的・人種的に（友好的にも、また敵意を持っても）捉えられることに対
して疑問を呈していることに私も同意します。（中略）文化的政治的ア
イデンティティは、人種や文化、階級、ジェンダー、セクシュアリティ
など歴史的に与えられた諸要素の動態的な構成であり、状況によっては
それらの要素が異なる組み合わせとなるものなのです。

　つまり、クリフォードは、質問者である移民の子どもが「二者択一的なエ
スニックな問題設定を避けている」ことに共感するとともに「ディアスポラ
的なインド人」というくくり方の問題性にも理解を示している。そのうえ
で、文化的・政治的なアイデンティティとは、歴史的に与えられた諸要素の
影響を受けるものだという点を指摘している。
　しかし、この応答は、ガングリーの質問の意図に十分に応えているだろう
か。ガングリーの質問は、インド人の移民の子どもである彼女自身の心の葛
藤を示唆している。その葛藤は、インド人である親の血統や文化とアメリカ
で育った自身の経験と意識との間にあって、自らのアイデンティティを探求
する生のあり様そのものである。そこには他者が言う「インド人のディアス
ポラ」というくくり方では説明しきれないものがあるだろう。
　同様のことが、前述のアパデュライのエピソードで語られる息子について
も言える。父親のアパデュライは息子を「部分的にインドに繋がるアメリ
カ人」、「ハイフンつきアメリカ人」、「複数の文化を背負ったティーンエイ
ジャー」と説明しているが、その表象は父親の目線による捉え方であって、
息子自身の自己表象ではない。ガングリーと同様に、息子は自身を「フィラ
デルフィアの人間」と言うかもしれない。
　では、アパデュライの息子の自己表象を、クリフォードのように「二者択
一的なエスニックな問題設定を避けている」と説明するだけで十分であろう
か。アパデュライの息子は「タミル族のバラモンの男で、ボンベイ育ち」の
父親と「アングロサクソン系アメリカ人の白人女性」の母親を持ち、アメリ
カ合州国で生まれ育ったが、アメリカとインドの間を定期的に移動し、イン

ドの言語や文化にも触れて成長した経験と記憶を持つ。先のガングリーも「インド移民の子ども」と自己表象するように、インドに繋がる経験と記憶があるだろうが、それらはアパデュライの想定する、脱領土化した人の「集団的アイデンティティ」と言えるだろうか。

　ガングリーやアパデュライの息子のように、移民や難民の子ども、親の都合で国境を越える子どもは、今世界中で激増しており、幼少期より親とは異なる複数言語環境で成長する子どもは、どこにでもいる状況がある。その子どもは親の言語、学校や地域で使用される言語などに触れ、その複数の言語による接触の経験を積む。アパデュライ一家が英語圏以外の国に暮らせば、子どもが体験する言語数は 3 言語以上になろう。

　ここでは幼少期より複数言語環境で成長する子どもに注目する。なぜなら、現代社会における移動する人と社会の関係を考えるうえで、これらの子どもに視点を置くことが有効だと考えるからである。そのことを考える論点は以下の 3 つである。

　第一の論点は、前述した「異郷人」「異人」「マージナル・マン」「ストレンジャー」をめぐる議論の対象は「大人」であり、その議論は集団内外で別々に成長した「大人」同士の包摂と排除の議論であったという点である。もちろん、ジンメルの時代でも、現実に移動する人の陰に子どももいたはずであるが、議論の対象になることはなかった。さらに、これまでの議論には集団の外部と内部の対立や集団内部の対立を捉える視点、あるいは定住と移動を対立的、固定的に見る視点、あるいは定住社会を中心に置く視点があり、そのため、ホスト社会への定住など、そこに定住社会があることが前提となっていた点が絡む。そのうえ、その多くの定住社会が均質的、単言語的、固定的な社会として捉えられる傾向があった。しかし、現代社会は流動化し、大量人口移動の結果、集団内に多様な背景を持つ人が多様な言語を使用しながら生活しており、かつ、その人が頻繁に集団外へ移動する現実がある（そもそも集団とは何かという議論もあるだろう）。このことを考えるうえでも、後述するように、子どもが鍵になる。

　第二の論点は、移動を視点に社会をどう捉えるかという点だ。クリフォード（Clifford, 1997）は、現代社会では誰もが移動していると述べ、人々は

「旅の中に住まう」(dwelling in travel) とも述べた。つまり、定住を視点とするのではなく、移動を視点にして世界を捉えることを主張した。なぜなら未完の近代にとって移動が決定的に重要な場所であると考えたからである。さらに、クリフォードは人間研究に必要な視点として「旅」と「翻訳」をあげている。この「旅」は「移動」を意味し、「翻訳」は人の解釈・認識と捉えられる。つまり、現代社会では、人は移動しながら、様々な事象を解釈し社会認識を構築し続けているのである。子どもたちは空間的に移動し、日常的に複数の言語間を移動し、異なる言語による学習と思考を体験する。つまり、「空間」「言語間」「言語教育カテゴリー間」の移動の体験が、子ども自身にとって意味のある経験として意味づけられ、記憶として残っていく。この経験と記憶を、本書は「移動する子ども」と呼ぶ (川上編、2013)。

幼少期より複数言語環境で成長したという経験と記憶は大人になる過程で変化する。先のガングリーが子どもの頃は「インド移民の子ども」と自身を捉えていたが成人していく過程で「フィラデルフィアの人間」と自己同一化したのかもしれない。しかし、さらに壮年期、高齢期になれば、やはり「インド系アメリカ人」と自己表象するかもしれない。つまり、「移動する子ども」という経験と記憶は、日常的な生活実践の中で変化していく動態性を持ち、その結果として、当然、移動する人の社会認識も変化していく。その動態性は、もはや集団の内部と外部という二項対立的な捉え方では捉えられない。多様な移動の概念から社会を捉えることが求められているのである。

第三の論点は、認識の問題である。これはすでにジンメルが「心的相互作用」「主観的文化」と指摘したように、また、シュッツが人の社会認識は自身との関連性 (relevance) によると指摘したように、日常生活の現実に対する人の認識は個別的で間主観的で、かつ多元的であるという点は、現代社会においても重要な視点であろう。特に、子どもは成長過程で多様な「移動」を体験し、その中で社会認識を形成することになる。

では、その社会認識はどのように形成されるのか。移動する人の社会認識は、他者との接触場面 (コンタクト・ゾーン) における言語、非言語を含むコミュニケーションを通じて形成される。特に複数言語環境で成長する子どもの場合、複数の言語による他者との接触体験が社会認識を形成する。

シュッツが述べた等高線で描く地図のような社会認識が複数の言語による多元的な地図になる、あるいはならざるをえないのである。自己の中にある複言語複文化（pluriligual/pluricultural）の経験と記憶を抱える子どもはやがて成人し、社会活動を担っていく。そのことを考えれば、アパデュライが提起した「脱領土化した人々の集団的アイデンティティ」や「社会的実践としての想像力」を、固定的な大人の視点だけで捉えることはできなくなるだろう。

　移動する人の主観的な社会認識や自己認識は、クリフォード（Clifford, 1997）の言うように、「歴史的に与えられた諸要素」に影響されるであろうが、それらを指摘しただけでは、また「ディアスポラ的」とくくっただけでは、移動する人の葛藤や生を理解したことにはならないだろう。様々な社会的かつ歴史的な環境と文脈の中で生きる移動する人の生を当事者の視点でどう捉えるかという方法論と研究が必要なのである。

　幼少期より複数言語環境で成長したという記憶を意味する「移動する子ども」とは分析概念であり、前述の議論の「関係概念」でもある。

　では、「移動する子ども」という記憶は人の成長の中でどのような意味を持つのか。その一例が2017年のノーベル文学賞を受賞したカズオ・イシグロの作品である。彼は、日本人の両親のもと、長崎で生まれ、5歳のときに渡英した。家庭内言語は日本語であったが、英語で教育を受け、英語で小説を書く。彼の作品の根底に子どもの頃の記憶が読み取れる（イシグロ、2001）。このノーベル文学賞作家の作品群を、「移動する子ども」という視点で分析することも可能であろう。

　同様に、アパデュライの息子がアメリカ合州国に暮らしながら、あるいはインドを定期的に訪問しながら、それぞれの地で、あるいはその途上で様々な事象に出会い、自らの生を捉え直し、あるいは再構築しながら生きていく様を、あるいは成人して老いていく人生を、幼少期より複数言語環境で成長する子どもの記憶を捉える「移動する子ども」という分析概念で、また社会や他者との「関係概念」で捉えていくことも可能ではないか。

　ただし、移動する人は排他主義、保護主義、人種主義など流動的な社会動向から影響を受け、「脱領土化した人々の集団的アイデンティティ」を幻想し拠り所として生きることもあるだろう。「移動する子ども」という分析概念

は、移動する人の個別性、動態性、複合性を捉える重要な方法論なのである。

第 2 章

「移動する子ども」というフィールド

問題意識②

　現代社会において「移動」は、どのような意味があるのであろうか。この問いは、逆に言えば、私たちが現代社会をどう捉えるかということにも繋がる問いでもあろう。さらにその問いは、現代社会で生きる、複数言語環境で成長する子どもたちの生を理解するために、どのような方法論をとるかを私たちに問いかけることにもなるだろう。これらの問いは、「移動する子ども」学を構想する基礎的議論として必要であろう。

1. はじめに

　20 世紀末より現在までの 30 年ほどの間に、世界の社会状況は激変した。たとえば、経済のグローバル化による社会経済的変化、安全保障を含む国際関係の流動化、労働人口の越境的移動、移民・難民等の人口移動、温暖化による気候変動、自然災害や紛争、さらにテクノロジーの発達と大量情報の通信環境の変化など、様々な要因が複合的に影響し合って、人々の生活を変化させている。そのため、それ以前の社会秩序やコミュニティのあり様が急速に変化してきている。

　このような社会状況の急速な変化に対して、学問的関心と方法論も、また変化せざるをえなくなる。それは、新しい状況への問題の立て方の変化であり、方法論の立て直しという、研究領域の内的な力による変化と捉えるべきであろう。またその変化は、同時に、新しい時代における、人文社会科学の新たな社会的貢献の探究を、私たちに迫ることになる。

　社会学者のジョン・アーリ（John Urry）の問題提起も、その時代の要求に応える試みの一つである。彼は、「移動」（mobility）の視点から社会を捉える「移動論的転回」（mobility turn）によって社会科学全体を捉え直すパラダイム転換、すなわち「モビリティーズ・パラダイム」が必要だと主張する（Urry, 2007）。

　過去 30 年余り、「社会の動態性」や「移動」に関心を寄せる研究が世界的に増加している。そのような研究の増加には、現代の研究対象を「移動」の視点を抜きに捉えられないという共通の問題意識があるからであろう。あるいは、「移動」の視点から、研究対象を新たに捉え直そうという試みが始まっていると理解してもよいだろう。本章は、これらの「移動」をめぐる研究をいくつかレビューし、その特徴と意義を明らかにしつつ、新たな研究方法論的視点を提示することを目的とする。

2.「人と移動」の研究

　近年の考古学や自然人類学で「移動」の観点から人類を研究した成果がま

とめられているのが、印東道子（編）『人類の移動誌』(2013) である。それによると、ホモ・サピエンスに分類される人類は数百万年前にアフリカで誕生して以来、地球上のほとんどの陸地に移動してきた歴史から、人間は本来的に移動する動物であり、「ホモ・モビリタス[1]」と呼ばれる特徴を有するという。ホモ・サピエンスの「移動」が可能になったのは、食糧確保の動機と、道具を作り出す能力、情報を伝達し共有する能力、さらに行動の根底に「好奇心」があったからだと考えられるという（印東編、2013）。「ホモ・モビリタス」は現代人の私たちにも繋がる特徴と言えよう。

　歴史学においても「移動」を視点にした研究がある。松本宣郎・山田勝芳（編）『移動の地域史』(1998) は世界史の中で個人や集団による移動が新たな地域を生み出したり、融合させたり、また自分たちのアイデンティティの変容をもたらす歴史上の多様な事例を、「主体的な移動」と「強いられた移動」に分け、それらを可能にした「道・交通」に焦点を当てて検討している。そのうえで、「「移動」のもつ意味を現代においても深刻に考え直すべきときであるようにみえる」と問題意識と研究意義を説明する（松本・山田編、1998: 4）。

　古代から現代までの歴史で、人やモノや情報の「移動」が国家の支配する空間の編成や人々の生活を規定することに繋がることを多様な事例をもとに論じているのが、前川和也（編）『空間と移動の社会史』(2009) である。この研究は、特に「移動」が、国や人々にとって、新たな空間認識をもたらすことを示している点で注目される。これらの歴史学の研究成果は、人の歴史の中で「移動」が国家や地域社会のあり様や人の認識、生き方へ直結する重要な契機になることを示している。

　近代社会の「移動」については社会学が研究を進めている。北川由紀彦・丹野清人の『移動と定住の社会学』(2016) は、前近代の社会にあった身分制度や土地制度などの束縛から解放された個が、近代社会においては、職業や居住地を自由に選び、社会の中でどのように「移動」し、新しい社会秩序を生み出したかに、社会学は以前から問題意識があったと指摘する。さらに北川・丹野 (2016) は「社会的移動 (social mobility)」や「空間的移動」を論

1　「ホモ・モビリタス」という語は、日本人研究者による造語と考えられる。この点は、仁科陽江氏との個人的なやりとりで教示を受けた。

じ、社会不正義や不平等の是正を、社会学は提起してきたという。その視点から、近年の日本社会の外国人労働者や日系人労働者、出稼ぎ者、非定住者、ホームレスなどを「社会問題」として、論じる。

一方で、国際的な「人の移動」の研究は、これまで社会学では「移民研究」として行われたが、その「移民研究」は、国民国家の要請にしたがって行われたと批判するのが、伊豫谷登士翁の一連の研究（伊豫谷編、2007、伊豫谷編、2013）である。伊豫谷は、従来の「移民研究」は「移民不在の移民研究」（伊豫谷編、2013: 4）であったと批判する。

伊豫谷の基本的な問題意識はこうだ。これまでの「移民研究」は、ある特定の場所を正常な場所と捉え、そこから逸脱した「移動する人々」がもう一つの正常へいかに戻り、元の常態へ回帰したかという「物語」を前提にしていたのではないか、つまり、「定住の観点からの研究」であり、移民そのものが論じられていないと指摘する（伊豫谷編、2013: 4）。

伊豫谷は、近代国民国家が領土と国民の厳密な一致を制度化したのは、国境警備とパスポート、ビザなど出入国管理の制度が整う100年ほど前からだとみる（伊豫谷編、2013: 13）。そのうえで、定住を前提として国民国家の枠内で問題を立てるという研究者側の「作為」を批判する。具体的に言えば、「移民研究」がいわゆる「外国人労働者論」や「植民移民」など、国境を越えて移動する人の管理や政策の研究になっている点を指摘している。「人の移動という観点から、国民国家という枠組みに囚われてきた社会科学の枠組みの組み替えが要請される」（伊豫谷編、2013: 20）と、「移動」に注目する研究の意義を述べる。

前近代社会から近代社会に移行したことにより、個の「移動」が活発になり、新たな社会秩序が生まれるという指摘は、グローバル化と情報化時代の現代社会においても変わらない。伊豫谷の指摘は、これまでの研究のパラダイム転換を主張していると言えよう。

文化人類学においても、「移動」の観点から、従来の研究方法論への異議申し立てがあった。文化人類学者の山下晋司が編集した『移動の民族誌』（1996）は、グローバリゼーションの進む現代の「人々の移動」に注目し、新たな文化人類学の研究を提唱したという意味において、日本の文化人類学

で先駆的な研究であった。山下は、「かつての民族誌のようにある民族集団を孤立した島のように切り取り、その社会と文化を静態的な機能体系として描くことはできない」（山下、1996: 4）と述べて、従来の民族誌の研究方法論を痛烈に批判した。そのうえで、山下はインドネシア・トラジャの人々によるインドネシア国内の都市や他国への出稼ぎの移動の実態をもとにローカルな人々の生活を捉える「動態的民族誌」を提唱した。

　社会学者のローランド・ロバートソン（Roland Robertson）が述べた「グローカライゼーション」（glocalization）とはグローバリゼーションとローカライゼーションが同時に起こっており、両者が対立するというよりは、一つの過程の二つの側面であるという捉え方（Robertson, 1995）であるが、山下（1996: 24）はそれを踏まえて、次のように『移動の民族誌』の趣旨を述べた。

　　　移動によって作り出されるさまざまな「グローカルな織物」の民族誌的断面を描き出しながら、今日地球規模で人類が経験しつつある「グローバルであり、かつローカルな生き方」に光を当て、新しい民族＝文化の生成理論の構築をめざす試みなのである。

　つまり、現代社会においてグローバルに移動し、ローカルに生活する人々のライフ（人生と生活）を、従来の研究方法論で捉えることはできないとすると、人々の生活を新たにどう捉え、文化人類学的にどう語れるかが、課題になるということである。

　このように「移動」に視点を置いて従来の研究パラダイムを見直す動きは、近年多くの研究領域において見られる。たとえば、文化変容研究（白水編、2008）、政治人類学（平井編、2012）、比較教育学（杉村編、2017）、経済学（佐伯、2019）などの領域で新しい研究が出ているが、それらの研究が注目する「移動」は人の「空間的・物理的移動」であり、人の「空間的・物理的移動」が人々の空間認識や生活、生き方に影響を与えていると指摘する。

　ただし、「移動」という現象は「空間的・物理的移動」に限定されるものではないだろう。では、グローカライゼーションの進む現代社会において、私たちは「移動」そのものをどう捉えたらよいのであろうか。次節で、改め

て、その点を考察する。

3.「移動性」(mobility) の研究

　従来の「移民研究」が国民国家の枠に縛られた「移民不在の移民研究」であると批判されたことは前述したが、場所ではなく、「移動する人々」に注目した研究が出てきている。たとえば、栗田和明（編）『流動する移民社会——環太平洋地域を巡る人びと』(2016)、栗田和明（編）『移動と移民——複数社会を結ぶ人びとの動態』(2018) である。これらには、文化人類学者や社会学者が世界各地で行った「移動する人々」に関する研究が収録されている。栗田は、「定住者の視点を離れて」「頻繁な移動者」と「緩慢な移動者」と移動の頻度や滞在期間に注目した捉え方を提唱している（栗田編、2016: 19–21、栗田編、2018: 25）。

　同様に、「移動のイメージ」を多角的に考察しているのが、石井正子・中川理・カプリオ，マーク・奥野克巳（編）『移動する人々——多様性から考える』(2019) である。この中で、中川理は、誰もが自由に移動をしているわけでもなく、グローバリゼーションがある人々の移動を促進したり、またある人々の移動を妨げる境界を構築したりする点があることを指摘し、「移動する人々」の多様性を論じている（石井他編、2019: 6）。

　文化人類学者のジェームズ・クリフォードが「旅する文化」(traveling cultures)（Clifford, 1997）を論じた際に指摘した「強制的に移動させられている人」や「抑圧されている旅人」に通じる論点である。

　これらの研究は物理的に空間を移動する「移動する人々」そのものの研究であるが、一方、政治学においては近年「移動する人々」の移動性に注目する研究がある。たとえば、柄谷利恵子『移動と生存——国境を越える人々の政治学』(2016) である。

　まず、柄谷は、政治体（国家）と成員（個）の関係性をシティズンシップの観点から捉える。「シティズンシップとは、それぞれの時代における政治体と成員の関係を明らかにするだけではなく、成員が主体的に現状を問い直し、政治体との間に新たな関係を築くための鍵概念である」（柄谷、2016: 6）

と説く。そのうえで、現代のシティズンシップには「移動性」が密接に関わるという。

柄谷（2016: 7）は、次のようにいう。

　　現在、写真やテレビや映像などを通じた想像上の世界や、インターネットを介した情報伝達技術に基づく仮想上の世界でも、私たちは移動している。今日の「移動性（mobility）」とは、私たちが地理的に移動するかしないかというような単純なものではない。そういう意味では、生まれた土地で一生を終えるとしても、私たちはみな移動性と無関係に生活することはできない。また、私たちの移動性は、移動を実行する能力と移動に適応する能力の両方によって決定される。いまや私たちの生活に不可欠なものも、私たちの生存を脅かすものもどちらも動いている。しかし、私たち全員が移動する能力が高く、移動に上手く適応できているとは限らないのである。

つまり、政治体（国家）と成員（個）の関係性により生み出されるシティズンシップ概念は、私たちの「生活に不可欠なもの」や「生存を脅かすもの」が時代とともに「動いている」ため、そして、それらに対応する私たちの能力によっても流動性と可変性が生まれるということである。言い換えれば、シティズンシップは普遍的価値としてあるというよりは、情況や個の能力や意図によっても流動的で可変的なものであるという含意がある。だからこそ、シティズンシップの議論に、このような「移動性」の観点は不可欠ということになる。

「移動性（mobility）」とは、「地理的に移動するかしないかというような単純なものではない」と柄谷が述べた点は、重要な指摘である。

社会学者、ゲオルグ・ジンメル（G. Simmel）は 1908 年に発表した論文で、集団の外部から集団内部に移動してくる「異郷人」について論じた（ジンメル、1994）。その中で注目したのは、「地理的な移動」ではなく、定住する集団と「移動する人々」の関係性である。ジンメルは人と人の間の相互作用的な動的な形態を「社会化」（Vergesellschaftung）と呼んだ。そして、社会

は社会を構成する諸要素の「相互作用」によって成立するとし、社会生活の「創発的関係性」を指摘した（ジンメル、1994）。

　またジンメルは、近代の大都市が構造的に人々を平準化し浪費しようとする力を発揮し、その結果、人々が非人格化された精神を持つようになると論じた。このような大都市の持つ外的な力に対して、個人が自身をどのように適応させていくかという課題があると指摘し、その外的な力に対抗し人々が人格的なものを呼び戻すためには、個人は自身の個別性や特殊性に依拠した「人格的自由」や「人格的主観性」を有しなければならないと論じた（ジンメル、1976）。つまり、社会生活の「創発的関係性」には、個人のもつ主観的な社会認識あるいは世界認識が関わるという主張である。

　「移動論的転回」（mobility turn）によるパラダイム転換を提唱するジョン・アーリは、このようなジンメルの議論を、「移動性（mobility）」の最も初期の議論と指摘する。

　アーリは、近代の社会史における移動と人の関係を詳細に検討したうえで、身体、モノ、イメージの移動やリアルタイムのバーチャルな旅などの「移動性」が社会諸関係を構築し、社会の統治心性や循環的なシステムが生じることを論じる。そしてそれらを支えるのが、ネットワーク資本[2]へのアクセス[3]であり、環境との相互依存的なアフォーダンスであるという（Urry, 2007）。その結果、「移動性」は場所を生み出し、場所はネットワーク資本により動態的に意味づけられ、人の記憶や情動と結びつけられることになると論じる。

　アーリは、ジンメルと同様に個人のもつ主観的な社会認識の重要性を認めるが、100年前よりもテクノロジーが発達し「ネットワーク資本」が多岐化している現代社会においては、コミュニケーション、対面、場所の重要性に注目する。人はグローバルに移動しながらモバイル通信デバイスを使って他者

2　アーリの言うネットワーク資本は次の8つの要素からなる。①文書、ビザ、貨幣、資格、②離れたところにいる他者（仕事仲間、友人、家族）、③運動能力、④居場所に制約されない情報とコンタクト・ポイント、⑤通信デバイス、⑥会合の場所、⑦自動車などへのアクセス、⑧上記を管理、調整する時間などの資源（アーリ、2015）。

3　アーリの「アクセス」の概念には「経済的要素」「身体的要素」「組織的要素」「時間的要素」があるという（アーリ、2015）。

と繋がり、他者と対面し話をすることに意味が生まれ、場所に集まることでその場所は人々の情動の場となると、アーリは説く。これらの議論を踏まえ、アーリは、移動は「存在論的かつ認識論的」であると指摘する (Urry, 2007)。

　以上のように、「移動性」の研究は、「不動・定住」と「移動」を弁証法的に捉え、社会諸関係の創発的関係性を明らかにすることを通じて、社会のあり様と、現代に生きる人々の「人格的主観性」のあり様を探究することに他ならないのだ。

4. 「ネットワーク資本」と「ことばの視点」

　これからの社会科学全体を捉え直すパラダイム転換の議論において、ジンメル、アーリの議論は、極めて重要な視点を持つ。テクノロジーの高度に発達した現代において、「移動性」の研究は欠かせない。アーリが示した「ネットワーク資本」は、持てる者と持てない者の社会的不平等や格差を産むことを示唆している点でも重要である。ただし、アーリの示した「ネットワーク資本」へのアクセスの議論には、まだ議論を深める研究領域があることも確かである。

　たとえば、アーリはコミュニケーション、対面、場所の重要性を指摘しているが、以下の 3 点において疑問がある。

　第一は、コミュニケーション、対面、場所の議論に「ことばの視点」がほとんどない点である。「ネットワーク資本」の一つである通信デバイスを多言語で使用したり、あるいはその使用上に複数の言語を混ぜて使用したり、複数の入力言語記号を使用したりしている現実は考慮されていない。また、対面の議論においても「ことばの視点」がない。誰とどのような場面（場所）でどの言語を使用して対面するのか、誰との対面にどのような言語選択をするのかなどは、個人にとっての対面の意味を考察する際に欠かせないが、それらの点は考慮されていない。また場所の議論においても、「ことばの視点」がない。場所を移動することにより言語が変わる可能性があり、その言語が変わることがその場所の意味づけに影響し、かつ情動に影響するだろうが、その点が考慮されていない。

　第二は、コミュニケーション、対面、場所の議論において、考察対象は大人が中心であり、子どもはほとんど視野にない点である[4]。現在、幼少期より移動を繰り返し、複数言語に接触し他者と対面しながら成長する子どもは地球上のあらゆる地域に生まれており、今後、社会の多数派を占めることが予想される。特にデジタル・ネイティブと言われる若い世代は「ネットワーク資本」において日常的に「言語間移動」を経験している。これらの子どもは現代および未来社会を考えるうえで、欠かせない存在であるが、これまでのアーリの議論には含まれていない。

　第三は、コミュニケーション、対面、場所の議論において、人の成長、人生あるいはアイデンティティ形成の視点がない点である。人は移動し、複数言語に接触し、多様な人々と多様なコミュニケーションを取り交わしながら成長する。その成長過程で、あるいは人生の過程で「人格的主観性」による社会認識も変容し、社会生活の「創発的関係性」も当然「移動」するだろう。だからこそ、「移動性」(mobility)の研究において、人の成長、人生あるいはアイデンティティ形成の視点は欠かせないのだ。

　ここでアーリの「移動性」の議論をさらに考えるために、幼少期より複数言語で成長する子どもに焦点を置いた文化人類学の研究を取り上げる。

　文化人類学者の工藤正子は「日本人の母親とパキスタン人男性の父親をもつ子ども」に注目し、彼らが日本で「ハーフ」や「外国人」のまなざしや言説をどう受け止め、それらに抵抗し、再解釈し、生きようとしているかを、エスノグラフィックなデータに基づき明らかにしようとした(工藤、2016)。工藤によると、日本人の母親は結婚を機にイスラム教に入信し、子どもは生まれながらにムスリムとなる。子どもは就学前にはイスラム教の勉強や宗教行事に参加したり、国境を越えて移動したり、母親とともにパキスタンで過ごすこともあるという。就学後の義務教育は日本の公立学校で学ぶ場合もあれば、英語で教育を行う海外のインターナショナル学校へ通う場合もある。宗教観や男女隔離のジェンダー規範の影響もあるという。工藤は、そのように成長し、日本で暮らす10代後半から20代前半の若者にインタビュー

4　経済協力開発機構(OECD)は移民の子どもの「社会移動」がグローバルで深刻な社会的課題になっていることを指摘している(OECD, 2018)。

調査を行い、「ハーフ」や「外国人」「日本人」についての彼らの認識を探った。その結果、子どもたちは日本の主流社会からの同化と他者化の相反する力に晒されていること、「ハーフ顔」という身体性と日本育ちの日本人性から日本で流布する「ハーフ」を子どもたちは再解釈・再定義すること、ムスリムとしての経験により子どもたちは自分たちを「欧米型ハーフ」と異なると考えることなどを述べ、子どもたちのアイデンティティ交渉や再定義において、「子どもたちのジェンダーや宗教的態度、移動の経験などと多重に交差し、また、成長する過程でその応答の仕方も変容を遂げている」（工藤、2016: 325）と結論づけている。

　工藤の研究は、本章のテーマである「移動性」の議論においても示唆に富む成果であろう。特に、日本とパキスタンの「ハーフ」の子どもを取り上げ、その成長の背景にある移動の経験がアイデンティティ構築に影響を与えているとした点、さらにそれらの背景に、宗教的経験、親の考え・生活戦略、日本およびパキスタンの社会的規範意識などが複層的に影響している点を明らかにした点は貴重である。これらの知見は、日本と海外を直線的に結ぶ「線形的な思考」による研究[5]ではなく、「非線形的な思考」（Urry, 2007）による創発的関係性の研究と言えよう。子どもおよびアイデンティティ形成に関する、これから探究すべき新たな領域があることを示唆した優れた研究である。

　ただし、工藤のデータを、アーリのいう「ネットワーク資本」へのアクセスという観点、さらには、前述の「ことばの視点」から検討すると、また違った考察も可能となるだろう。たとえば、工藤（2016: 320）は、インタビューした調査協力者の女性が、

　　私がしゃべって、これだけちゃんと日本語しゃべったら「あっ」て思うんでしょうけど、でも、多分それだけじゃまだ「外国人」と思われるかも。（…「人との接し方、しゃべり方、マナーとか」：引用者）そういう私の行動を見て「日本人だ」と思うのかなって思います。

5　国境を越える子どもに関する「線形的な思考」による研究の一つの例は、岡村（2017）。

と反応したことを紹介しているが、この語りには、明らかに「コミュニケーション、対面、場所」に関する「ことば」が関与している。また、「ことばの視点」から見れば、子どもは幼少期より日本とパキスタンの間を移動し、異なる言語に触れる経験をする。また宗教学習や宗教行事およびインターナショナル学校や日本の学校で、パキスタンの言語や英語や日本語に触れて、それらの言語によるコミュニケーションやそれぞれの言語で「考える学習」を経験している。さらにそれらの経験を持つ子ども同士がどのような言語でコミュニケーションを行うかも彼らのアイデンティティ形成に影響しているだろうが、工藤の研究にそれらの点は十分に考察されていない。

5. 「移動する子ども」というフィールド

　幼少期より複数言語環境で成長する子どもの場合、「空間」「言語間」「言語教育カテゴリー間」の移動の体験（川上、2011）が、子ども自身にとって意味のある経験として意味づけられ、記憶として残っていく。このとき、重要なのが「ことばの視点」である。すでにアーリの「ネットワーク資本」へのアクセスの観点においても、「ことばの視点」が欠如していることは前述した。「ネットワーク資本」をめぐる、これらの子どもの経験と記憶に「ことばの視点」は欠かせない。私は、この経験と記憶を「移動する子ども」と呼ぶ。「移動性」の研究における「移動する子ども」とは分析概念であり、「関係概念」（小松、1995）である。「移動する子ども」とは、目の前の子どもではない。また「移動する子ども」と「移動しない子ども」という二分法の概念ではない。「空間」「言語間」「言語教育カテゴリー間」の移動の体験と記憶は社会と密接に関係する「関係概念」なのである（本書の第1章）。

　ここに、「移動する子ども」というフィールドが出現する。つまり、子どもが幼少期より複数言語環境で成長する経験と記憶というフィールドは、子どもの成長過程で、あるいは人生の過程で生まれる「人格的主観性」による社会認識と、社会生活の「創発的関係性」を探究することを意味する。その研究には、「移動とことば」というバイフォーカル（bifocal）なアプローチ（川上、2018a）が不可欠である。

　国民国家という枠組みに回収される視点は、国民国家に定住する者の視点である。その定住型視点から見る世界は、自らが動いているのではなく天空が動いているという天動説的研究の世界と言える。天動説的研究とは、国籍、出自、出身地、家庭内言語、血統、居住地、エスニシティなどによる静態的・均質的・統一的な捉え方で人の生を説明しようとする研究をいう。

　それに対して、ここでいう「移動とことば」のバイフォーカルなアプローチは、必然的に、立体性、複合性、動態性のリアリティを、「動く」視点から見る研究者の不安定性、動態性、矛盾を含んだ研究となろう。これまでの既成の境界を越えて「移動」を経験する人々の生活を常態と捉え、流動する「ことば」と複言語・複文化能力（Coste et al., 2009）を日常的に駆使して生きることを常態と捉える必要がある。そのような「移動とことば」の常態を踏まえ、研究者自身が移動を続けながら研究テーマに向き合う研究は、地動説的研究と言えよう。その場合の研究者の視点は、定住者の視点から遊離する視点となろう。

　つまり、21 世紀の社会状況がますます「モバイル化」（mobilizing social life: Urry, 2007）し、「移動」が常態となると考えると、「人とことばと社会」の関係を問い直し、そこから、新たなリアリティと人間理解を探究する視点と研究方法が不可欠となろう。

　アーリ（Urry, 2007）は「移動性（mobility）」に関する研究方法として、「モバイルな方法論」についても論じている。その基本は、観察と民族誌的な研究方法、当事者自らが記録する日誌「時空間日記」、また「明確な地理的境界を越えていく文学・芸術・想像の研究を含む質的研究方法」などを示唆する。アーリのいう「文学・芸術・想像の研究」を含めると、文化人類学者の青木保が文学作家の多和田葉子、村上春樹、リービ英雄などの作品と創作活動を「移動の視点」から論じた青木保『作家は移動する』（2010）は、「移動性」研究の一つと見てよいだろう。また、歴史の中の「移動経験」の記憶をもとに創作した文学作品や映画を論じた伊豫谷登士翁・平田由美（編）『「帰郷」の物語／「移動」の語り――戦後日本におけるポストコロニアルの想像力』（2014）も、「移動性」研究の一つであろう。

　このように時空間を超えて生きる現代人の「移動の生活」（Life on the Move）

に視点を置いた「移動性」の研究は、個人の持つ「人格的自由」や「人格的主観性」を探究するフィールドなのであり、「移動する子ども」学のフィールドもそこに位置づくのである。

第3章

ことばとアイデンティティ

——複数言語環境で成長する子どもたちの生を考える

問題意識③

　幼少期より複数言語環境で成長する子どもは、成長過程で遭遇する「移動」と「ことば」にどのように向き合い、成長していくのであろうか。その経験と記憶は、自己の生き方やアイデンティティにどのように関わっているのであろうか、あるいは、子ども時代だけではなく、人生そのものに、また家族や時代ともどのように関係しているのであろうか。さらに、複数言語環境で成長する子どもの生をホリスティックに捉える視点は、どのような視点であろうか。

1. はじめに ── 「移動する子ども」と一青妙

　台湾人の父と日本人の母のもと東京で生まれた一青妙さんがかつて私のインタビューに答えて、幼少期の思い出について次のように語った。

　　　私、生まれてから半年くらいしてすぐに台湾に行きまして、そこからずっと逆に台湾の生活になったんですね。半年後から小学校6年の終わりまで、ずっと台湾の現地の学校に通ってましたんで、その中でおそらく、言葉をしゃべったり、記憶に残っているようなのは、3歳とか4歳くらいで、はじめて外でしゃべってる言葉とうちの中で言葉が違うって、おそらく外国人なのかなっていうのを意識した記憶があります。(中略)自然と中国語と、台湾語を聞き分けて使っていた。あと父方の親戚は全員台湾に住んでいますので、その方たちとは台湾語であったり北京語だったり。記憶にあるのは、母より、私が大きくなってから言われたのは、普通だったら一歳くらいで言葉を発すると思うんですけど、すごく遅かったと。たぶんそれはいろいろな言葉の環境の変化にどう対応していいのかっていうのをじっと待ってるような時期で、ある日突然、かなり遅れてすべての言葉を話し始めたっていうのを母からは聞いているんですけど。今考えるとそれからは何も考えずに、スイッチを切り替えていた、意識もせずにやっていたんだと思います。

　　　　　　　　　　　　　　　　　　　　　　　　（川上編、2010: 39）

　妙さんはその後、台湾の現地の小学校へ入学し、6年生まで通い、それから日本に帰り公立小学校の「帰国子女クラス」に入った。中学、高校、大学、大学院と日本で過ごし、現在は、女優であり歯科医師として活躍している。仕事やプライベートな理由で、妙さんは台湾へ行く機会が多く、中国語は前より上達したと話すが、今の自分の中国語能力について次のように言う。

　　　今でも不安ですね。年齢的にも四〇とか五〇（歳）とかになってきますと、話すこともパブリックな感じの内容、読む文章も硬めのものを読

んだり。向こうの「日経」（新聞）に値する新聞とかを読んでも辞書を引かないと分からないことだらけですし、雑誌とかもスラングとか流行っている言葉も意外と分からないなって。私の場合、同年代の現地の友だちとか若い友だちと接しているわけでもないので、そういったものは分かってないと思います。
（川上編、2010: 51–52）

　台湾の小学校で自分は中国人と思っていたという妙さんは中国語が堪能で、学校の成績も良かった。現在は台湾と日本の間を行ったり来たりして、日本語と中国語の両言語を使いながら生活しているが、それでも自身の中国語能力については「今でも不安ですね」と答えている。私たちはこのような語りをどのように理解したらよいのであろうか。女優であり歯科医師であることを見て「成功例」と見なしたり、逆に、中国語能力に不安があるからと言って「失敗例」と評価したりすることはできるのであろうか。

　妙さんの語りは、このように、私たちに様々なテーマを投げかけてくる。幼少期に複数言語環境で育つ子どもは、成長過程でどのように複数言語を習得し、さらに複数言語を学んだことがその人のアイデンティティや人生にどのように影響していくのか。また、私たちはそれらの子どもの生をどのように理解し、どのように捉えたらよいのだろうか。

　これらの問題は、現在、日本各地に居住し、学校等で日本語を学んでいる「外国人児童生徒」や国際結婚した親のもと複数言語環境で成長している子どもたちの場合にも同様に言えることである。さらに、日本国外で日本人の親のもと現地校に通っている子どもにも共通する課題といえよう。したがって、本章では、それらの問題意識から、幼少期より複数言語環境で成長する子どもがどのように成人となっていくのか、そして、複数言語環境で成長したことがその人のアイデンティティ形成にどのような影響を与えるのか、また、そのことを私たちはどのように理解し、捉えたらよいのかという課題について考えることを目的とする。

2. 研究の視座 ── なぜ「移動する子ども」なのか

2.1 先行研究レビュー

　学習とは、技能や知識を獲得する学習者個人の認知的な営みというより
は、「状況に埋め込まれた学習」(レイブとウェンガー、1993) という社会的
実践であるという見方 (学習観) が広く支持されるようになって久しい。ま
た、この学習観が第二言語習得研究に援用されると、言語習得を個人的な認
知的営為として捉えるのではなく、個人と社会との関係の中で言語習得を捉
える見方が生まれ、言語習得を社会的文脈におけるアイデンティティ交渉と
関連させるポスト構造主義的アプローチの研究が多く行われるようになった
(Pavlenko & Blackledge, 2004)。たとえば、Norton (2000) は、カナダに移
住した女性移民が第二言語として英語を学習する初期段階でいかに社会的な
権力関係の中で第二言語学習に向かっているかを明らかにした。ポスト構造
主義、フェミニズムの視点に立つ Norton は、社会的な権力構造の中で、移
民女性である学習者が第二言語学習を通じて、それまでの自己を新たな社会
関係の中に位置づけるためにアイデンティティを再構築していると見る。さ
らに、Norton はブルデューの「文化資本」[1]の概念を援用し、学習者が言語
学習に向かうことを「投資」と呼び、「投資」により「文化資本」を増大す
ることによって、学習者は移民社会に生き伸びていく方策を獲得していくと
説明する。

　学習者が言語学習に「投資」するという Norton の考え方は、それまで学
習者の学習動機を学習者個人の認知的営みとして捉え、学習への「動機づ
け」によって学びを説明しようとしてきた心理学的アプローチを退け、学習
者が学習へ向かうのは、社会の権力関係と自己との「交渉」を通じて、より
多くの象徴的、物質的資源を得、よりよい自己を実現するためであるとす
る。そのために、学習者は様々な場所や時間の中で遭遇する社会的な権力関
係の影響を受けつつ、自己のアイデンティティを不断に再構築していくこと
になる。したがって、第二言語学習への「投資」は学習者にとってアイデン

1　フランスの社会学者、ピエール・ブルデューが提唱したもので、金銭による資本ではな
く、学歴、文化的素養、言語、振る舞いなど、個人が身につけた資産をいう。

ティティへの「投資」ということにもなる。

　Kanno & Norton（2003）は、学習者が言語学習へ向ける「投資」の背景には、学習者の想像力があるという。つまり、「投資」は現在の自己だけではなく、将来の自己のあり方や生活を想像する力が働いていると捉える。レイブとウェンガー（1993）は「状況に埋め込まれた学習」（状況的学習）を議論するために、徒弟制度が見られるような実際の「実践共同体」の中で新参者が社会文化的実践の「十全的参加者」になる過程を分析したが、Kanno & Norton（2003）は、言語学習者が「投資」の先に見ているのは、実際の「実践共同体」だけではなく、自分が将来所属したいと想像する「実践共同体」であるという点を強調し、学習者の想像力に注目する。そのうえで、ベネディクト・アンダーソン（1991 [1997]）の「想像の共同体」（imagined community）を敷衍して、学習者にとって将来所属したいと思う「想像の共同体」をイメージして「投資」が行われると主張する。

　Kanno & Norton（2003）は、その例として、Rui という 10 代の日本人の少年の事例を説明する。彼は、人生の三分の二を英語圏（オーストラリアとカナダ）で過ごし、カナダの同年代の子どもと同様にカナダの価値観や考え方を持ちながらも、自分は日本人であると強く思っている少年であった。彼は、日本人と見られたいという思いと、日本人性を維持するために、日本語学習へ向かっていたという。しかし、Rui が考える日本はけっして実際の日本ではなかった。彼は日本から遠く離れたところにおり、日本で過ごした経験も乏しく、彼を支えたのは彼の想像力だけであった。そのため、想像の日本と実際の日本の差を実感したとき、彼は落胆し、もう日本人になりたいとは思わなくなった。しかし、彼が想像する日本は彼の学習を支える力となり、彼はその後も第一言語である日本語の学習を続けたという。Kanno & Norton（2003）は、Rui を動かしたのは「希望的想像力（hopeful imagination）」であると説明する。つまり、将来、日本人社会に参加していくために必要な第一言語を維持したいという「希望的想像力」が彼の日本語学習を支えていたと解釈し、言語教育における想像力の重要性を主張した。

　同様の観点から Haneda（2005）は、学習者のそれまでの人生の中で体験したことが学習に影響を与えることについて論じている。その場合、過去

の、そして将来の「実践共同体」との関係の中で、学習者は現在の教室という「実践共同体」を捉え、そこでの学習に取り組むと説明する。

Haneda（2005）は、その例として、カナダに移住した日本人一世の両親を持つ Jim を取り上げ、その青年の日本語学習について述べている。Jim は、学校では英語を使用し、家庭では日本語と英語を使用する子どもであったが、学校へ通いだすと、兄弟間でも英語が中心になっていった。そのため、日本語より英語の方が気持ちがよいと感じるようになった。両親は彼を土曜学校（Saturday morning heritage language school）へ入れた。彼はその学校へ小学部から中学部まで 8 年間通った。そのことについて Jim は、両親を喜ばせるためであり、また同じような境遇の友だち（Japanese Canadian friends）と会うためだったという。日本語の読み書き能力を維持するために、彼は高校でも日本語のクラスを受講した。大学に入学すると、彼の読み書き能力は小学校 6 年生より低かったが、いきなり大学 4 年生の日本語のクラスへ入るように言われた。そのクラスは、日本語を外国語として学ぶクラスであったが、彼は異質であった。そのクラスに入ったことについて彼は、自分のルーツの言語だから学ばなければと思ったと答えている。

日本語クラスの担当であった Haneda から見ると、Jim の日本語の口頭能力は高く、流暢な日本語で話していたように見えた。しかし、どことなく、非ネイティブの日本語に聞こえた。彼の日本語は家庭や友だちと話すカジュアルな日本語であって、教師のような目上の人と話すときに使用するフォーマルな日本語ではなかった。そのことは、書く力にも反映しており、カジュアルな日本語しか書けなかった。その理由は、日本語のマンガを読み、カジュアルな手紙文のファックスを日本にいる親族に送るなど、限られた日本語使用の経験しか彼にはなかったからである。それに比べて、英語力は学校で習得していたので、彼は洗練された英語文を書くことができた。

このように Jim は、自らの高い英語能力と、日本語の高い口頭能力を肯定的に評価していた。しかし、日本に一時帰国したとき、初めて親戚を訪ね、そこにいた同じ年頃の子どもの反応から、彼は自分の日本語の会話力が思っているほど高くないことに気づくことになる。また電車の中で聞く日本人の若者たちの会話から、彼はますます自信をなくしていく。結局、「日本

人だけど、日本人じゃないみたい」と言われたという。

　Haneda は、Jim の日本語クラスの担当者として、彼に作文指導を行うが、Jim が日本語の語彙不足から日本語の作文がまったくできないことに気づく。同じクラスのカナダ人の学生よりも日本語でエッセイを書く方法を知らなかった。Jim は英語では書くことができたが、日本語では書けなかったのである。

　しかし、その後、Jim は、英語で書いたものを日本語に翻訳する方法や、家で親にわからないことを聞く方法などにより、徐々に日本語で書くことに取り組むようになった。やがて「ですます体」と「である体」の違いを学ぶなど、徐々に大学生らしい日本語が書けるようになっていった。Jim は、将来、「ちゃんとした日本語」を地元のカナダの日本人社会で使うとともに、職業としてはハイスクールの英語の先生になりたいという希望を持っていたという。

　この Jim の事例の特徴について、Haneda（2005）は、次のように分析する。

　第一は、日本語を使う「実践共同体」の中で日本語だけでなく日本文化に関する知識や技能を学ぶ一方、地元の学校教育を通じてカナダ社会の価値や知識も身につけ、社会との交渉を通じて自己意識を確立していった点である。

　第二は、多様なコミュニティに参加することによって、周辺的参加から十全的参加へ、あるいはその逆を繰り返し経験することによって、自分の居場所についての強い意識が生まれ、そのことによって強固な自己を確立していった点である。

　このようなアイデンティティの構築のプロセスに、Haneda は次の要素が影響していると分析している。その一つは、Jim が日本に一時帰国して感じた自身の日本語能力についての自信喪失である。Jim は、日本という「実践共同体」に自分が所属しているという感覚が得られなかった。二つ目は、Jim が見せた日本語学習、特に日本語の書く力を引き上げるための学習への「投資」である。高い日本語能力を持ち、「ちゃんとした日本語」でエッセイを書くという強い意志があった。それは、それまでの人生で経験してきたことを踏まえて、過去、現在、未来を貫く形で、アカデミックな共同体へ日本語の書き手として十全的参加を果たしたいという希望であり、地元の日

本人社会へ十全的参加を果たしたいという希望である。いずれも、それらは「想像の共同体」への参加の希望である。三つ目は、異なる「実践共同体」への参加、不参加による体験があった点である。参加できた経験と参加できなかった経験が将来を見通す中で日本語学習へ向かわせていた。そこには、学習者のニーズや希望、夢が含まれていると、Haneda（2005）は分析している。

このように、Norton（2000）、Kanno & Norton（2003）、Haneda（2005）は、移民や移民の子どもが移民社会の言語や自身の第一言語を習得する際、移民社会における社会的な権力関係の中で自己のアイデンティティ交渉を行っていると述べる。さらに、「実践共同体」への将来の十全的参加を希望的に想像しながら言語学習へ「投資」をすることによって学習を進めていると説明している。しかし、この捉え方は、移民社会に生きる言語学習者の葛藤や行動を説明するには有効な面もあろうが、他方で、幼少期より複数言語環境で成長する子どもの生を理解するうえで疑問も残る。

Norton（2000）はカナダに移住した女性たちが社会的な権力構造の中で第二言語としての英語学習を行っている姿を説明しているが、その際、女性たちは、カナダへ移住する前に持っていた資格や経験、専門性を生かそうとして社会と「交渉」する中でアイデンティティを再構築し、将来への「投資」として言語学習を進めていると説明している。それは、移民女性たちの言語学習に見られる学習動機の説明でもあるが、同時に、大人の女性であることやカナダ移住の初期段階の言語学習という限定的な議論でもある。Kanno & Norton（2003）は、「希望的想像力」によって言語学習へ「投資」し、「実践共同体」への将来の十全的参加の希望が学習を進めているという点を強調し、これまでの「動機づけ」から見た学習理論を否定している。Kanno & Norton（2003）では、Rui という 10 代の少年が日本語学習へ向かう背景について論じられているが、同じように日本国外で成長する子どもたちの中には「希望的想像力」が持てずに言語学習へ向かえない子どももいるだろう。そのような場合は、なぜ「希望的想像力」が働かないのかという課題も出てくるが、そのような議論や説明はない。また、Haneda（2005）は、Jim という大学生が日本語の書き手としてのアイデンティティを形成していく背景に、同様の「投資」、「実践共同体」への十全的参加の希望や「希望的想像力」を

想定しているが、アカデミックな共同体への参加とローカルな日本人社会への十全的参加を想像できない学生の場合は、どのような要因が言語学習と関連すると考えられるのだろうか。そのような場合、アイデンティティの再構築はどのように考えられるのか。

　つまり、Norton らの「投資」、「想像の共同体」、「実践共同体」への参加希望、アイデンティティ交渉、「希望的想像力」といった説明原理は、基本的に、移民社会において「さまざまな抑圧を経験し葛藤を抱えつつも言語学習へ向かおうとしている学習者」の学習と生きざまを説明するために動員されていると考えられる。しかし、これらの説明原理だけで、移民社会における第二言語学習者のことばとアイデンティティについて十分に説明したことにはならないだろう。たとえば、Norton（2000）の研究対象とした学習者は成人の言語学習者であり、第二言語学習以前に成人した大人のアイデンティティを有し、そのアイデンティティをもとに新しい移民社会との「交渉」によって新たなアイデンティティが再構築されることが焦点化された。さらに、その場合の移住前のアイデンティティは祖国やエスニックなアイデンティティが問われることなく前提となっているように見える。同様に、Kanno & Norton（2003）における Rui の場合も、「日本人」であるという当事者の自己規定を前提として議論をし、他の事例、たとえば Rui と同じような境遇にあっても「カナダ人」として自己規定し日本語学習を放棄しているケースもあろうが、そのようなケースを議論する余地は見えない。あくまで言語学習を継続する学習者の学習を説明することが、Norton らの研究の主題と見える。

　また、Kanno & Norton（2003）の Rui や、Haneda（2005）の Jim のように、これらの研究は幼少期より複数言語環境で成長した子どもを対象にしているように見えるが、これらのケースでも大人を対象にした研究と同じ説明原理で彼らの学習を解釈しようとしているように見える。たとえば、Haneda（2005）の議論の中に「特に大人の第二言語学習者の場合は」とわざわざ注を入れるのはその証左である。

　しかし、これらの説明原理だけでは、幼少期より複数言語環境で成長する子どもたちの言語学習の特徴を理解したり、彼らの言語教育を十分に議論し

たりすることはできないのではないだろうか。その子どもたちには、前述の
Rui や Jim も含まれるが、そのほかに多様な背景や多様な課題を抱えさせら
れている子どもたちも多数含まれるはずである。そのような子どもたちの中
には、複数言語に触れることによって不安や葛藤や、いわゆるアイデンティ
ティ・クライシスを感じる子どももいるだろう。そのため複数の言語学習に
向き合えないケースもあるだろう。そのようなケースにおいて、子どもの成
長過程と発達段階を踏まえた言語学習および言語教育、そして子どもを支援
する家族や教育者との連携などについて議論することは重要な課題である
が、それらの課題へ向かう視点は、Norton らの議論にはほとんど見当たら
ない。つまり、Norton らの説明原理だけでは、幼少期より複数言語環境で
成長した子どもたちの言語学習や言語教育を考えていくことはできないので
ある。

2.2 分析概念としての「移動する子ども」

　以上の先行研究レビューを踏まえ、本章では、幼少期より複数言語環境で
成長した子どもの成長と発達の視点を踏まえた言語学習と言語教育を考える
新たな視座として、「移動する子ども」という分析概念を設定する。

　ここで提示する「移動する子ども」というのは分析概念であって、実体と
しての「子ども」ではない。それは概念であるから、目の前にいる実際の子
どもでもなく、目に見えるものでもない。この概念は、現代社会の人のあり
様を分析するための、ひとつの視点なのである。

　「ハーフは可愛い」「バイリンガルはかっこいい」などという言説は常に生
成されては消費されているが、それらは単一言語的人間観や単一言語的社会
観の裏返しの言説である。多様な背景を持つ人々が大量に移動を繰り返し、
社会全体がこれまでにない複層的なコミュニケーション空間を有するように
なっている現代、その中で、人と人がことばで結びつく、あるいは結びつか
ない現象が社会のあり方や人の成長に影響を与えていくと考えられる。それ
ゆえに、「移動する時代」に生きる子どもたちのことばの教育は、子どもた
ちにとっても社会にとっても重要な課題となる。

　「移動する子ども」という分析概念は、これらの課題を考えるために提出

されている。「移動する子ども」の3要素は、「空間を移動する」、「言語間を移動する」、「言語教育カテゴリー間を移動する」であるが、そのコアにあるのは、複数言語を使って生活したり学習したり、また複数言語を使って他者と繋がったり、あるいは逆に他者と繋がらなかったりする経験である。その背景には、親に連れられて移動させられた経験や自分から望んで移動する経験も含まれる。その結果として、複数言語に触れながら成長するという経験が身体の中に蓄積されていき、その経験は、実は実感のともなった記憶として子どもの中に残っていく。異なる言語によって他者と繋がる楽しい経験も、異なる言語によるコミュニケーション不全を味わう辛い経験も、記憶として蓄積され、地形を形成する地層のように子どもの内面を形づけていく。その記憶から複数言語に対する意識や自らの言語能力に対する意識が生まれ、それらが人の成長の中で自己を形づけ、同時に社会的関係性の中で自己を変容させていく。

したがって、「移動する子ども」という分析概念を構成する要素は、移動した経験と記憶なのである。それらは、幼少期より複数言語環境で成長し、複数言語に触れ、複言語複文化能力を駆使して他者とやりとりをしたという経験と記憶であり、現在の子ども自身の意識であると同時に、子ども自身が過去を振り返り意味づける「経験と記憶」でもある。

このような含意の「移動する子ども」という分析概念は、子どものアイデンティティ形成を考えるうえで重要である。ここで言うアイデンティティとは、幼少期より複数言語環境の中で「自分が思うことと他者が思うことによって形成される意識」（川上編、2010: 213）である。なぜなら、これらの子どもは幼少期より体験する複数言語による他者とのやりとりと、その経験についての意識によって、社会の中で成長しつつある自分の位置を常に考えさせられることからアイデンティティが形成されるからである。

もちろん、その場合、子どもが生活する社会の中で向けられる、子どもの特徴や他者性へのまなざし、さらには子どもの親を含む家族と社会との関係性も、子どもの言語に対する意識やアイデンティティ形成に影響することも確かである。その中にあって、子ども自身が自らの選択として自己のあり方を模索していくことになる。それは社会関係の中で「自己になっていくプロ

セス」と言えよう。

　ただし、この「自己になっていくプロセス」は、Norton（2000）が取り上げた大人の移民女性がカナダの社会的な権力関係の中で自らのアイデンティティを再構築する場合と異なる。なぜなら、大人の場合と異なり、子どもの場合は、子どもにとっての成長過程と言語習得に関わる認知発達の側面があるからである。単言語環境で成長する子どもの場合、第一言語である母語を意識するよりも、成長過程に見られる空間軸と時間軸の広がりの中で他者を意識し、自己を意識することで自己形成することになる。しかし、複数言語環境で成長する子どもの場合は、空間軸、時間軸に言語軸が加わる。つまり、言語軸に見える複数の言語を通じて、他者を意識し、自己を意識することで自己形成することになる。したがって、幼少期より複数言語環境で成長する子どもの場合、空間軸と時間軸と言語軸の３つの軸の間で成長する体験を持つ（川上、2011）。この言語軸は子どもたちの経験と意識を概念化するうえで極めて重要な点である。なぜなら、子どもは異なる複数の言語を通じて他者と繋がる体験を幼少期より積み、そのことで生活世界が複層化し、言語使用に関する成功体験と不成功体験が複雑に絡み合い、アイデンティティの複合的形成が進むからである。

　言語使用に関する成功体験と不成功体験が複雑に絡み合うことがなぜアイデンティティの複合的形成に影響するかと言えば、第一に、言語使用の成功体験によって他者と繋がり、他者から認められる体験を得、その結果、その言語世界に居場所を実感することになること、第二に、言語使用の不成功体験によって他者との関係性構築に失敗し、他者との異質性に向けられるまなざしに晒される体験を生み、その結果、その言語世界から疎外され居場所を実感できなくなること、第三に、それらの成功、不成功の経験から Norton らがいう「想像の共同体」を思い描くことで学習へ向かったり、逆に、「想像の共同体」から距離をもち、学習に対して消極的になったりすることがあるということ、この３つの理由から、複数の言語世界との接触体験から子どものアイデンティティの複合的形成が進むと考えられるのである。

　自己の経験についての意味づけは、人の人生の中でも変化する。成功、不成功の経験の意味づけも個人のライフステージによって多様に変わる。たと

えば、成功経験が必ずしもプラスに影響し、不成功の経験がネガティブに影響するとは限らないことは、ライフイベント研究においてもすでに指摘されている（尾崎・上野、2001）。

　また、人の記憶と社会の関係についてはこれまで歴史学や人類学で研究されてきた。アナール学派のジャック・ル・ゴフは「記憶とは、何らかの情報の貯蔵庫であり、まず第一に、人間が過去の印象や情報を過去のものとして表象し、それを利用する、心理的な機能の総体と関係している」（ル・ゴフ、1999: 91）と述べ、集合的記憶から人間の歴史を捉える心性史を提唱した。人の記憶が過去の出来事を捉え直すときに重要な視点を提供することがわかる。これは、個人の歴史においても同様であろう。

　これらの先行研究を踏まえると、前述のような含意をもつ「移動する子ども」という分析概念を使用し、幼少期より複数言語環境で成長する子どもの生を理解することは重要な、かつ挑戦的な課題といえよう。本章では、そのことを考えるために、冒頭で紹介した一青妙さん自身が書き下ろした自己エスノグラフィー、『私の箱子』（2012）を、「移動する子ども」という分析概念を用いながら分析することを試みる。その分析を通じて、幼少期より複数言語環境で成長する子どもがどのように成人となっていくのか、そして、そのことから私たちはそのような子どもの生をどう理解したらよいのか、また私たちはその生をどのように捉えたらよいのかという課題について考えたいと思う。

　次節では、一青妙さんの自己エスノグラフィーの概要を述べ、続いて、「移動する子ども」という視点から見た妙さんの人生を時系列に分析する。途中、私が行った妙さんへのインタビューでの妙さんの発言も適宜、交えながら論を進める。その理由は、私のインタビューが行われた時期（2009年3月）と、この書の物語の始まりが2009年1月と近く、インタビュー時の彼女の気持ちとこの書の内容が重なっていると感じられるからである。そして最後に、本章の課題について考えるという順序で論を進める。なお、文中の「妙さん」という呼び名は私のインタビュー時に彼女が私に勧めた呼び名であり、本章でもそれを踏襲する。

3. 「移動する子ども」という家族の物語――一青妙の自己エスノグラフィーをもとに

3.1 一青妙著『私の箱子』(2012) の概要

　一青妙著『私の箱子』(2012) は、女優であり歯科医師である一青妙さんの家族の「果てない絆」を描いた「初エッセイ」(本の帯から) であるという。しかし、研究者の視点から見れば、この書は当事者しか書けない壮大な家族史であると同時に、「移動する子ども」の研究にとって、極めて貴重な学術的なデータを含む稀有な著作であると言える。

　この書の概要は以下の通りである。この書は、「私の箱子」「台湾の"野猫"」「閉ざされた部屋」「母が逝く」「顔家物語」「『顔寓』の主」という 6 つの章とあとがきから構成されている、284 ページの書である。物語は、妙さんが家族で住んでいた家の解体中に見つけた箱 (中国語で箱子) から妙さんの亡き父や母の写真や記録を発見するところから始まる。妙さんの父は、顔恵民という。台湾の五大財閥のひとつで、鉱山王と呼ばれる顔家の長男として 1928 年に台湾で生まれた台湾人であった。妙さんの母は、一青かづ枝といい、1944 年に東京で生まれた。一青という姓は、石川県能登半島の一青という土地にある母方の姓である。二人は、東京で出会い、1970 年に結婚した。国籍の違いも、16 歳の年齢差も越えた国際結婚は当時としては「希少価値」のある結婚だったと、妙さんは述べる。そして、同年に東京で妙さんが生まれる。そのときの「母子健康手帳」には、「■母の氏名 顔 和枝 ■子の名前 顔 妙」と記載されていた。

　この書は、上記の箱から発見された父母の手紙や写真から、家族の記録や妙さんの記憶をつなぎ合わせる作業が軸となって展開されていく。妙さんは生後 6 カ月で両親とともに台湾に渡り、12 年間滞在する。第 1 章は妙さんの生後の経緯について述べられている。第 2 章は、妙さんが台湾で過ごした小学校時代の様子が語られる。第 3 章は、台湾と日本の間で生活し、心の病を抱え、最期はがんで亡くなった、妙さんの父の物語である。妙さんは当時、中学生であった。第 4 章は、そのような父と結婚した妙さんの母の物語である。母も、父の死後、がんで亡くなった。妙さんが大学生のときであっ

た。この間の出来事は、手紙や日記、写真などによって詳細に述べられると同時に、妙さんが中学生から大学院生、歯科医師、女優と成長していく時期と重ね合わされ、妙さんと家族の心情が細やかに描かれている。続く第5章は、父の家系についての章である。台湾の財閥の盛衰が語られる。最後の第6章は、この書の中で60ページを超える最も長い章で、妙さんが中学生だったときに他界した父の本当の姿を理解すべく、記録をもとに歴史を再構成し、昔の友人や親族や関係者の記憶と証言を求めて、台湾に、そしてアメリカへ旅をする、この書の圧巻の章である。妙さんの父について書かれている第3章が55ページで、第3章と第6章を合わせると、この書の3分の1が妙さんの父をめぐる物語で占められることになる。そのことは、妙さんにとって父の存在がいかに大きかったか、また父を知れば知るほど、そのような父に寄り添った女性としての母の気持ちも妙さんに深く理解されるようになったことを意味した。この書は、箱の中から出てくる記憶のつるが曲がりくねりながら、徐々に国を超えた大きな樹木に成長するかのように舞台女優ならではの視点と工夫で構成されている。その文章のきめ細かさと壮大なドラマの構成力は、妙さんの力量を示していると言えよう。以上が、一青妙さんの著書、『私の箱子（シャンズ）』の概要である。

3.2　分析

　この一青妙さんの書を「移動する子ども」という視点から分析した場合、以下の3つの特徴を指摘することができる（以下のページ数は『私の箱子（シャンズ）』講談社、2012 による）。

　第一の特徴は、幼少期より複数言語環境で成長した子どもの記憶が焦点化されているという点である。自己エスノグラフィーであるから、記憶をベースに書かれるのは当然であるが、それ以上に、妙さんの中で記憶が意味づけられ、身体の中で再構築され、その新しく意味づけられた記憶を抱えて妙さん自身が生きていることが示されている。

　妙さんは、東京で生まれ、生後6カ月後から台湾に渡り、以後12年間という成長期を台湾で過ごすことになった。そのため、「私は台湾語、中国語、日本語の三つの言語環境の中にいたことになる」（p. 53）と述べている。

幼少期の記憶はほとんどないと言うが、母子手帳には、「言葉を喋り始める
のが普通の子より大分遅く、母親としてとても心配した」と記されていた。
しかし、いったん話し始めると、「スラスラと三ヵ国語を使い分けるように
なっていた」(p. 53) という。

　この頃から、妙さんは、「なんとなくほかの人と自分が違うのではないか
と感じ取っていた」(p. 53) と言うように、多言語環境で生きる自分自身を
見つめ、そして周りを見て行動する意識が見える。したがって、「相手次第
で言葉を使い分け、接し方を変えられるバランス感覚に優れた子供になっ
た」(p. 53) と妙さんが振り返りつつ、同時に、「耳障りな大人の会話はラジ
オのノイズのように、聞いていない、聞こえていないという『無』のフォル
ダへ。敵になり得るような人は『回避』のフォルダ。そうでない人は『無
害』のフォルダへと振り分けを本能的におこなって、自分をさらけ出すこと
が損だと感じる場面では、自分の思いは封印し、ときには言っていること
が理解できていないようにふるまい、周囲を観察し、慎重に行動していた」
(pp. 53–54) と幼少期の自身を述懐している。

　しかし、そのような生き方が器用にできているように見えても、「心とのバ
ランスが保てない部分もあったようだ」と述べるように、おねしょや夜泣き、
ときには原因不明の高熱が出て、家族を心配させたこともあったようだ。こ
れらの証言は、妙さんや同じような環境で成長する子どもの成長過程のスト
レスやアイデンティティ形成を考えるうえで貴重な証言だ。

　妙さんが台湾に住んでいたとき、近所に住んでいた日本人家族の子どもや
近所の台湾の子どもたちと日本語と台湾語で遊び、学校は日本人学校ではな
く現地校に入学し、中国語（北京語）で学習した。そのため、今でも、「暗算
するときは無意識に頭の中で中国語を使っている」(p. 58) と語る。台湾の
中国語の学校文化にどっぷり浸かると同時に、家庭では日本のビデオなどを
見て歌ったり踊ったりしてふんだんに日本語に触れ、日本語と中国語ができ
る台湾人の父や、中国語を話すお手伝いさんや運転手、台湾に来たときは
まったく中国語がわからなかった妙さんの母が、日本語と中国語と台湾語を
駆使して買い物の値引き交渉までできる姿を見て、妙さんは成長していく。
しかし、小学校 6 年生のときに日本に帰ることになり、東京の小学校の「帰

国子女受入れ校」に入り、日本の学校文化にショックを受ける。その頃のことを妙さんはよく記憶しているようで、私がインタビューをしたとき、以下のように答えていた。

　　ほとんどが英語圏、アジア圏ではないところからの子どもだったんですね。そういう人たちはそれでいい意味でねたまれたり、あ、外国から来たんだっていう感じだったんですけど。でも私は日本語が普通ですし、見た目ハーフっていう感じじゃないので帰国子女だっていうのを忘れさられていたって感じですね。でも最初苦労したのは漢字が、台湾の場合、繁体字ですので、日本に来た時に国語の授業の時に全部繁体字で書いていたんですね。そうすると、その時には、そんな知ったかぶりをしてっていうことを言われていやだったなって思った記憶があります。

（川上編、2010: 44）

　背景知識のないまま授業を受け、教科学習に戸惑う妙さんの様子は、教科学習の学びが分断される例である。日本語の日常会話は問題がなかったが、繁体字の漢字を書いたことからクラスメイトから批判された。また学習院女子中等科への入学試験では、中国語で作文を書いた。台湾の小学校時代に書いた中国語の作文もこの書に例示され、その頃の妙さんの中国語による文章構成力が垣間見える。その後、妙さんの中国語能力についての意識は、成長するにつれて変化していく。

　たとえば、台湾の小学校で自分は中国人と思っていたという妙さんは、日本で中国語を使ったのか。妙さんは、私のインタビューに答えて、次のように言う。

　　一切言わなかったですね。向こうも興味を持っていなかったですし。聞かれもしなかった分、自分から言わなかった。あとは、同じクラスにたまたま英語圏から帰ってきた子がいたんですけど、その子がみんなから言われて、怒るときも全部英語で返していて、そういうのを見ながら、あんまりそういうことをしても得にはならないなって、しゃべらな

い方だったと思います。（ご自身の中国語能力や台湾の知識を発揮することは？）なかったですね。自分では封印していたのと、自分では勉強もしてなかったです。5年くらいは全く（中国語を）使わなかった。（台湾には帰らなかった？）台湾に帰るのは年に一、二回ありました。その時は親戚と話すときに中国語を使っていたという程度。積極的に日本で（中国語を）勉強したっていうのはなかった。でも親はすごく（中国語を）記憶させたかった。必死に。最初は中一、二（年）と北京語の先生を家庭教師としてつけてくれた。でも私はそれをすごく嫌がって、真面目にやらなかったので、諦めてなくなってしまったっていう。（嫌がったっていうのは？）必要ないって思ってたんですね。やっても楽しくないですし。

(川上編、2010: 44–45)

　妙さんは周りの子どもたちの反応から中国語を封印し、中国語学習が進まなかった。どちらも子ども自身の気持ちの部分が日本語習得や中国語維持に影響している。しかし、その意識は、自身が成長し、環境が変わることによって、変化していく。
　妙さんは大学時代、中国語を使うアルバイトをして、自分の持つ中国語能力を再評価するようになった。しかし、その中国語能力については不安もあったという。私のインタビューに答えて、妙さんは次のように言う。

　すごく不安になりましたよね。これで通じているのだろうかとか、小学校の時点で止まっているのでダメなんじゃないかとか。実際にアルバイトで会議とかに来るような方の通訳をすると専門用語などが出てくるので、政治的な問題だとか大人の社会で使われる中国語は私は分からないんだっていうことが分かった。仕事としても中途半端ですし、会話ができても日本で検定試験を受けると受からない。すごく宝のもち腐れというか、結局、中途半端で何もないんじゃないかって思いましたね。今まではずっと、分かっている、でもただ封印してるって思っていたので、そこで初めて自信なくなったという記憶があります。

(川上編、2010: 49–50)

　複数言語環境で成長する子どもの場合、自分の持つ複数言語能力について意識が変わることがある。妙さんは日本語と中国語を高度に使いこなせるが、その意識の陰に不安や葛藤があることがわかる。

　たとえば、複数言語環境で成長する子どもは、幼少の頃の複数言語環境ではほとんど意識せずに複数言語を習得し使用しているが、成長するにつれて、複数言語環境あるいは他者との関係性により複数言語能力についての意識が生まれ、かつその意識が変化していく。そのような言語能力意識が子どもの主体的な姿勢を生み、ある時は積極的に、ある時は消極的に言語使用や言語学習を進めていく。成長期の言語能力意識は、他者との関係性やそれに対応する自己の主体的な姿勢の中で形成され、成人しても引き継がれていき、自分の中にある複数の言語についての意識と向き合うことは自分自身と向き合うことを意味するようになる。つまり、幼少の頃から成人して社会で活躍するまで、言語能力に関する意識には主体的な関わり方が深く関わっている。

　妙さんの書を「移動する子ども」という視点から分析した場合の第二の特徴は、幼少期より複数言語環境で成長する子どものアイデンティティ形成を考えるうえで、この書が極めて貴重な事例を提示しているという点である。幼少期より「ほかの人と自分が違う」と妙さんは感じていた。そのため、「父親が台湾人、母親が日本人。台湾人でもなく、日本人でもない。台湾人であって、日本人でもある」(p. 52) と妙さんが自身について述べる意識は、成人後にも継続している。妙さんは台湾の小学校へ通っていた頃、「台湾からときどき帰国して滞在する日本での生活は『楽しい』という記憶しかない」(p. 78) と述べる。また、「台湾では常に周囲に溶け込むために保護色になるよう努めていた」ため、妙さんは自身を「カメレオン・妙」と呼ぶが、日本に一時帰国すると、「日本ではそんなことをする必要がなく、何をしても、どれもこれも気楽で、心地よかった」(p. 78) と振り返る。そして、一家で日本に「帰国」した後の最初の変化は、名前の変更であったと言う。「日本の生活に適応しやすいように、父の姓の『顔』から母の姓の『一青』になった」と、名前のことを挙げている。台湾では「顔妙（イエンミャオ）」と呼ばれ、発音の似た「野猫（イエマオ）」とあだ名された妙さんが、

「自分の名前が変わる不思議な感覚」を経験する。

　人のアイデンティティを構成するものは国籍や名前だけではない。その頃、妙さんは「台湾の『カメレオン・妙』は日本に行けば考えをきちんと言える人に変身できると思ってきた」（p. 81）と語る。これが1回目の変身のチャンスであったが、うまくいかなかった。続いて妙さんは学習院女子中等科へ進学する。そのとき、中国語で作文を書いたほどだったが、「当時、中国語はマイナーだったので、自分が帰国子女だということを言わなくなった。英語を話せず、見た目に違いがわからないハーフは注目もされず、『カメレオン・妙』は完全な日本人の色に変わり、自分が変わるチャンスも逃してしまった」（p. 87）と語る。これが、2回目の変身のチャンスであった。自身が変われる3回目のチャンスは、大学へ進学したときだった。「誰も過去の私を知らない環境のおかげで少し気持ちが吹っ切れ、心の空が晴れた」（p. 134）という。そして、バックパッカーとして一人で海外を旅して、世界中を漫遊する。その旅先で妙さんは自分自身のルーツを考えることになる。「英語が通じない国でも、どんな辺境に行っても、チャイナタウンや中華料理店が必ずあり、中国語が話せれば無条件に友だちになれた。台湾を離れて約十年が過ぎていたが、世界各地への旅を通し、あらためて台湾人とのハーフであることが私の中によみがえってきた」（p. 137）と語る。妙さんが自身の中にある文化資本としての複数の言語の力を実感し、自らのアイデンティティを省みる瞬間であった。妙さんは自身の性格を、「いい加減な」（性格）と言ったり、「他人と必要以上のコミュニケーションを取ることにストレスを感じるタイプ」（p. 159）と分析する。また、「歯科医と役者というまったく異なる二つの世界を行き来することが性に合ったのかもしれない」（p. 162）と自身の性格と今の生業について語っている点も興味深い。なぜなら、この語りは、幼少期より複数言語環境で成長し、常に他者の視線の中で、複数の言語を駆使して他者との関係を取り結ぶことを通して自己のあり方を模索してきた妙さんの生き方の、現段階での帰結であったと見えるからである。この妙さんのアイデンティティについては、最後に再度、検討することにしたい。

　この書を「移動する子ども」という視点から分析して見えてくる第三の特徴は、「移動する子ども」という記憶と経験をもつ家族の歴史を提示してい

るという点である。妙さんの父、顔恵民は、1928 年、当時日本の植民地で
あった台湾で「日本人」として生まれた。「父は学校教育で君が代や教育勅
語を暗記させられ、日本語教育を徹底的に叩き込まれた世代。家族とも日
本語で話し、自分は日本人だと思っていた」(p. 204)という。内地外地とは
言ったが、同じ日本の教育を受けるために、妙さんの父は、10 歳から 19 歳
まで東京で過ごした。すぐ下の弟と身の回りの世話をしてくれるお手伝いさ
んと一緒に台湾から送り込まれた。父は学習院中等科へ進学したが、終戦を
迎え、1947 年にいったん台湾へ「帰国」する。どうして妙さんの父が 10 歳
のときに台湾から東京へ「留学」したかと言えば、父の父、つまり妙さん
の祖父、顔欽賢も、1902 年に台湾で生まれた後、幼少期より日本に「留学」
させられ、1928 年に立命館大学を卒業し、台湾に帰り、鉱山王の三代目と
なった経緯があったことと関連する。また、妙さんの父の母、つまり妙さん
の父方の祖母にあたる女性も、学校の総代になるほど成績が優秀で、妙さん
の母が父と結婚した頃、妙さんの母へ手紙で「皆さんと一緒に暮らせる日を
首を長くして待っています」と達筆な字で書き、「かしこ」と結ばれた手紙
を送るほど、日本語のできた人であった (p. 237)。

　このような家族の歴史は、日本が台湾を植民地支配した長い歴史と切り離
せない。終戦後、日本人とは見なされなかった顔恵民は、敗戦のショックか
ら心の病を患った。さらに、台湾に帰って、鉱山王の四代目として中国語を
使い会社を切り盛りしていたが、台湾に馴染めず、苦しんだ。台湾と日本の
間を行ったり来たりする妙さんの父は、台湾から長女の妙さんには日本語で
手紙を書いた。そのような台湾から、思春期を過ごした日本へ戻った後も、
妙さんの父は心の病を抱えていた。妙さんの母は妙さんの父に酒の肴に必
ず煮魚やおひたしのような和食を用意していた。そのことを例に妙さんは、
「長く日本で生活した父にとって、日本語が『母国語』であるのみならず、
和食も『母食』であった」(p. 102)と述べている。子どものときに経験した
食生活が身体的な記憶となりアイデンティティ形成に影響する事例はこれ
までも報告されている (たとえば、Lee, 2000)。妙さんの父の場合は、さら
に、「日本人として育てられながら日本人であることを否定された父。二つ
の『国』に引き裂かれたアイデンティティーの問題に父は悩み続けてきた」

（p. 206）と妙さんが述べているように、妙さんの父自身は、歴史の中で複数の「国」の間で、そして複数言語環境で成長せざるをえなかった。妙さんの父も、「移動する子ども」「移動させられる子ども」という経験と記憶をもつ事例なのである。

　妙さんは、妙さんが中学生のときに他界した父の記録や足跡をたどり、親族や関係者から父の思い出を尋ねる旅を経て、実際は日本人と台湾人との「ハーフ」（妙さんのことば）である妙さん自身のアイデンティティに向き合っていく。「自分自身のアイデンティティーについて少し、心を向けてみたい。そんな風に、考えるようになった。そしてそれは父の人生、父の苦しみをもっと理解することを通じ、実現するに違いない」（p. 206）と語る。このような妙さんの考えは、「移動する子ども」という経験と記憶を持つ人が自身の家族の歴史と生きざまを深く考えることを通して、自らのアイデンティティを再構築していくように見える。

　このように、妙さん自身が「移動する子ども」という経験と記憶をもち、その背景に、彼女の父や祖父に至る、「移動する子ども」という同質の歴史があり、それを日本と台湾の間に横たわる壮大な歴史が取り囲んでいたように見える。そのことを、妙さんは次のように考察している。

　　二十世紀前半に日本が台湾を五十年間統治したことは、台湾社会にとても大きな影響を残した。日本語教育を受けた世代を中心に、いまでも多くの方々が日本語を母国語のように操り、NHK の衛星放送で連続ドラマ小説や大河ドラマ、年末の紅白歌合戦を見ることを楽しみにしているのだ。これらの人々は一九四五年まで「日本人」として育ち、台湾が中華民国になった後も「日本語族」として生きてきた。もし父が生きていたら、間違いなくそうした「日本語族」の一人になっていただろう。

　　一方、終戦と同時に台湾から日本に戻った日本人の中にも、実は両親や片方の親が台湾人で、ふだんは日本の名前を使っているが、台湾人の名前もちゃんと持っていて、台湾に行ったときなどは台湾名を名乗っている人も多い。

　　私のように日本人であり台湾人でもある人がいて、日本と台湾との間

　を、まるで同じ敷地にある母屋と離れのように行き来しながら生きてい
　る人がけっこういるのである。　　　　　　　　　　　　　（pp. 281–282）

と述べ、東日本大震災のときに台湾からの義援金が他国に比べて多かった
のは、台湾人にとって日本が他人のように思えない関係があるからだと妙
さんは解釈している。そのため、国際結婚家族である顔家・一青家の家
族は、「とっても複雑でややこしいけれど、心と心でしっかり繋がってい
る日本と台湾の関係を象徴している。それが、私の結論の一つでもある」
（pp. 282–283）と述べている。

　このように、顔家のような「移動する子ども」という経験と記憶を持つ
家族がこれまでの時代の中に無数にいただろうし、時代的にも 100 年前か
ら存在していたことを、この書は私たちに思い起こさせる。前述のように、
「移動する子ども」とは、幼少期より複数言語環境で成長しながら複数言語
を使用したという経験と記憶のことだが、そのような意味の「移動する子ど
も」が顔家の一族の中に世代を超えて脈々と受け継がれているように見え
る。この書は、「移動する子ども」という現象がけっして現代だけの現象で
はなく、歴史を遡り、歴史の中に存在することを強く主張する。それゆえ、
この書は「移動する子ども」の研究が現在、未来だけではなく、過去に連な
ることを示しているといえよう。

4．考察——「移動する子ども」という視点から見えてくるものは何か

　ここで、一青妙さんの事例をもとに、本章の課題、すなわち、幼少期に複
数言語環境で育つ子どもは、成長過程でどのように複数言語を習得し、さら
に、複数言語を学んだことがその人のアイデンティティや人生にどのように
影響していくのかという課題について考えてみよう。

　前述の Norton らの提示した、移民の第二言語学習についての説明原理を
簡単にまとめれば、「移民が置かれた社会的権力関係の中で」「アイデンティ
ティ交渉」を繰り返しながら、自分が所属したいと思う「実践共同体」を
「想像の共同体」として思い浮かべることによって言語学習へ「投資」する

ということである。この視点から、妙さんの事例を説明するとどうなるか。

　この説明原理により妙さんの事例を説明すると、次の3点が挙がるであろう。その一つは、小学校6年生のときに帰国して東京の小学校の「帰国子女受入れ校」に入り、日本の学校文化にショックを受け、「知ったかぶりをして」と友だちに言われ、中国語を封印することになるが、それは、妙さんが日本の学校文化にあるパワー・バランスに晒されていたからだと見ることができよう。その状況は、カナダの移民女性が移住当初にカナダ社会の権力的構造の中にいることと似ているかもしれない。もう一つは、妙さんが大学時代に中国語を使うアルバイトをして、自分のもつ中国語能力を再評価するようになったことは、「投資」というキーワードによって説明できるかもしれない。つまり、妙さんが自身の持つ文化資本を活用してこれから生きていくときに役立てたいと考えたと解釈し、生きるための「投資」だったと説明するということである。さらに、3つ目は、成人して台湾と日本の間を行き来するようになったのは、自分のルーツを考えて、妙さんが台湾社会という「実践共同体」へ参加し、所属したいという動機があったからではないかという説明である。

　しかし、このような説明で妙さんの生を語ったことになるのであろうか。つまり、妙さんの事例から私たちが学ぶことはそれだけなのかという問いである。私は、これらの三つの説明から抜け落ちた、そして妙さんの生にとって、また妙さんのアイデンティティ構築にとってもっと重要な点がまだあるように思う。次にその点を詳しく述べてみたい。

　まず、何よりも重要なのは、「幼少期より複数言語環境で成長した子どもの記憶」という点である。「自分をさらけ出すことが損だと感じる場面では、自分の思いは封印し、ときには言っていることが理解できていないようにふるまい、周囲を観察し、慎重に行動していた」という子ども時代、そのため、幼少期の妙さんは「心とのバランスが保てない部分もあったようだ」と振り返る。「暗算するときは無意識に頭の中で中国語を使っている」ほど中国語ができたが、同時に、家庭では日本のビデオなどを見て歌ったり踊ったりしてふんだんに日本語に触れ、日本語と中国語、台湾語に触れて成長する。しかし、それが、日本の学校に入ったときに、友だちからのまなざしに晒され、

「いやだったなって思った記憶」に変わる。その頃の妙さんの中国語能力の高さは学習院女子中等科への入学試験で中国語の作文を選択するほど高かったにもかかわらず、妙さんは中国語を封印するという経験をすることになる。親が中国語の家庭教師をつけてくれても中国語学習は進まなかった。

　この頃の経験と記憶は、その後の妙さんのアイデンティティに強く関連していくように見える。たとえば、もともと幼少期より「ほかの人と自分が違う」と感じていた妙さんが、「父親が台湾人、母親が日本人。台湾人でもなく、日本人でもない。台湾人であって、日本人でもある」と妙さん自身について述べる意識は、成人になるまで継続している。妙さんは子どもの頃、「台湾では常に周囲に溶け込むために保護色になるよう努めていた」ため、自身を「カメレオン・妙」と呼び、日本に一時帰国すると、「日本ではそんなことをする必要がなく、何をしても、どれもこれも気楽で、心地よかった」と振り返る。さらに、名前の変更により、「自分の名前が変わる不思議な感覚」を経験することになる。さらに、「カメレオン・妙」という生き方が日本に行けば変わると考え、そのチャンスが3回あったと述べ、大学生になったとき、「誰も過去の私を知らない環境のおかげで少し気持ちが吹っ切れ、心の空が晴れた」という。それは、大学生となって中国語のアルバイトをきっかけにそれまで封印していた中国語を解禁することを「投資」という説明原理で解釈する以上に、妙さんには重要なことだったと私は思う。その理由として、以下のことが考えられるからである。

　大人になってからも継続するアイデンティティの再構築という意味では、世界各地への旅を通し、妙さん自身が、「あらためて台湾人とのハーフであることが私の中によみがえってきた」と語るように、妙さん自身の中にある文化資本としての複数の言語の力と身体的な記憶を実感し、自らのアイデンティティを確かめることになる。ただし、妙さん自身の中国語に対する意識は、「すごく不安になりましたよね」「初めて自信なくなったという記憶があります」と答えるように、不安定なものに変わっていた。それは、妙さんが社会の中で「アイデンティティ交渉」をしつつ、中国語に「投資」をし、中国語世界という「実践共同体」を「想像の共同体」と見立て、日本と台湾の間で妙さん自身が二つの言語を高度に使いこなしながら生活していても、そ

の意識の陰に不安や葛藤があることを示していると言える。その意識が社会的な関係性や他者からのまなざしや評価を受け、さらに自己の生き方の模索の中で継続していく。幼少期より複数言語環境で成長した自身を「カメレオン・妙」と呼び、自分の出自や背景を隠しながら生きてきた妙さんの気持ちは、不安定性と不安感と隣り合わせであった。この不安定性と不安感こそ、妙さんのアイデンティティ構築に一貫して流れていたと見える。だからこそ、その不安定性と不安感が妙さんにこの書を書かせたとも言える。この点を抜きに、妙さんの生を理解することはできないだろう。これは「移動する子ども」という視点から見えてきたことであって、前述の Norton らの説明原理からは見えてこない点であろう。

　したがって、「移動する子ども」という経験と記憶を基礎としたアイデンティティ構築は、他者との関係性やそれに対応する自己の主体的な姿勢の中で進み、成人しても引き継がれていき、結局、自分自身と向き合うことを意味するようになるのだ。

5. 複数言語環境で成長する子どもたちの生をどう捉えるか

　最後に、幼少期から複数言語環境で成長する子どもの生をどのように理解し、どのように捉えたらよいのかという課題について考えてみよう。

　妙さんは、この書の最後の「あとがきにかえて」に、次のように記している。

　　　私にとっても台湾という存在は一度は離れてしまったが、いま、台湾との関係が「再開」しつつあるのは、不思議な偶然と言うべきだろうか。台湾に近づく一青妙。略して「台湾妙<small>たいわんたえ</small>」。一人で自分をそんな風に呼んで楽しんでいる。　　　　　　　　　　　　　　　　　　　（p. 280）

　妙さんのこの語りは、複数言語環境で成長した子どものアイデンティティ構築は、けっして子ども時代から青年期に見られる出来事ではなく、成人後も継続することを示唆している。もちろん、単言語で成長した人の場合も、アイデンティティ構築は成人後も継続するものであろうが、複数言語で成長

した子どもの場合、アイデンティティ構築には、幼少期からの複数言語環境の記憶や複数言語を通じて構築された人との関わりについての経験が深く影響し、そのことの意味づけをめぐりアイデンティティ構築が継続的に変容していくと考えられる。

　妙さんの書は、「移動する子ども」という概念のコアにある経験と記憶が、複数言語環境で成長する子どもの生に極めて重要な要素となることを示唆している。その点から見れば、Kanno & Norton（2003）が分析した Rui の事例は「想像の共同体」や「投資」という視点から分析するのではなく、Rui の中にあった想像の日本と実際の日本の差を実感し落胆し、「もう日本人になりたいとは思わなくなった」という彼の気持ちに視点を置けば、もっと異なる分析ができたかもしれない。また、Haneda（2005）が分析した Jim の場合も、Jim が日本に一時帰国して感じた自身の日本語能力についての自信喪失の経験や「ちゃんとした日本語」でエッセイを書きたいといった Jim の語りの底にある言語能力意識から自身をどう振り返っていたのかという視点から分析すれば、もっと深い分析ができたかもしれない。

　このように「移動する子ども」という分析概念は複数言語環境で成長する子どもから大人まで、彼らの生を理解するうえで有効性を発揮するだろう。さらに、これらの子どもたちをどう捉えるかについては、捉える側が何のために彼らを捉えるかということに関わる（この点は、本書の第 12 章で詳述する）。

　親の国籍やエスニシティや婚姻形態の分類によっていくら子どもを「名付け」たり、あるいは子どもをくくって論じても、それらの捉え方は子どもの主観的な意味世界を理解するための十分なアプローチとは言えないであろう。子どもの生を理解できない「名付け」や「くくり方」は子どもにとっては他者からの「名付けという名の権力行使」、あるいは「くくり方の暴力」を受けることでしかない。つまり、私たちが子どもたちをどう捉え、どう語るかという課題は、まだ十分に議論されていない。

　では、次章で、「ベトナム難民」として来日した親を持つ子どもを例に、私たちが子どもたちをどう捉え、どう語るかという課題をさらに詳しく検討してみよう。

第4章

名付けと名乗りの弁証法
——くくり方を解体する

問題意識④

　現在、日本には日本以外の国籍を持つ人々が多数居住している。その国籍数は 100 以上である。中には日本で生まれ、日本に長く居住し、日本語を使用し、日本社会で生活している人もいる。また、日本国籍を取得した人もいる。

　これらの人々を「○○系日本人」と呼ぶ場合がある（たとえば、駒井洋監修・佐々木てる（編）『マルチ・エスニック・ジャパニーズ——○○系日本人の変革力』2016）。研究者は、「研究対象」を一定の呼び名でくくり、名付けなければ研究も議論もできないと考えがちだが、果たして、そのようなくくり方に、問題はないのであろうか。本章では、「ベトナム難民」として来日した親を持ち、日本で成長した若者を、「ベトナム系日本人」と呼べるのかどうかを例に、この問題を考えてみたい。

1.「ベトナム系日本人」というくくり方

「ベトナム系日本人」を論じる前に、「系」という概念使用のいくつかの点について予備的考察をしておくことが必要であろう。

まず、「ベトナム系日本人」というくくり方には、誰が誰を「ベトナム系日本人」と名付けるのかと、誰が自分を「ベトナム系日本人」と名乗るのかという問題が含まれているという点を確認しておく。

多様な移民から構成される「移民社会」あるいは「多民族社会」において、「ある人々」を集団としてくくるときに使用されるのがエスニック・バウンダリー（ethnic boundary）という分析概念である（Birth, 1969）。これは、その集団が持つと他者によって解釈される社会的・文化的諸特徴と、その集団のメンバーが自分たちにとって重要と考える社会的・文化的諸特徴とによって生まれる「民族境界」の動態性を捉えるときに有効な概念である。

つまり、「ベトナム系日本人」が常に存在するのではなく、「名付け」と「名乗り」のせめぎ合いの中に「存在する」ということである。

次に、「系」という捉え方を考えてみよう。日本では外国人の帰化者や「混血者」、海外からの「帰国生」、外国人労働者や難民の子どもなどを捉えるために、「系」概念が使用されることがある。「日本人」や「朝鮮人」など「――人」が実体として存在していると捉え、このカテゴリーに入らない人を「周縁人」「逸脱者」として見る見方を、文化人類学者の原尻英樹は批判し、「系」概念を提示している。つまり、虹の中にある様々な色の対立がはっきりと分断できないように、「連続の中の非連続」「非連続の中の連続」という捉え方として積極的に「系」概念を使用しようという立場を示している（原尻、2005: 282-285）。また、原尻（2005）はこの「系」概念を使用することにより、日本社会を構成する人々の中にも多様な人々が存在することを議論することができ、この議論をもとに、「新しい国民教育あるいはナショナルアイデンティティの理念を構築しなければならない」と主張する。

ただし、この「系」概念の議論で重要なのは、前述した「誰が誰を系と名付けるのか」「誰が自分を系と名乗るのか」という動態性について考察することであろう。日本には「系」概念で表現される多様な人々がいると認識し

ても「日系日本人」という表現が同等に議論の俎上に上がらないのであれ
ば、「系」を使用する議論には常に政治性や権力性がともなうことになる。
つまり、「系」を使用するのは「日本人」をマジョリティと見る見方に与_{くみ}す
る関係になるからである。

　したがって、「ベトナム系日本人」を議論するには、誰が誰を「ベトナム系
日本人」と名付けるのかと、誰が自分を「ベトナム系日本人」と名乗るのか
という地点に戻る必要がある。これは、間主観性のアイデンティティ論、ア
イデンティティと社会の弁証法（バーガーとルックマン、1977）と通じてお
り、後述するように、当事者の主観的現実を知るうえで重要な視点になろう。

2.「ベトナム国籍者」と「ベトナム系日本人」

　日本に居住する「ベトナム国籍者」数は、現在（2019 年 6 月）[1]、371,755
人である。うち、在留資格別にみると、「技能実習」（189,024 人）、「留学」
（82,266 人）が最も多く、この二つのカテゴリーで全体の 7 割を占めている。
これらは滞在期間が限定された短期滞在者であるが、それ以上に長く生活し
ているカテゴリーは、「永住者」（16,651 人）、「定住者」（5,575 人）で、これ
ら二つのカテゴリーは全体の約 5％ と少ない。

　戦後の日本で「ベトナム国籍者」が統計上で増加したのは、1975 年以降で
ある。それまで「留学」などで来日する「ベトナム国籍者」は少数いたが、
ベトナム戦争（1960–1975 年）終結後に、「南ベトナム」から多くの難民が流
出したことが契機となり増加した。当時のベトナムから流出したベトナム難
民は 100 万人を超え、そのような難民を多くの国が自国に受け入れ、人道的
支援を与えた。日本も「難民条約」を批准しベトナム難民を受け入れたが、
受け入れ数は欧米諸国に比べるとわずかであった。加えて、当時、日本に上
陸した多くのベトナム難民は、先に欧米諸国に定住した親族と合流するため
に移住を希望し、それらの国の許可が下りると日本から出国していった。し
たがって、日本社会に定住したベトナム難民は 1 万人ほどにとどまった。

1　法務省「在留外国人統計」（2019 年 6 月）

　日本に居住する「ベトナム国籍者」数のその後の推移を見ると、たとえ
ば、1999 年にはその総数は約 15,000 人であったが、その内訳を見ると、ベ
トナム難民として定住したと思われる「定住者」と「永住者」の在留資格を
持つ「ベトナム国籍者」が 6 割以上を占めていた。つまり、全体としては
「ベトナム国籍者」数は微増で、ベトナム難民やその家族が当時は半数以上
を占めていたと思われる。ところが、2000 年代に入ると、日本に居住する
「ベトナム国籍者」数は徐々に増加していった。そして、その増加の大部分
は、前述の「技能実習」や「留学」等であった。

　このことは、日本に居住する「ベトナム国籍者」数に占めるベトナム難民
とその家族の割合が減少し、逆に、現在のベトナムから来日するベトナム人
が増加したことを意味する。つまり、ベトナムの社会主義政権による「迫
害」を受けた、あるいは「迫害を受けるおそれ」があるとしてベトナムから
海外へ逃れた難民と、「ベトナム社会主義共和国」の現政権の認可を受けた
ベトナム人との人口のバランスが逆転し、その結果、後者の人口割合が現
在、日本に居住する「ベトナム国籍者」数において圧倒的多数を占めるとい
うことになったのだ。これは、政治的イデオロギーの異なる「ベトナム国籍
者」が日本に混在することを意味する。

　ただし、両者が必ずしも過激な敵対関係にあるわけではない。後者の留学
生が前者の難民家族と交流している場合もあるし、両者の若者同士が夏の
キャンプに一緒に出かけたりする場合もある。また、難民として日本に定住
してきた「ベトナム人」がベトナムへ帰国したケースもあれば、「今のベト
ナムの現政権は信用できない」とベトナムへの帰国を諦め、日本に定住し続
ける、老いた「ベトナム人」もいる。

　したがって、日本に居住する「ベトナム国籍者」が同質的集団を形成して
いるとはいえない。また、同様に、日本に定住したベトナム難民も反現政権
という政治信念で同質的集団を形成しているともいえない。

　つまり、「ベトナム国籍者」や「ベトナム出身者」「ベトナム難民」とく
くっても、彼らのもつ多様性や現実を示すことはできない。私はかつてこの
ような「名付け」の問題点を以下の 3 つにまとめて指摘した（川上、2001）。
すなわち、このような「名付け」には、第一に、彼らを同質的集団とみなす

危険性と、「名付け」の排他性の再生産の危険性があること、第二に、彼ら
を日本社会における「マイノリティ」の位置に陥れ、彼らを「弱者」「差別
されるもの」として固定化し、それ以上の議論の発展を阻止しかねないう
え、マジョリティ（多数派）の持つ政治的言説にからめとられる危険性があ
ること、第三に、集団的特質や集団的境界により明確化される問題にのみ焦
点が当たり、境界上のアンビバレントな様々な問題、たとえば個人的アイデ
ンティティの問題等が無視される危険性があるという 3 点である。

　本章のテーマである「ベトナム系日本人」というくくり方も、このような
危険性があることを十分に踏まえたうえで議論をする必要がある。

　私はかつて「ベトナム系住民」という捉え方を提案した（川上、2001 ）。
そのねらいは、「ベトナム人」という一見明確な限定から抜け落ちる曖昧性、
ハイブリディティ等を考察対象に積極的に組み入れることにあった。また、
「ベトナム系住民」という捉え方により、社会的構築物としての「ベトナム
人」「ベトナム人らしさ」「ベトナム人性」を相対化し、同時に、彼らの中
にある多様性、動態性を見定めることができ、かつ、彼らを取り巻く言説、
「日本人らしさ」「日本人性」を相対化することに繋がると考えたからだ。

　本章で「ベトナム系日本人」というくくり方で議論をすることは、「ベト
ナム系住民」と同様に、彼らの持つ多様性、動態性を見定め、同時に、彼ら
を取り巻く言説、「日本人らしさ」「日本人性」を相対化することに繋がる
と考えたい。したがって、本章では、「ベトナム国籍者」「ベトナム出身者」
「ベトナム難民」と、「ベトナム系日本人」の相違を「日本国籍」の有無だけ
で議論をするのではなく、前述のように、「境界上のアンビバレントな様々
な問題、たとえば個人的アイデンティティの問題等」を考えるための方策と
して積極的に使用したいと考える。

　具体的な例を示そう。たとえば、神戸市長田区にはカトリック教会がある
が、ここの日曜礼拝に参列する人々の半数以上は、ベトナム難民として来日
した「ベトナム人」やその家族である。その中には、すでに 30 年以上日本
に居住し、日本国籍をとった「日本人」もいる。しかし、彼らは日本国籍の
有無に関わらず共にベトナム語によるミサを受け、ミサが終わるとベトナム
語で会話を交わす。ここでは、日本国籍を取得したことで、「ベトナム人コ

ミュニティ」から排除されることはない。

　ここで重要な論点は、ここに集う人々を、「ベトナム難民」あるいは「ベトナム系日本人」と呼ぶことと、本人たちが自分たちをどう名乗るのかとは必ずしも一致しないという点である。つまり、誰を「ベトナム系日本人」と名付けるか以上に、誰が自分たちを「ベトナム系日本人」と「名乗る」のかが重要なのである。これが、前述の「名付け」と「名乗り」の弁証法的関係の現実である。

　以上の考察を踏まえ、日本に居住する「ベトナム系日本人」の現実を、「ベトナム難民」として来日した人を親に持ち、日本で生まれ育った若者たちを例に、彼らの生き方を次節で考えてみたい。

3. 「ベトナム難民」として来日した親を持つ子どもたち [2]

(1) 藤田蘭さんのケース

　藤田蘭さん（仮名：以下、蘭さん）は、1994 年、関西で生まれた。調査時（2014 年）は大学生で、年齢は 20 歳。蘭さんの父はボートでベトナムを脱出したのち、香港の難民キャンプに収容され、その後、来日した。父は中国系ベトナム人で広東語とベトナム語を話す。母は、父がベトナムへ一時帰国した折に結婚し、父の呼び寄せ家族として日本にやってきた。

　インタビュー調査のはじめに「どこで生まれましたか」と聞くと、蘭さんは、「日本で生まれて育ちました。だから、まったく日本人と同じです」と答えていた。藤田という日本名は通名で、大学生になってから使用しているという。ベトナム名の本名がある。その本名には父の名字に加えて、母の名字がミドルネームとして入っている。

　小さい頃の家庭内言語は広東語とベトナム語だった。家庭でも「ランちゃん」と呼ばれ、学校も小学校から高校までカタカナ表記の名前を使用した。

　小学校の低学年の頃、学校で聞く日本語がわからなかった。「何を話してるかわからない。宿題を出されてもわからない。で、聞く人もいない」状態

2　この調査の詳細に関しては、（川上、2014a）参照。ここでは、そのデータを再録した。

だったという。「親が話している言語が違う」「名前がカタカナ」などから、他のクラスメイトと自分が異なることを意識したという。その頃のことを蘭さんは次のように言う（以下、Ｋは川上）。

　蘭：あたしが気づくと同時に、…あっち…相手も気づく…。
　Ｋ：そうだね。カタカナやし、違うなみたいな…
　蘭：うん。違うなっていうので…なんかでも、しかもちょっとずつ理解
　　　してくんですよ。で、ちょっとしかわからないんで、なんで国に帰
　　　らないの？って。
　Ｋ：そうそう。
　蘭：おまえ外国人なんだろうって。
　Ｋ：そう。なんでここにいるんだろう、みたいな。
　蘭：で、国に帰れよとか言われたりとかしたんで。
　Ｋ：へえ、そう。そういうとき、どうするの？
　蘭：いや、ちょっとよくわからない。だって…そんな私がずっと生まれ
　　　て育った場所がここなのに帰る場所はないじゃないですか。

　小学校から中学校へ進むとき、公立の中高一貫校を受験し、合格する。その学校はいわゆる中等教育学校で、帰国生徒枠や外国人生徒枠があり、多様な背景を持つ生徒が多く、日本育ちの日本人が比較的少ない学校であった。そこではカタカナ名で差別されることもなく、「最初の会話がもう「どこの国の人？」から始まる」という。そして「（日本語のほかに）何語しゃべれるん？」と自然に聞かれる。そのため、「逆に、日本人で日本語しか話せないっていう子がいると、珍しい」ということになる学校だった。だから、蘭さんは、その学校について、「学校、良かったですね」と振り返る。

　しかし、高校時代まで使っていたカタカナの名前を大学生になってから日本名に変えた。そのきっかけを、蘭さんは次のように言う。

　蘭：きっかけは…。んと…中高で普通に過ごしたんですけど…やっぱ
　　　りあの…何も障害はないんですよ。外国に行くときとかだけその

　　　ちょっと手続きが面倒だったりするんですけど、それ以外は障害も
　　　なかったんですけど、たとえば仕事…アルバイト探すときとかに
　　　名前を言うだけで、「ああ外国人なんだ」っていう、「私のところは
　　　ちょっと外国人は受け入れていないんで」って、外国人ってだけで
　　　断られるんで…。で、私も普通にさっきのように電話してて、日本
　　　語も話せて、で進んでたのに、名前のところで、「あ、じゃ、なし
　　　で」って言われるんで…。

Ｋ：へえ。

蘭：それだけで差別することがあるんで…。で、もう日本名に変え、普
　　　通に卒業したら日本人と変わらないっていうのがもう証明できるん
　　　で。

Ｋ：そうだね。

蘭：はい。もう普通に日本人として過ごして卒業しようかなと思って。
　　　それを証明できたら…その日本人から私たちを見る目も…名前だけ
　　　が違うとか国籍が違うとかだけで、その日本で生まれて育ったって
　　　いうのは一緒なんで。同じ日本人として扱ってほしいかなって。理
　　　解してほしいというのがあって、ちょっと今…日本名で過ごさせて
　　　いただいているんですけど。

　蘭さんは幼少期より家庭でベトナム語と広東語に触れて成長した。そのた
め、神戸や横浜の中華街へ行くと店の人と広東語で会話すると言う。言語能
力の自己評価としては、強い言語から「順番的には、日本語、ベトナム語、
中国語です」と言う。またホーチミン市にいる祖父や祖母も中国系で、広東
語が強いという。

　蘭さんは自分のことを「日本にいて名前は違いますが、日本人だと思って
いるんで。ちょっと外国語ができる日本人だと思っているんで」と笑いなが
ら言う。ベトナムについて蘭さんは、「ベトナムに繋がってる部分がもうほん
とに親だけなんで、ないんですよ、ほんとに。ベトナムに帰ってもそんな…
懐かしいとか思うのもないし」とベトナムとの距離を感じているが、就活で
は自分の複言語を「売りにできると思います」と今後の進路を見据えている。

　では、国籍はどうか。蘭さんの親が難民として日本に入国し、蘭さんが日本で生まれたが、蘭さんはベトナム国籍をとることができないため、「無国籍」状態になっている。外国へ行くときは、日本政府の発行する「再入国許可書」を取らなければならない。蘭さんは、次のように言う。

蘭：よく聞かれるんですけど、国籍はどうするのっていうの。ベトナムの国籍は親がなくしているので取り直すために罰金があって難しいというのもあり、不自由もないし、で、日本の国籍は生まれたらもらえるわけじゃないんで、日本に生まれたのにもらえない…なんかなんですかね、自分で申請をして日本国（国籍）をもらうっていうのが時間もいろいろできるかもわからないんで、だから取るのは今の時点では、このまま何もなかったらそのまま…私は難民としてずっと再入国（許可書）で生きてもいいかなって。強制をされない限りは…自分のこのままで…生きていくつもりなんで。（中略）

蘭：まあ、日本名も取ってるんですけど、なんか…日本国籍もらえるなら全然もらいたいんですけど…。

K：どういう点が心配なんですか。

蘭：もう…ほんとに日本人と変わらなく生きていけるんですけど…親からもらったベトナムっていうのもなくなってしまうっていうのもなんかちょっと葛藤があります。はい。

K：あ、そっかあ。

蘭：自分のルーツをなくしてしまう気がして…。難民って生きてきたんで、そのままで生きていきたいなっていうのが…。（中略）

蘭：ちょっとなんか日本の人から日本国籍なんでとらへんの？って言われると、いや、とらへんとかじゃなく、そっちがくれるかどうかなんですけど…っていう話になるんですよ、いつも。（中略）

蘭：申請して時間とお金をかけてじゃないと、で、そこからまた審査があってっていうのがあるんで。ほんとに変わらず生きてきたのになんでくれないんだろうっていうのがありますね。聞かれるとそうなっちゃう…。

K：うん。だから今は無国籍の状態になってるんですね。

蘭：はい、無国籍です。はい。ベトナム（国籍）をとるのはどうかなって思うんですけどまったく関係ないっていうか、もう親から（ベトナム国籍を）譲り受けれないし、私ベトナム人って思うところがあんまりないんですよ。ただベトナム語できる…親がベトナム人っていうだけで。ないんで、だからベトナム国籍をとるっていう予定はないです。

K：うん。そうすると…居場所みたいな…。

蘭：居場所が…ちょっと自分でもよくわからないんですよ。

K：ええ。

蘭：はい。日本の社会で過ごしていますが、家庭ではベトナムの文化で生きてきました。ベトナムも日本も切れない存在で。自分が、どういう立ち位置にいるかがわからなくて不安になるときもあるんで…。

K：そうか…。

蘭：深く考えてしまうと自分がわからない…。

K：あ、そう？

蘭：はい。（沈黙）

また蘭さんは、自分の中にあるベトナムと日本について、次のように言う。

蘭：どっちも否定はしたくない。どっちも受け入れたいんですよ。日本と…日本人である私と、ベトナム人である私っていうのは…どっちも捨てれない…関係してきた今まで…ていうのがあって結構難しい…。

(2) グエン・ニャット・ハイさんのケース

　グエン・ニャット・ハイさん（本名：以下、ハイさん）は、1988年、関東で生まれた。調査時（2014年）は大学生で、年齢は25歳。両親はベトナムで結婚し、父がはじめに難民として来日し、その後、ベトナムから母と姉が呼び寄せ家族として来日した。きょうだいは4人で、ベトナム生まれの姉と日本生まれの男兄弟3人である。家族の中の第三子で、次男として生まれた。

　幼少期の家庭内言語について伺うと、「基本、ベトナム語。両親とはベトナム語、兄弟とは日本語をしゃべっていました」とハイさんは言う。

　ハイさんは、カタカナ表記の名前を使用している。その名前でいじめられることもなかったという。むしろ、カタカナ名なので、すぐに友だちや先輩にも覚えてもらいやすいので得だと説明する。また、ハイさんは、勉強もスポーツもできる子どもであったという。

　高校時代は勉強とバイトに専念した。週5日、午後5時から10時くらいまでスーパーで働いた。私立高校だったので、稼いだお金は半分を学費に、あとは親に渡し、残りは貯金したという。稼いだお金を家に入れるというのは、親が言ったわけではないが、上の兄や姉がしていたので、自分も自然とそうしたのだという。

　ハイさんにとって高校時代は「充実して楽しく過ごした時間だった」という。その頃、休みにオーストラリアの親族を訪ねたことがきっかけで、高校卒業後に、オーストラリアの大学へ進学することを決意する。

　ただし、ハイさんにとってオーストラリアへ留学することは簡単なことではなかった。その理由をハイさんは以下のように述べる。

> **ハイ**：でも留学するときに、ビザを申請しなきゃいけないってときに、ベトナム国籍だとだいぶ時間かかったんですよ。そのときになんで日本に住んでるのに、日本で生まれたのに、両親がベトナムってことだけで戸籍が取れない。でも同じように教育受けてきて、何でこんなに差があるのかなっていうのは、そのとき改めて思いましたね。ものすごく大変でしたね、ビザ申請するの。ちょっと、ベトナムじゃなかったらなって思いましたね、正直。ビザが下りないってことはないんですけど、でも時間がものすごくかかるので、それはちょっと嫌でしたね。

　ここで、ハイさんは「ベトナム国籍」と言っているが、正確に言えば、彼の場合、ベトナムのパスポートのない「無国籍」の状態であった。したがって彼には日本政府の発行する「再入国許可書」しかなかったために、オース

トラリア政府の対応が厳しかったのだ。

　日本で生活するうえで必要な「在留カード」の国籍欄には「ベトナム」と記載されているが、実際は無国籍なのだ。ハイさんは言う。

　　ハイ：それもよくわからないんですけどね。本来は無国籍らしいです
　　　　　よ。申請する時も国籍を記入する欄があるんですけど、そこにベ
　　　　　トナムって書きますけど、本来は違う、難しさみたいなのはあり
　　　　　ますね。どっちで行けばいいんだ、みたいなのはありますね。

では、どうだったらよいと思うのかを尋ねてみた。

　　ハイ：どうだったら？　たとえば、うーん…日本国籍だったら一番いい
　　　　　んですけど、それこそ申請するのが大変そうだし。まあ、それで
　　　　　も普通に住めるので、ビザ申請するときは面倒くさいけど、それ
　　　　　以外特に不自由もなかったので。ビザ申請するときだけ頑張ると
　　　　　いうか、我慢すれば、普通に生活できるのかなって。ただ今後
　　　　　（海外へ）行くようなことがあれば、日本国籍を申請するのかなっ
　　　　　ていうのはありますね。もうあんな思いはしたくないです。

とハイさんは言う。オーストラリアに渡ったハイさんは、一年目は英語学校で英語を学び、その後、大学へ進学した。自分の中の「ベトナム」を感じたのはどこでなのかを尋ねたとき、ハイさんは次のように言った。

　　ハイ：（それは）オーストラリアです。そのときに語学学校に、割とベ
　　　　　トナム人（現在のベトナムからの留学生）がいたんですよ。初め
　　　　　は（自分は）日本で生まれたんで、日本人って言ってたんですけ
　　　　　ど、名前を見て「お前、ベトナム人じゃん」っていうことを言わ
　　　　　れるようになってから、「俺、ベトナム人を隠すのもどうなのか
　　　　　な」って。「それって結構、現地（現在のベトナム）の人を馬鹿に
　　　　　してるんかな」って。そういうふうに思ったんですよ。「なんで

そのときベトナム人って言わずに日本人って言ったのかな」って。ていう自分がちょっと嫌だったのを覚えています。それ以降、自分でベトナム人で通してましたね。向こうで日本の名前とかベトナムの名前とか区別つかないんで。たとえばグエンで日本人だよって言っても向こうは信じるんですけど、そこはやっぱりベトナム人だってそれ以降、言っています。

この部分について、後日、確認をすると、ハイさんは次のように説明してくれた。

　　ハイ：自分と同じように留学生として来た本場（現地）のベトナム人に対してです。ベトナムの名前で自己紹介して日本人って言って。本場のベトナム人からしたら名前の表記でわかってしまうのに、「なんで隠すの？」「なんで嘘つくの？」って言われたことがあって、きっと自分の心のどこかで、ベトナム人より日本人の方が優れているのかな、良いのかなって、思ってたんだと思います。ビザ取得の際の手間でベトナム国籍にかなりの嫌気があったので、そういうこともあって、日本で生まれたという変なプライド、ベトナム人に対する軽い軽蔑みたいなのがあったんだと思います。
　　　　　　　　　　　（インタビュー後のハイさんからのメール）

　このようなことをオーストラリアで経験したハイさんは、「はい。誇りを持って、「ベトナム人だ」と。恥じることないと思いましたね」と答える。そう思ったのは、オーストラリアにベトナム人が多いからなのかをインタビューで尋ねると、ハイさんは、次のように言う。

　　ハイ：たぶんそういうのもあったんでしょうね。同じベトナム人がこんなにいるんだから、何にも恥じることはないと。同じ状況の人がこんなにいるんだから、自分だけ仲間はずれじゃない、とたぶん感じたと思うので。向こう行ってから意識してますね。ベトナム

人っていう意識。

　ハイさんは、日本にいるときは「自分がベトナム難民である」とは語らなかったが、オーストラリアに行ってから変わったようである。

　　ハイ：変わりましたね。何が悪いの…ベトナム人の何が悪いのかくらい
　　　　　の気持ちで生活してました。

　現在（調査時）は、「気持ち的には、このままずっとベトナム人で生きていこうかなって」思っていると話す。また、オーストラリアに行って、それだけ自信がついたのだと言う。
　オーストラリアには「ベトナム系」の人々がたくさんいる。たとえば、James Nguyen, David Pham, Tina Tran のような表記の名前も珍しくない。それについて、ハイさんは次のように言う。

　　ハイ：たぶん彼らもオーストラリアで生まれた分、オーストラリア人と
　　　　　して生きてて。僕の場合は、初め（オーストラリアへ）行くまで
　　　　　は日本人として行ってたので、そういう部分としては同じなのか
　　　　　なって。生まれた国の人間として生きる、生活してるみたいな。
　　　　　（中略）そこで生まれた人たちはベトナム人として考えてないけ
　　　　　ど、ベトナム難民として行った人は未だにベトナム人。僕の親戚
　　　　　も…僕のおばさんもそうです。家でベトナム語で喋ってますし、
　　　　　どっちかというと英語嫌いな方ですね。（ベトナム人の）コミュ
　　　　　ニティとかも（オーストラリアには）結構あるんで。

　ハイさんは、オーストラリアに留学中、オーストラリアに難民として入国した親族のおばさんの家に滞在していた。そのため、その家族を通じて、「ベトナム難民でオーストラリアに入国した親を持つ、オーストラリア育ちの子どもたち」とも知り合う機会があった。そのような若者たちは、ハイさんに対して「俺と同じ状況じゃん」とよく言ったと言う。ただ、彼らはオー

ストラリアで生まれたのでオーストラリア国籍なのに、なぜハイさんは日本
国籍が取れないのかとも言われたという。そのような彼らに対して、ハイさ
んは「やっぱりオーストラリアで生まれたら、もうオーストラリアで（生き
て）いくのかなって思いました」と考える。そして自分自身の今後について
は、次のように言う。

ハイ：いや、この先も日本に住みたいなと思うくらいなので、やっぱ生
　　　まれた所なのかなって。一番言語が喋れるのも日本（語）ですし、
　　　生活長いのも日本ですし、やっぱり日本が強いのかなっていうの
　　　はありますね。オーストラリア、ベトナムは旅行で行く程度しか
　　　考えてないので、やっぱり基盤は日本がいい。

K　：日本にいて、選挙権はないですよね？

ハイ：ないですね。

K　：そういうのを考えると、どういうふうに感じますか。

ハイ：そこでもやっぱり差は出てくるのかなって。扱いもそうだと思う
　　　んですけど。たとえば会社行ったとしても、海外転勤あったとし
　　　ても、国籍の障害が出てくるのかなって。（国籍が）日本だった
　　　ら行けるところも、ベトナム国籍(無国籍で、今の再入国許可書)
　　　だったら難しいところも出てくると思うので。そういうところを
　　　どうやって乗り越えていくかなっていうのは、今後考えなきゃ
　　　な、だから日本国籍なのかなっていうところはありますね。旅行
　　　とやっぱ違ってくる、変わってくると思うので。そこが問題です
　　　かね、今後生活していくうえでは。

　ハイさんは日本語、英語、ベトナム語を有効に使えるような国際貿易のよ
うな仕事につきたいと考えており、オーストラリアから帰国したら就活をす
る予定であるという。日本国籍の取得については、すでに兄が日本で一般企
業に就職をしており、現在申請中という。ただ、名前は兄もベトナム名を維
持することを考えているので、ハイさんも同様に、今の名前は変えずに使用
したいと考えていると話していた。

4. 考察

　蘭さんもハイさんも、調査時点では「無国籍」であった。「ベトナム系日本人」というのが「ベトナムにルーツを持つ日本国籍者」とすれば、二人はその枠外であろう。実際に、日本国籍を取得した「ベトナム難民一世」もいれば、その家族の日本生まれの子どもで、すでに漢字とかなの「日本名」を使用している人もいる。ただし、そのような「帰化」者とその家族の実数は公表されておらず、不明である。前述のように、日本には「技能実習」「留学」などの短期滞在型の「ベトナム国籍者」が圧倒的に多い一方で、日本定住の「ベトナム国籍者」が少ないことと、これまでの経緯を考えると、定住している「ベトナムにルーツを持つ人々」の実数は必ずしも多くないと思われる。

　しかし、ここで考えたいことは、そのような「実数」の確定などではない。あるいは、ある集団を想定し、「ベトナム系日本人」と名付け、そのエスニックな諸特徴を抽出し、記述し、日本社会における彼らのエスニック・バウンダリーを確定することでもない。なぜなら、当事者以外の他者（研究者など）が「ベトナム系日本人」と「名付ける」ことと、当事者が自らを「ベトナム系日本人」と「名乗る」ことは必ずしも一致しないからである。その例が、蘭さんやハイさんである。彼らは日本生まれで、家庭ではベトナム語を多少使用し、外では日本語を使用しながらも、気持ちは「日本人」と思ったり（蘭さんの場合）、ベトナム人で何が悪いと思いつつも「（将来は）日本国籍を取る」と考えたりする（ハイさんの場合）。このような若者がいるという事実こそ、私たちがもっと考察しなければならないテーマであろう。

　ここで重要なのは、当事者が自らを「名乗る」ときの意識がどのように形成されていくのかという点である。ここでは、その「名乗り」の形成過程にある動態性、政治性、そして社会性について考えてみる。その考察は、同じ「現象」が3つの側面を有することを示すことになろう。

　第一では、「名乗り」の動態性である。蘭さんは小学校で日本語がわからないということから、他者との相違点に気づいていた。また蘭さんは、「あたしが気づくと、相手も気づく」という間主観的な関係性を語った。そして

「外国人」「国に帰れよ」と「印付け」された経験が記憶として残っていた。蘭さんは中高一貫校に進学し多様な背景を持つ生徒と一緒に学ぶことになり、自分がベトナム語を使うことやベトナム人の名前を持つという「ベトナム人性」を肯定的に捉えるようになる。しかし、大学ではアルバイト探しで「外国人はいらない」と言われたことから、その「ベトナム人性」を隠すようになる。

　蘭さんは現在（調査時）、名前を日本名の通名にしたが、就活では自分が持つ複数言語（日本語、ベトナム語、広東語）を売りにできると思う。ただし、ベトナムとの繋がりは、親だけであって、蘭さんはベトナムに懐かしさを感じないと言う。日本で生まれ日本で育った蘭さんは、「名前は違うが、日本人と思っている」と答えるなど、日本との距離感はベトナムへの距離感よりは強い。しかし、だからと言って、日本国籍をすぐに取る気持ちにはなれない。無国籍であることと難民として生きてきたことは重なっている。だから、自分から日本国籍を申請しようとは思わない。もし日本国籍を取ってしまうと、親との繋がりや自分のルーツをなくしてしまうような気がすると話す。日本もベトナムも、どちらも否定したくない、どちらも受け入れたいという気持ちを蘭さんは持っている。また、外国人で生きるということを助言してくれる人もいる。蘭さんの葛藤はまだ続いている。

　一方、ハイさんも幼少期から家庭内言語（ベトナム語）が日本語と異なることに気づいていた。しかし、自分の「ハイ」という名前の音は日本語の返事である「はい」と同じ音なので、からかわれたこともあるというが、それでもすぐに名前を「覚えてもらいやすいので得だ」とカタカナ名のアドバンテージを語る。

　名前はカタカナでも、日本では「ベトナム難民」ということは語らず、「日本人」として生きてきたというが、オーストラリアへ渡航するときの「再入国許可書」により無国籍を自覚させられた。さらに、オーストラリアで「日本人」と語る自分を振り返り、むしろ自分の中にある「ベトナム人性」を自覚する。その結果、「ベトナム人の何が悪い」という気持ちで生活していたという。しかし、ハイさんは、就活では、英語、ベトナム語を売りに国際貿易の会社を目指す。将来は、兄を見習い、日本国籍を申請するだろ

うが、名前は、今のカタカナ名を使用したいと思っている。そこにも、蘭さんと同じように、日本人性とベトナム人性が同居しているように見える。

　以上の二人の若者の例で明らかなのは、自らを「日本人」や「ベトナム人」と名乗る意識は成長とともに、また環境の変化で「動く」ということである。それが、自らのアイデンティティの形成過程で見られる「名乗り」の動態性である。ただし、その動態性は、後述するように、自然に生まれるというよりは、彼らの周りの社会的環境や社会的関係性の中で生まれるのである。

　第二は、その「名乗り」の政治性である。これらの二人の若者の例から見えるのは、彼ら自身が他の日本人と同じ「日本人」だという意識と、他者からのまなざしによって生まれる「自分たちは日本人ではない」という意識である。その意識を生じさせるのは、子ども時代からの周りの他者のまなざし、カタカナによるベトナム名の「自己表象」、「再入国許可書」という法的処遇によって生じる「無国籍者」という印付けなどである。ハイさんのカタカナ名や蘭さんの通名は自分で選んだ「自己表象」であるが、それらは常に他者や社会の規範性への「対抗」としての側面がある。つまり、カタカナ名で自己主張するのと、通名で自己防衛するのは、どちらも政治性、つまり力関係を有するという意味で表裏をなす現象である。

　一方、これらの若者たちは、「ベトナムあるある」という言い方で盛り上がることがあるという。これは、日本人の友人の家庭にはないが自分たちの家庭にはあるベトナム的と思われるもの、たとえば敷物、壁飾り、祭具、食物などを指摘し、日本生まれの自分たちの「好み」「文化」と異なる「親の好み」や「親の文化」が家庭にあることを相対化する言い方である。「うちの家にもある」という意味の「あるある」と自虐的に友人の間で確認する作業は、日本で生まれた自分たちの「ベトナム人性」の確認作業にも見える。これらはかつての「民族集団研究」で見られたエスニックな特徴を戦略的に取り込む「利益集団化」の現象に比べれば個人的なレベルの動きであるが、自らの境遇にある「ベトナム人性」を意識する背景には日本社会における「ベトナム」「ベトナム人」「ベトナム文化」の位置づけという意識があるという意味で、政治性があるといえよう。

　第三は、その「名乗り」の社会性である。蘭さんが日本名の通名を使用しながら無国籍で生きることと、ハイさんが「ベトナム人で何が悪い」と言いながら将来は日本国籍を取るだろうと語ることは、彼らが日本で生まれ成長したことと切り離せない。たとえば、ハイさんがオーストラリアで出会った、自分と同じような背景を持つ若者から「どうして日本国籍が取れないのか」と問われたのは、自分が日本社会で生まれたことをハイさんに強く意識させた。日本社会の規範意識や「外国人」に対する政治的処遇とまなざしなど、日本社会特有の諸事情が彼らの「名乗り」の意識を規定しているという意味で、彼らの「名乗り」には社会性があるといえよう。

　以上のように、これらの若者が自らを「日本人」や「ベトナム人」と名乗る意識には、彼らの周りの社会的環境や社会的力関係によって生まれる、「名乗り」の動態性、政治性、社会性があるのだ。そして、それらは、アイデンティフィケーションに関わる「見えるコード」と「見えないコード」の「ずれ」(陳他、2012) の内実でもあろう。

5.「ベトナム系日本人」というくくり方の無力さ

　最後に、改めて「ベトナム系日本人」というくくり方について考えてみよう。

　「ベトナム系日本人」というくくり方は、「日本人」と「ベトナム人」との間に単純に位置づけられるものではない。また「日本人」と「ベトナム人」の特徴を両方備えた人々という意味でもない。「ベトナム系日本人」(これも社会的構築物であるが) を「日本人」と「ベトナム人」との間の「中間用語」として使用するのであれば、社会的構築物である「日本人」と「ベトナム人」という概念化を相対化するどころか、両者の見方を固定化するだけだろう。

　「ベトナム系日本人」というくくり方で考えなければならないのは、誰が誰を「ベトナム系日本人」と名付けるのかと、誰が自分を「ベトナム系日本人」と名乗るのかという問題を、日本社会における「名付け」と「名乗り」の社会的力関係の課題として捉えることである。「ベトナム人性」を秘めながらも「日本人」と名乗る人に「お前はベトナム系日本人だ」と名付けることの暴力性 (「名付け」の暴力性：川上、2014a)、多様な背景を持つ人々の

中で自分を価値づけ目立たせるための戦略として「ベトナム系日本人」と名乗るという生き方など、「ベトナム系日本人」というくくり方には多様な社会的な側面があり、その意味あいは社会的な文脈の中の個の生き方として考察されなければならない。「日本人」と「ベトナム人」という二元論的な捉え方を超えるために「ベトナム系日本人」というくくり方を使用したとしても、蘭さんやハイさんの感じ方や生き方は、「日本人」、「ベトナム人」、「ベトナム系日本人」というカテゴリーでは捉えきれない。つまり、それらのカテゴリー化の無力さを踏まえ、国籍やエスニシティ、血統などを超えて、現実に生きる人々の多様で、かつ動態的な生き方の実践を社会的文脈で捉え、理解する方法論の構築が問われているのである。

第5章

「移動する子ども」学の
研究主題とは何か
——複数言語環境で成長する子どもと親の記憶と語りから

問題意識⑤

　複数言語環境で成長する子どもの背景に、移動があることがわかった。またその移動の視点を欠いて、研究が進まないこともわかった。さらに、これまでの既成の学問領域では研究対象をくくらないと研究ができないジレンマがあることもわかった。では、その中で、「移動する子ども」学を構想し、子どもの生を考えるときに、私たちが考えなければならない研究主題とは何だろうか。

1. 「移動が常態である」という視点

　子どもが複数言語環境で成長することは、現在、世界中で起こっているありふれた現象であり、けっして珍しいことではない。複数言語環境で成長した子どもが社会のあらゆるところで活躍していることも知られてきた。また社会に見られる多言語化や家族内の複数言語使用、移動にともなう複数言語接触など、子どもの成長の背景にグローバルな社会状況と多様な言語コミュニケーションの実態が関連していることも、多くの研究が明らかにしている。

　本章は、複数言語環境において成長する子どもが複言語複文化能力を持ちどのように生きていくかを探究することが、これらの子どもの教育実践の中心的な研究主題となるという立場で論を進める。ただし、「複数言語環境で成長する子ども」という現象を、私たちがどのような視点で捉えるかによっては、研究の方向性が大きく異なるだろう。本章の出発点も、この点にある。少し具体的に言おう。

　人の生は、けっして真空の中で個別に起こるわけではない。子どもは、成長していく過程において、身の周りの人々や社会について、あるいは使用することばや生活の仕方などについて子どもなりに理解し、認識し、その中で自らがどのように生きていくかについて考えながら生きていくだろう。その際、子どもの生は社会や他者との動態的な関係性の中にあると捉えられる。そのような人のあり方、生のあり方は、子どもが生まれたときからあらかじめ方向性が決められている訳ではなく、子どもは様々な可能性と制限の中で揺れながら成長していく。また、その動態性の中には、子どもだけではなく、その子どもに関わる親や支援者も同様に含まれていく[1]。

　文化人類学者のジェームズ・クリフォードは、かつて、「だれもが、今、移動している（Everyone's on the move）」、「旅の中に住まう（dwelling–in–travel）」と述べ、そのため、人間の生活や視点、発想や認識が「転地（displacement）によって構築されている」と指摘した（Clifford, 1997）。これは、「定住」を常態と見るのではなく、「移動」を常態とする視点である[2]。

1　詳しくは、川上（2011）参照。

2　伊豫谷（2007）は「安定した一定の領域、固定した場を正常な位置として想定し、移動す

さらに、クリフォードは、「転地」という実践が、「たんなる場所の移動や拡張ではなく、むしろ多様な文化的な意味を構成するもの」という、豊かな実践と考えられると主張した (Clifford, 1997)。そう考えると、複数言語環境で成長する子どもを、ひとつの言語、ひとつの社会の定住者の視点から見ることには限界があることがわかる。これらの子どもの生は、モノリンガルな視点から見るだけでは捉えきれない「豊かな実践」と見ることができるのではないだろうか。

　本章は、「複数言語環境で成長する子ども」を「移動が常態である」という視点から捉えることを試みる。まずこれまでの「複数言語環境で成長する子ども」の研究がどのような視点で行われてきたのかを振り返り、その限界と問題性を指摘する。そのうえで、問題性を乗り越える研究視座を設定し、調査概要と二つの事例を述べる。最後に、新たな研究主題のあり方を検討するという順で、論を進める。

2. 「複数言語環境の子ども」をめぐる研究のレビューと課題

　日本における複数言語環境の子どもに関する研究はこの 20 年間、多岐に行われてきた[3]。たとえば、「海外・帰国子女教育」から出発した異文化間教育の過去の研究は、子どもの「言語・文化習得」「アイデンティティ形成」「教育支援（教育戦略）」という三つの研究主題に収斂すると述べられている（小島・白土・齋藤編、2016）。また、それらの研究で使用される視点は、「適応」「成長」「文化化」「子どもの属性」、「発話コードの切り替え」から「二文化混合」、近年では「ハイブリディティ」「トランスナショナリズム」「新しい日本人性」などがある。

る人を例外として観察してきた」とこれまでの移民研究を痛烈に批判した。

3　日本語教育における、これまでの複数言語環境の子どもの研究主題は、⑴言語教育実践（教材、教授法、実践方法、学習内容、学習成果、評価法等）が圧倒的に多い。他に、⑵子どもの学習・生活環境（異文化適応、人間関係作り、教員研修、地域、家庭、政策等）、さらに⑶子どもの能力と成長（学力、言語能力、アイデンティティ、ライフコース等）がある。研究方法はテスト結果の分析、アンケート調査などの量的調査や個別実践や結果の分析、インタビュー調査など質的調査が行われてきた。

　しかし、これらの研究の子どもの「移動」は、点と点を結ぶ空間的移動を前提としたものであり、「移動した結果」としての子どもを対象化する道具立てだった。その後、展開される「外国人児童生徒」の日本語教育も、日本国内に定住・適応するための実践研究という発想が主流であったし、日本国外でも日本語を学ぶ継承日本語教育研究は日本を定点とした実践が主流だった。つまり、これらの研究で説明される「移動」は、一方向性からの物理的な「移動」と捉えられ、「移動」という行為自体が研究対象化されなかった。

　では、どうしてこのような「移動」の捉え方になるのか。それは、日本という国に住んでいる、子どもを取り囲む大人たちの視点が定住者側からの捉え方であったからである。そのため、複数言語環境にあり、動態性のある、子どもの生の一部しか捉えられず、結果として研究主題が限定されていくことになるのである。

　ここで考えたいのは、固定的な定住者の発想による研究ではわからない、子どもの生のあり様である。これまでも、高校生や大学生、補習校で学んだ青年へのライフストーリー研究や、子どもを複数言語環境で育てる親へのインタビュー調査から、子どもや親の主観的な意識に注目した優れた研究があった（谷口、2013、太田、2012 等）。

　ただし、これらの先行研究は、必ずしも、「移動」に関する総合的な考察があるわけではない。つまり、複数言語環境の子どもの研究において、「移動が常態である」という視点をどう築くのかという点はまだ未開拓なのである。そして、その視点に立つことで見えてくる課題は何か、それを今後どう研究していくのかという点は極めて重要なテーマになると考える。したがって、本章の目的は、その「移動」という行為を「豊かな実践」と捉える視点から、複数言語環境の子どもの生を捉えるための方法と、そのことから見える研究主題のあり方を考えることにある。

3. 調査の概要と研究方法

　以上の問題意識から、本章で取り上げる研究方法と調査の概要を記す。本章のもととなる調査は 2016 年 3 月にタイのある都市で行われた。英語が公

用語となっていない非英語圏の国で、学校では英語が外国語となり、ローカルな空間では現地語が中心となる国で、親子がどのように暮らすのかを見ることが、この研究主題に必要と考えた。

　この調査の調査協力者は、タイ人の男性と結婚した日本人女性 4 名と、タイ生まれのその子ども 4 名である。子どもの年齢は 19 歳から 23 歳（調査当時）。その内訳は、男：3 名、女：1 名であった。これらの青年たちと母親に個別に、一人 1 時間半ほどの日本語による半構造化インタビューを行った。その内容を録音し、文字起こししたのち、幼少期より「移動とことば」のバイフォーカル（bifocal）な視点から「語り」を整理した。その際、「移動する子ども」という分析概念に含まれる①空間的移動、②言語間移動、③言語教育カテゴリー間移動（川上、2011）の観点を使用した。これらの観点は、子どもの語りの分析にも有効だが、子育てをする親の語りの分析にも有効と考えられるからである。そして、これらの 3 つの観点を貫く「移動とことば」の視点から最終的に子どもの生についての考察を試みる。最後に、「移動とことば」に関わる主観的な思いや考え（意味世界）から、「複数言語環境で成長する子ども」の研究主題とは何かを論じる。本章では、インタビューにおいて、十分に語りが収集できた 2 組の母子の「語り」をもとに考察を行う。

　ここでいう「移動」と「ことば」[4] は、密接に関連しており、切り離せない。記述にあたっては、「移動が常態である」という視点を研究に取り入れるためには、分析者の視点を母と子の語りの動態性の中に置くという方法で進める。

4. 事例 (1)　E さんと息子の S さん、K さん

　日本生まれの日本人女性、E さんは 1993 年に日本からタイへ移住した。夫は中国からタイへ移住した家族のもとタイで生まれた人である。E さんは、日本の教員養成系大学の学生のときに英語を学ぶために 1 年間アメリカへ留学し、そこで同じくタイからアメリカへ留学していた現在の夫と出会っ

4　本書の「ことば」は個々の言語ではなく、複言語複文化能力の現出したものとして捉える。

たという。そのときの二人の共通語は英語であった。Eさんは、日本では中学校の英語教師をしていたが、結婚を機に、教員を辞めてタイに住むようになったという。

Eさんには双子の息子（Sさん、Kさん）がいる。大学の工学部の1年生である。

4.1　子育てと幼少期

＜母親Eさんの語り＞

Eさんは、タイに移住後、タイ語の語学学校へ1年間通い、タイ語を覚え、日系企業で働くようになった。Eさんはタイ語がわかるようになってから子どもを産もうと思っていた。その理由は、タイ語がわからないと親として学校のこともわからず、先生とも話ができないのは嫌だと思ったからだという。そして、タイ語がわかるようになって1996年に双子の息子を出産する。夫は、夫の親が話す中国語は聞いてわかる程度で、中国語を話すことはなかった。また、夫が子どもの教育に口を出すことはなかった。

そのような中、Eさんは子育てのときのことばについて次のように言う。

> 私は日本語しか使わない、夫にはタイ語しか話さないでちょうだいと言って。私は、母国語でない言葉を中途半端に使うのはよくないとすごく思っていて、私は、タイ語もわかるし英語もできるんですが、じゃ、それで子どもを育てましょうとはぜんぜん思わなかった。

Eさんは、出産後はマンション住まいだったため、閉鎖的な空間で過ごし、外出する機会も少なく、ほとんど家にいた。テレビはNHKを見ていたので、日中は日本語だけの生活だった。夫が帰宅すると、夫とはタイ語を話したが、子どもがタイ語に触れるのはそれだけだった。そのため、子どもが日本語やタイ語を話すのは遅かったという。しかし、子どもたちは2歳10カ月から幼稚園へ通うようになってから、徐々にタイ語が出てくるようになった。

小学校を選ぶ時も、「まず、日本人学校へ通わせる選択肢は最初からなく、

タイ（のローカルな学校）でしょうって感じで。今でいうバイリンガル校も
インターナショナル校もぜんぜん頭になかったですね」とＥさんは言う。
そのため、子どものことばに関しても、「まずタイ語でしょう。次に日本語
があって、最後に、英語」と話す。

＜息子Ｓさん・Ｋさんの語り＞

　では、この頃、子どもたちはどのように生活していたのか。次に子どもの
語りを聞いてみよう。

　幼少期は、「マンションにいたので、プールもあったし、自転車もしてい
た。運動は好きな方だった」という。ただし、近所の子どもとは遊ばなかっ
た。タイでは、近所でもみんな違う学校へ行っていたので、子どもたちもバ
ラバラだった。

　二人はタイの小学校に入った時はタイ語があまりできず、１年生を２回
やったという。「最初に入った１年生の時は、タイ語があんまりできなくて」
と言う。家では、日本語を話していて、「子どものとき好きだったポケモン
とかマンガとか、お母さんがずっと本とか（読んでくれて）、テレビとか、
ずっと日本語」だった。子どもの頃、タイ語があまりできなかったことは記
憶しているが、タイ語で苦労したことはなかったという。「タイにいる限り、
タイ語はどんどん入ってきて、勝手にできるようになった」という。子ども
の頃は、「タイ語と日本語は区別できずに、ごちゃごちゃになっていた」。母
と日本語で話していると、タイ語が混ざる。そのときは、母に直してもら
う。母もタイ語がわかるので大丈夫だった、と言う。

4.2　その後の子育てと学校生活

　再び、Ｅさんの語りに戻ってみよう。

＜母親Ｅさんの語り＞

　子どもが家庭でＥさんと話すとき、タイ語が混じることがあっても、そ
のことをＥさんは受け止めていたという。子どもの話す日本語の中に出て
くるタイ語の単語はＥさんも理解できた。日本語を間違えてもいいし、タ

イ語を混ぜてもいい、わからなければ聞けばいいんだと、子どもが安心して
母親に話ができるように配慮したと言う。

　一方、Eさんは子どもに日本から取り寄せた教材を与えることも、日本語
の文字を教えることもしなかった。ただ、子どもが双子だったので、日本語
を使うゲーム、たとえば「人生ゲーム」など、日課のようにやっていたと言
う。また、Eさんは読み聞かせはよくやっていた。子どもが喘息だったこと
もあり、薬の吸引の間、膝の上に抱いて本を読んであげた。本は、日本人会
の子ども図書館からたくさん借りてきて、寝る前は必ず読んでいた。本の読
み聞かせは、子どもが小学校の4年生か5年生になるまでやっていた。字を
書く練習はしなかったし、教えなかったが、子どもたちは日本語が読めるよ
うになっていた。日本のビデオを見て、画面の上に出ていた日本語のスー
パーを見たりして、ふだんから日本語の文字は目に触れていたと言う。

　また、Eさんは子どもたちを連れ、毎年4月に日本に行き、地元の小学校
へ「体験入学」させていた。子どもたちは、1年生から6年生まで6年間、
4月に2週間から3週間、母親の地元の小学校へ通い、普通クラスで授業に
参加していた。中学校に入学してからは、「体験入学」ができなくなった。
それ以後、家庭以外で日本語に触れる機会がなくなったという。しかし、子
どもたちは、中学生になってからタイで受験した「日本語能力試験1級」に
は、二人とも合格した。

　では、この頃について、SさんとKさんは、どのように語るのかを聞い
てみよう。

＜息子Sさん・Kさんの語り＞
　SさんとKさんは、小学校は、ふつうのタイのローカルな小学校へ行っ
た。その学校は日本の学校と交流があって、日本人がその学校に来ると、二
人は「通訳」をやらされたが、あまり「通訳」はできなかった。タイ人の友
だちは二人を日本語がわかる子と見ていたが、特別な目線では見ていなかっ
たと、二人は思っている。自分から日本語ができることを言わなかったが、
タイの友だちは、二人が持っている日本の文房具に注目していて、なぜそん
な文房具を持っているのかと聞いてくることはあった。

　二人は、日本の小学校とタイの小学校の違いについて、「タイの方がずっと勉強、勉強みたいな感じで、日本はなんか自由みたいな」印象だったという。日本では、「友だちがみんな近所で、家が隣だったりして、授業が終わって、待っていて、みんなと一緒に帰ってみたいな感じで。友だちの家も自分の家みたいな感じで」。タイでは学校が終わると親が迎えに来てそれぞれ子どもを連れて帰るが、日本ではそのようなこともなく、子どもは自由だった。だから、「楽しかった。スポーツももともと好きだったし、ザリガニ釣りとか、田んぼとか自然も多くて、秘密基地を作って（遊んだ）」。また、「ことばは、全部、日本語。二人で日本語がわからず相談するときは、タイ語を使っていた」という。周りの友だちは、自分たちを「タイからきた子」と見ていて、ふつうに接してくれた。名前は、タイの名前ではなく、母親の名字と、タイのニックネームの「S」と「K」（どちらも日本名）を使ったので、友だちは「名前もふつうじゃん、みたいな。タイの名前もあるのかとか聞かれて、教えても、ああそう、と。（日本の友だちは）覚えられない」と二人は笑って話す。

　中学生になってからも日本に行ったが、様々な理由から、日本の中学校に「体験入学」はしなかった。

4.3　中学校から高校、大学へ

　Ｅさんは、中学校から大学へ子どもたちが成長する過程を次のように言う。

＜母親Ｅさんの語り＞

　子どもたちは、中学校、高校はタイでトップレベルの学校へ進学し、勉強に専念した。理数系が好きで、高度な数学を学んだ。勉強が忙しく、高校時代の外国語は勉強しなくてもいい日本語を選択したこともあった。

　その後、子どもたちは、タイのトップの大学の工学部へ入学した。Ｅさんが子育てで唯一後悔しているのは子どもの英語力が伸びなかったことだという。ただ、「日本語とタイ語と英語の３つの言語を学ぶことは子どもにとっては負担があって、もし英語を学んだらここまでタイ語も日本語も伸びなかったと思うようにしている」と話す。のちに、子どもたちが成長してか

ら、子どもから、なぜ自分たちを英語のバイリンガル校に通わせなかったの
かと聞かれたこともあったというが、先の理由を述べると子どもたちも納得
した様子だったという。

　また、日本への留学については、息子たちは日本人として日本の大学へ入
学するにはそこまで日本語ができず、かといってタイ人として日本の大学で
英語プログラムのある学部などへ入学するには高い英語力が求められる現実
があると、Ｅさんは言う。また子どもの将来については、ワーキング・ホリ
デー・ビザでオーストラリアで働くとか、海外の大学の大学院へ進学するこ
とがあってもよいと考えていると、Ｅさんは言う。

　では、その頃、Ｓさんと Ｋ さんは、どんな思いで生活していたのか、二
人の語りを聞いてみよう。

＜息子Ｓさん・Ｋさんの語り＞

　二人は、小学校の時、塾に行ったら成績がよかったので塾の先生に勧めら
れて、タイで一番いい中学校を受験して、入学した。二人は、その中学校で
は、「理科と数学がすごく好きで、すごくできた方だったので、理系の特別
のクラスに入った」という。しかし、中学校では勉強ができていたが、高校
に入ると、タイ中から優秀な生徒が入って来ていた。そのような優秀な生徒
ばかりで、「もう勝てないなあ」と思ったという。「好きな科目は、数学だけ」
だった。また、他の科目、たとえば、生物は、覚えることが多すぎるし、面
倒くさいし、数学も普通の高校では教えない大学レベルの内容をやっていた
という。そのため、追いつけないと思って、学習意欲が低下したという。

　タイ語に問題はなかった。タイ語はすべてわかる。タイにいるので、タイ
語は普通だった。中学校や高校の時は、日本語を勉強した機会はなかった
が、インターネットで日本の動画を見たり、日本の番組やお笑いが好きなの
でそれを見たりしていた。日常では日本語は、母と会話する程度だった。ま
た、その頃のことを次のように言う。

　　家に帰る時間が、ちょうど、ニュースの時間で、日本の NHK のニュー
　　スを毎日見ていた。」「ちゃんと見なくても、（中略）日本語が耳に入っ

てくる。テレビがつけっぱなしみたいな感じだから。」(読んだり、書いたりは？)「読むのは漫画とかで、書いたりは、あんまりしない。」「無理やりに、日記、書かされて…」(中略)「ほとんどがひらがなで。」「そう、ひらがなで。漢字、書けるのは小1か小2くらいの漢字までで。でも(漢字を)読むのはほとんどできる。」「なぜ読めたのかは、わからないけど。」「日本語のテストを受けるときは、直前に、過去問(題)を見る程度で、特に勉強したことはない。」

　二人は、中学や高校のとき、自分の母が日本人だということを友だちに特に言わなかった。顔を見ただけではわからないし、言っても、得もしないし損もしないと思っていた。周りに、父親が日本人、母親がタイ人の友だちがいたが、その子は、日本語は話せなかった。そういう友だちと比べると、自分たちは日本語が「すごくできる方だ」「なんでこんなにできるようになったんだろう」と思っていた。でも、それで、「得した気分でもない。」「英語は、悪くはないが、できる方でもない。」「みんなができすぎる。」「英語はアメリカとか行けば1年か2年くらいで、できるようになると思う。」大学を卒業したらどうするのかを尋ねると、「今の考えでは、終われればいいみたいな感じ。○○大学の工学部を出たというだけで、いい。」「(大学を)終わっておけば、就職は、なんとかできる方だと思います。」就職の際、日本語は役に立つのかを聞くと、「今、日本の企業が工場出していて、トヨタとかホンダとか、多くあるので、工学部を出て、工場へ行くときは、日本語ができると、役に立つと思います。」「いざとなれば、日本に留学して、もっと日本語を上達して、日本で働ければいい。日本でいっぱい稼いで、タイで遊ぶみたいな…。」

4.4　子どもの名前と「しきたり」
＜母親Eさんの語り＞
　Eさんに、子どもの命名について伺うと、夫が子どもの誕生日をタイのカレンダーで見て命名したというが、ニックネームはEさんがSとK(どち

らも日本名）とした[5]。夫の母親は中国式に漢字二文字の名前を孫につけていたが、それはふだん使用していないという。夫のファミリー・ネームは、夫の両親がタイに移住したとき、中国語の名字の音をタイの似た音で表記してタイ人名らしい名字を「勝手に」作成したという。そのため、タイではその名字は珍しいものだが、中国語の名前に由来することは誰も気づかないという。Eさんは、子どもの名前に日本の名字の痕跡を入れることはしなかった。ニックネーム以外に、「日本の名前がない方がいいと考えた。日本人とわからない方がいいと思う。タイ人ならタイ人として生きていけるように。そこにわざわざ日本の名前を入れる必要はない」（要約）とEさんは語る。

　夫の母親は「月の満ち欠け」で年中動いていく「しきたり」を維持していたという。そのような「しきたり」がわからないタイ人の嫁は嫌だと思う人だったので、日本人であるEさんを歓迎してくれたという。ただ、今は、夫の母親とは離れて暮らしているので、その「しきたり」の影響はないし、夫も中国語がわかるわけでもなく、子どもたちも中国語はわからない。かといって、Eさん自身がタイのことやタイ人としての「あたりまえ」のことをよく知っているわけではないので、子どもたちがタイ人としての「あたりまえ」を身につけているかはわからないと話す。

＜息子Sさん・Kさんの語り＞

　SさんとKさんは、日本とタイの違いを次のように言う。

　二人は、最近、日本でアルバイトをした経験があるという。大手通販会社の倉庫で、時給900円で週6日働いた。1日で稼げる金額はタイでは1カ月くらい過ごせるくらいの金額だという。高校生のときに、奨学金で日本の高校へ留学できる機会があったが、その奨学金を取るために日本の国籍を「捨てる」のはもったいないと、「一応（日本とタイの国籍を）二つ、持っていたかった」と言う。

　また自分たちは、「ふつう。ただ、両方できるって感じ。日本語のできるタイ人の方が、数が少ないんじゃないか。だから、タイ語のできる日本人よ

5　タイは、正式な名前の他に日常的に使用するニックネームがある。

り、得するんじゃないか」と考えていると話す。一方、日本の仕事や環境は
タイとは異なると言う。たとえば、「タイでは、何でも大丈夫、大丈夫みたい
な感じ、時間に遅れるのもふつうに遅れてくるし、ドタキャンもふつうにあ
りますし。日本では、（中略）日本人の性格からして、それはしないし…」と
言う。最後に、SさんとKさんは、母のEさんについて次のように言った。

　　　（母は）いいですね。いろんなことできて。良すぎる時もある。気、
　　使いすぎる時もある。たとえば、友だちが泊まりにくるとき、ぜんぶ布
　　団とかも用意して。（中略）そんなことしなくてもいい。ここは、タイ
　　だから誰も気にしないって。部屋が汚くても。…そんなことを（母は）
　　気にしちゃうんですよ。

4.5　考察（1）　母と子どもの「移動とことば」の軌跡

　Eさんと息子たちの語りを、「移動とことば」を視点に見てみると、どう
なるか。

①空間と言語間の移動

　母親のEさんはアメリカ留学経験を持つ。夫の両親は中国からタイへ移
住した家族で、夫は中国語を聞いて育った「移動する家族」（川上、2013）で
ある。夫もアメリカ留学の経験を持つ。Eさんは息子たちの小学校時代は、
毎年、日本に行っている。それ以後は不定期であるが、今も、日本とタイの
間の移動を繰り返している。息子たちもこの間、日本とタイの間を移動し続
けている。

　言語面では、Eさんはタイに移住してから、本格的にタイ語を学び、現地
の言葉がわかってから出産した。家では日本語を使って子育てをしてきた
が、息子たちはタイ人として成長してほしいと思っていた。母子は、日常的
に、タイ語と日本語の間を移動し続けている。

②言語教育カテゴリー間の移動

　息子たちは、短期間だが、小学校の6年間、タイ語の学校から日本語で学

ぶ学校へ移動を繰り返した。その間、息子たちは日本語でコミュニケーションをとりながら、タイと日本の「学校文化」の違いを経験した。高校で日本に留学するという「言語教育カテゴリー間の移動」を考えたとき、二つの国籍を保持する方を選択した。実際に移動を経験したわけではないが、日本留学を考えたことを記憶している。

5. 事例（2）　Aさんと息子のBさん

　次にタイ人男性と結婚した日本生まれの日本人女性Aさんのケースを見てみよう。Aさんはタイで二人の子ども（娘と息子）を育ててきた。すでにタイに30年間暮らしている。Aさんはその夫と日本で出会った。夫はタイで高校を卒業した後、日本に行き、日本の大学と大学院で7年間学んだので、日本語が堪能である。そのため、Aさんがタイで暮らすようになってからも、Aさんの家族の家庭内言語は日本語であるという。夫はタイで生まれたが、夫の両親は中国からの移民であった。そのため、嫁となるAさんは、「漢字のわかる日本人でよかった」と歓迎されたという。

5.1　子育てと幼少期
＜母親Aさんの語り＞

　Aさんはタイで出産後、タイに住む「先輩」の日本人妻から経験を聞くことがあった。ある親子はタイ語が中心になり、子どもは日本語が話せなくなったケースや、家庭内で日本語を維持しながら子育てをし、子どもが日本語を話せるケースもあった。そういうのを知って、Aさんは「私自身は、できたら子どもと日本語で喋れたらいいなあと、その時は思っていました」と語る。

　ただ、第一子の娘が3歳で幼稚園に入ると、新しい単語は全部タイ語なので、娘はどんどんタイ語を覚えて、娘の日本語がだんだん「侵食」されていくようにAさんは感じた。やがて、娘は習ってきたタイ語を交えてしか話せなくなった。その時、Aさんは、「（子育ては）結構、難しい」と思ったという。娘のもつ日本語の単語数が少なく、その日本語が「あっという間にタ

イ語になった」という印象だったと言う。

　では、第二子の息子 B さんはどうだったのか。B さんの語りを聞いてみ
よう。

＜息子 B さんの語り＞

　B さんは、幼少の頃は、遊ぶのが好きな元気な子だったという。幼稚園に
入る前はほとんど日本語、幼稚園に入ってからタイ語になった。タイ語で生
活していたが、家の中は日本語だった。両親とは日本語で、姉とはタイ語で
話していた。家の中で日本語を使い、「日本の文化も混じっている」が、他
はふつうのタイの家族と変わらないと思っていたと言う。

　自分の家と周りの家と違うと思ったことはないかと聞くと、

　　　あまり何も感じない。学校でもタイ語もふつうにできていたんで、友
　　だちも、別に、私が日本人とは知らなかったんですよ。家では日本語を
　　話しているとか。それも、わからないくらいタイ語ができていたんで、
　　あまり、（違いは）何も感じなかった。

と言う。家に遊びに来る友だちは、B さんが家で日本語を話すのを見て、驚
くという。その時は、B さんはその友だちに、「母が日本人だから日本語で
きると言っただけ。でも、（当時は）日本語は上手ではなかった。タイ語と
比べたら」とも言う。

5.2　その後の子育てと学校生活
＜母親 A さんの語り＞

　A さんは、娘が小学校 1 年か 2 年生くらいの頃、日本語クラスが立ち上
がり、母親として参加するようになった。その後、教室は「バイリンガル教
室」[6] として運営されるようになり、2 週間に 1 回、子どもを連れて、親子で
その教室へ通ったという。A さんと同じように、子どもに日本語を教えた

6　深澤（2013）参照。

いと思う親と知り合ったことがよかったと言う。

　日本人の親がいれば子どもは日本語を話して当然と思う人もいるが、海外で子どもを育てながら、子どもが日本語を話せるようになるのは簡単ではないと、Aさんは思う。そのような自分の苦労をわかってくれる人がいると「救われた」気持ちになるが、逆に、日本に子どもを連れて帰った時、周りの人が子どもに日本語で話しかけても子どもが理解できないとき、「この子は、日本語が下手ね」と簡単に言われ、がっかりしたこともあったと言う。

　Aさんは子どもを育てるときに、子どもは基本的に「タイ人として育てよう」と、夫婦で話し合ったという。Aさんはタイ語を覚えながら、子育てした。第一子の娘のときは、Aさんが日本語で娘に言うと、娘はタイ語で返してくる。そのタイ語をAさんがわからないと、娘に「それは日本語で何て言うの」と聞いたり、娘からタイ語を教わったりしたが、息子が育つときにはAさんのタイ語は上達し、タイ語がわかるようになっていたので、息子がタイ語を言っても「日本語で言いなさい」と言わずに、聞き流すことができたと言う。

　家の中では夫もAさんも子どもたちと日本語で話していた。夫は子どもを何語で育てたいとは思っていたわけではなかったが、Aさんは子どもたちに日本語がわかるようになってほしいと思っていた。その理由を、Aさんは次のように言う。

　　　一緒に日本に里帰りする時、私が通訳をするのは絶対嫌だと思っていた。両親と子どもが話すとき私が通訳をしなければならないと、子どもを置いて外出もできないと思ったことと、私の両親が孫と話が通じないときっと（両親は）悲しいと思うし、（Aさんの親に対する）親孝行として、普通の会話はできるようにしたいと（いう）、二つの理由です。

　その他に、Aさんは子どもたちに、タイの公文をやらせたり絵本の読み聞かせをしたりした。ただ、学校のことが忙しくなり、公文の問題に取り組めなくて母子で喧嘩をしていると、夫に「喧嘩するくらいなら、日本語なんか、やめちまえ」と言われたことがあったという。その頃、Aさんは、「何もやら

なくて後であの時やっておけばよかったとならないようにしたいという気持ちもあった」という。ただ、今になってみれば、そこまでして子どもにやらせたことが、意味があったのかどうかわからないとも、Aさんは言う。

また、Aさんは、子どもに「日本語を押し付けても、（日本語が）簡単にできるものでもないし。母語のタイ語がしっかりしてないと、どのことばでも自分の意思をうまく伝えられない子になることの方が怖かった」と言う。

<息子Bさんの語り>

では、Bさんはその頃、日本語についてどう思っていたのか。

Bさんは、小中学校の頃、2週間に1回、「バイリンガル教室」で日本語を勉強していたが、高校になるとその教室へ通うこともなくなったという。その教室について聞くと、「うーん、まあ、楽しかったですね。」「役に立ちましたが、漢字だけは使わないと忘れるので、高校の時は日本語を勉強してなかったので、漢字とかは忘れました」と、話題はすぐに漢字学習に移った。

5.3 中学校から高校、大学へ

息子のBさんは中学校からタイ語と英語で教える私立中学校に進学した。その中学校は、英語の native の先生が教員の半数を占め、英語で数学や理科を教えていた。Bさんは中学校の2年生のときに、カナダへ1カ月間、留学した。その時、自分の英語力が足りないと感じて、中学校3年生の時、その中学校を辞めて4年制のアメリカンスクールの高校に入学した。その高校を卒業するまで、4年間、英語で教育を受けた。高校の時は朝早くから授業があり、Bさんは毎朝、5時20分のスクールバスで登校した。11年生からは、学校のそばのアパートを一人で借りて学校へ通った。

<母親Aさんの語り>

その頃、母親のAさんはBさんの将来についてどんなことを思っていたのか。

英語だけで学ぶ「インター校」（アメリカンスクール）に息子が進学すれば苦労も多いだろうが、「本人がそれでいいと言っていたので、それでよいか

と思った」とＡさんは話す。小学校から高校までの時期に母親としてＡさ
んが「このまま日本語は上手にならないんだろうなあという不安…。でも、
日本に連れて行って、うちの親族と日本語で話せる程度は（子どもは）日本
語を話していたので、これくらいでもいいかと思っていた」。

　また、「年に一度か二度日本に行って、子どもたちの「日本語が上手」と
言われれば母親として嬉しいが、タイにいて日本語で親と話して通じなくて
もあまり問題ではないし、子どもがＡさんに言いたいことがあっても通じ
なければ、夫を通訳として使うこともできるわけで、あまり子どもたちに日
本語のことを言っても、「日本語なんか、喋れない」と子どもたちに言われ
るのも怖いし…。タイは勉強も大変だし、いつ使うかわからない日本語で苦
労させたくないなあとも思っていた」（要約）とＡさんは言う。

　息子のＢさんはタイの高校を卒業後、日本の大学へ進学する。その経緯
を母親のＡさんは次のように言う。

　息子のＢさんは高校で、友だちが日本語で書かれたゲームなど持ってき
て「何て書いてあるか」と尋ねられても、漢字がたくさんあって読めず、友
だちには「日本人なのに、読めないのか」と言われて、Ｂさんは日本語を
もっとわかるようになりたいと思うこともあったようだと母親は言う。その
ような経験に加え、Ｂさんの姉が高校のときに１年間日本へ留学したこと、
さらに、父が日本人で母がタイ人の友だちの女子生徒が１年間日本へ留学し
て日本語が上手になってタイへ帰ってきたのを見て、Ｂさんがショックを受
けたことも、Ｂさんが日本の大学へ留学することに影響したのかもしれない
と、母親のＡさんは言う。

　息子のＢさんは、タイの大学にも合格していたが、留学先として選んだ
日本の大学は英語プログラムがあり、かつ、奨学金や学費免除などの恩恵が
あり、タイ人として留学するのに有利だったことも日本留学を決める要素と
なったと、母親のＡさんは言う。

＜息子Ｂさんの語り＞

　その頃、Ｂさんはどのように思っていたのか。Ｂさんの語りを聞いてみよう。
　小学校の頃から勉強が好きだったＢさんは、高校について、「すごく楽し

かったです。すごく好きだったです。環境も友だちも英語も先生も全部がなんとなく好きだった。よかった。（なぜ？）英語で勉強ができることと、文化がアメリカっぽくて、そんなにタイじゃないところがよかった」と言う。

その学校の生徒の半分はタイの生徒だった。だから、「タイ人同士では、休み時間などではタイ語で話しても大丈夫だった。休み時間は楽しかった」と言う。「勉強も難しかったが、それも楽しかった。それに、タイの学校ではタイのことだけ勉強するとか仏教の授業もあるが、この学校ではもっと世界のことやアメリカのこと、他の仏教とかクリスチャンとか自分が全然知らなかったことばかりだったので、毎日、新しいという感じが楽しかった」（要約）とＢさんは語る。

Ｂさんは、母親が語った、高校の頃の同じエピソードを語った。それは、友だちに日本の商品を見せられたとき、Ｂさんが「期待されるほど、日本語はできなかった」ので、友だちから、「なんで日本人なのに、日本語が読めない」と言われたというエピソードだった。そんなとき、Ｂさんは、「少し悔しいというか、もっと日本語ができるようになりたいとか、そんな気持ちがあった」と話す。

ただし、Ｂさんの周りの人は「日本語が話せることは、いいことだという評価はあったと思う。タイ人も、日本語を学ぶ人も多いし、日本が好きなので、（周りの人はＢさんが日本語を話すことを）いいと思っていたと思う」とＢさんは言う。

しかしＢさんは、「自慢できるほど日本語ができるわけではないので、あまりそのことを言うことはなかった」が、自分の家の「文化」が違うという意識はあったと言う。たとえば、日本に行ったりした経験があること。でも、小学校では、そのような自分の背景について特別な感情はなかったし、高校もアメリカンスクールだったので、いろいろな背景の生徒がいたから、自分が特別という意識はなかったと言う。

その頃、家で日本語を話していて日本語についてどう思っていたのかを聞くと、「日本語はいっつも難しいと思う。特に、漢字とか、文法、敬語は昔、知らなかったし。テレビを見ていてもまったく理解できなかったんで」。また、タイにいて、母と父以外の日本人と話したら、日本語はよくわからな

かったと言う。家では、本やビデオはタイ語だった。日本語のマンガとかも見ていたが、日本語の場合は、わからないことが多かった。その結果、テレビはほとんどタイ語の番組を見ていたと言う。

　だから、高校のときに、タイの大学も合格したが、「やっぱり今、日本語を勉強しないと（これからも）できないから」と思って日本への留学を決めたと、Bさんは言う。

5.4　日本の大学に留学して
<息子Bさんの語り>

　Bさんが入学した日本の大学は、英語で講義が行われ、世界各地から留学生がやってくる国際色豊かな大学だった。大学の講義は、半分英語、半分日本語で行われた。Bさんは2年間、日本語を勉強するクラスも受けていた。

　ところが、1年生のときには、日本語より中国語が役に立ったと言う。Bさんは、タイの高校にいる時に、選択科目の「外国語」として中国語を4年間教わった。中国語を履修した理由を聞くと、Bさんの父も中国語ができるので、中国語を勉強しようと思ったと言う。Bさんの父は、中国系移民の両親の中国語を聞いて育った。そのため父も中国語[7]を理解することができた。Bさんも小さいときにその中国語を聞いたことがあったが、あまり理解はできなかったと言う。Bさんは、高校では北京語の中国語を学んだ。

　日本の大学に入学すれば日本語が上達すると思っていた。しかし、「大学1年生の時は中国人の友だちが多かったので、ほとんど毎日中国語を使っていました。なので、1年生の時は中国語に自信がありました。でも、2年生になった時から、あんまり（中国語を）使わなくなって、忙しくなって、そんなに中国人の友だちと遊ぶ時間がなかったので、（中国語を）どんどん忘れて、今は自信がないです。少しはできるけど、昔みたいに何でも読めるとかじゃないです。忘れるので、使わないと」と言う。

　一方、Bさんは、「中国語が好きだったんですよ。やっぱり、この4個（タイ語、英語、日本語、中国語）の中で、日本語が一番難しいとまだ思ってい

7　父の両親の中国語は、中国の南方方言の中国語であったという。

るんですよ。中国語が難しいとよく人がいうんですけど、個人的には中国語の方が簡単」と語る。

5.5 大学で思う「ことばと自分のこと」
<息子 B さんの語り>

　高校まで、タイ語、英語、中国語、日本語と学んできた B さんは、「少し、自分は言語が得意じゃないかなあと思っていました。高校の時は」という。しかし、大学では 4 言語を話す人はふつうにいた。中には、4 言語以上できる人も結構いた。少なくとも 3 言語はできないと、この大学ではやっていけなかった。だから B さんは「自分は、ぜんぜん普通だった。その大学では」と話す。

　では、今の自分の英語力とタイ語力についてはどうか。B さんは、「英語には、自信があります。たぶん書くとかは、英語が一番得意」と言う。高校、大学を含めた 8 年間では、タイ語の授業はなかった。タイ語で学んだのは中学 2 年生までだった。だから、親は「丁寧なタイ語の文章や上級レベルのタイ語は大丈夫か」と B さんに聞くが、B さんは「大丈夫と言う自信はまだある」と言う。なぜなら、高校時代から、メールやチャットはタイ語を使っていたし、今も、毎日使っているし、タイ語のニュースも理解できているし、ニュースの中で理解できないものはないから、大丈夫だと思うと言う。

　では、日本語はどうかと聞くと、「日本語は最後です。話すのも聞くのも書くのも」と B さんは答える。言葉が混ざることはあるのかを聞くと、「あります。たまに自然に混ぜます。（家では？）単語が、これだけはタイ語で出てくるとか、親も理解してくれるので、日本語とタイ語が混ざる。タイ語を混ぜていても気づかない。（中国語や英語が混ざることはある？）そこに、中国語や英語は入らない。家庭では、日本語とタイ語が混ざる。日本に行く前は、こんなに日本語がうまくなかったので、タイ語を混ぜるのが多かった。日本に行って、日本語が上達すると、だんだんタイ語が少なくなった。日本語だけで全部話すようになった」（要約）と言う。

　ただし、B さんは、自分の日本語にはまだ満足していないし、自信がないと言う。だから、日本で働きたいと 4 年生のときに思うようになった。「日

本で働けば、環境が日本人しかいないし、毎日、日本語を使わないとダメだから、高校のときの英語のようになるかなあと思った」と言う。「自分の英語ほど、日本語も上手になりたい気持ちがずっとあります。でも、日本語は難しすぎて、覚えても忘れる。でも、日本語は使わないと忘れる。英語は大丈夫」と言う。

「働くときも英語は使いたい。日本語は、正直にいうと、使いたくないが、できるようになりたい。英語ほど使えるようになりたい。そのために、日本語をやっている。日本語は好きですが、漢字は好きじゃないですよ」と話す。

大学では、「タイ人の学生」だった。誰かに聞かれれば、「母は日本人」と言うが、大学には「ハーフ」は多かったので、自分のことで他の人がびっくりすることはなかった。ケニアの人と日本人の「ハーフ」とか、いろいろな人がいたので、驚かない。友だちの反応は「ああそうか」という感じだった。大学はそのような環境だったので、Bさんは、「自分はふつうだなあ」と思ったと言う。だから、「自分がハーフ」ということは基本的には言わない。

Bさんはすでに日本の会社に就職が決まっていた。就職の面接では、「タイ人としてアピールしていた」と言う。自分の日本語も他の留学生と同じくらいなので、「日本人の日本語みたい」とは思われなかった。「ふつう」だった。会社側の人は、Bさんがタイ人で日本語ができる人だという見方だったと思うと、Bさんは言う。自分としては、タイ語も英語も日本語（N1を取得）もできる人と見てほしいと、Bさんは思っていた。就職した、東京にある日本の会社でBさんは、「グローバル部署」なので英語も使う。ただ、会社では日本語で苦労するだろうなあとBさんは思っている。しかし、その会社はタイに進出しているので、タイのマーケット・リサーチの分野で将来、Bさんに貢献してほしいと期待しているし、面接のときには自分もその点をアピールしたと言う。

将来は、もっと勉強するために大学院へ進学することも考えているし、大学時代にスペインでボランティア活動をした経験があるので、ヨーロッパに留学し、スペイン語を学ぶことにも興味があると話す。

5.6　考察（2）　母と子どもの「移動とことば」の軌跡

　母親の A さんと息子の B さんの語りを、「移動とことば」を視点に見てみると、どうなるか。

①空間と言語間の移動

　母親の A さんの夫は日本への留学経験を持っている。その夫の両親は中国からタイへ移住した。夫は中国語（中国の南方方言）を聞いて成長した。夫の家族は「移動する家族」（本書の第 3 章）である。A さんは日本からタイへ移住し、タイ語を学びながら、二人の子どもを育てた。A さんは、子どもはタイ人として育ってほしいと思っていた。家庭内言語は日本語であったが、子どもたちの間はタイ語が使用された。A さんも外で働くように、家族はそれぞれがタイ語と日本語の間を日常的に移動し続けている。また、A さんは子どもを連れて日本に行くこともあり、孫を祖父母に会わせることもあった。

②言語教育カテゴリー間の移動

　息子の B さんは、中学校と高校で、英語による教育を受けた。二週間に一度の「バイリンガル教室」や公文などで日本語を使って学ぶことも体験した。さらに、大学で日本へ留学し、英語、日本語による教育も受けた。その経験がキャリア選択に繋がり、かつ将来はタイで働くことや、海外への大学院留学、スペイン語学習などを語るように、移動し続けている。

6.「移動する子ども」をめぐる研究主題とは何か

　二組の母子の事例から、「複数言語環境で成長する子ども」について何を研究課題とすべきかについて考えてみよう。

　事例(1)の母親 E さんは「母国語でない言葉を中途半端に使うのはよくない」と考え、日本語で子どもを育てたいと考えていた。同時に、タイ語を学び、子どもがタイ語を混ぜても受け止めて対応した。学校選びの際には、「まずタイ語でしょう。次に日本語があって、最後に、英語」と思ったが、毎年、子どもに日本の学校で「体験入学」をさせるために日本に行っ

た。「日本人として日本の大学へ入学するにはそこまで日本語ができず、かといってタイ人として日本の大学で英語プログラムのある学部などへ入学するには高い英語力が求められる現実」に子どもに英語力をつけられなかったことを後悔する。ただし、「もし英語を学んだらここまでタイ語も日本語も伸びなかったと思うようにしている」と振り返る。子どもが小さかった頃の子育ての思いは、子どもが成長するにつれ、変化することを示唆する。

　さらに、夫の家族との付き合いの中で、「しきたり」の違いを経験した。また子ども（夫の母親から見ると孫）の中国名や、夫婦で決めた子どもの名前の他に、日常で使用するニックネームに「日本人らしさ」を込めていることなど、タイに住みながらもEさんの「日本語」「日本」への思いがEさんの意味世界を形成していく。

　一方、息子たちは、日本での「体験入学」の記憶や日本語能力試験やNHKニュースなどを聞いて成長した経験から、自分たちの理解する「日本語・日本文化の世界」を形成している。同じ背景を持つ友だちに比べ、日本語が「すごくできる方だ」「なんでこんなにできるようになったんだろう」と思う。それらが大学生となってから日本でアルバイトをする発想や母親の持つ「日本人の感覚」を相対化することに繋がっている。さらに、タイで就職する時は、「日本語を話せるタイ人」として売り込みたいが、日本に行ってもっと日本語を上達させたいと発想する。母子の「移動とことば」をめぐる意味世界は、必ずしも同じではなく、移動し続けている。

　事例(2)の母親Aさんが子どもに日本語を教えたいと語る理由は、継承日本語教育で語られる理由（「道具的価値」と「情緒的価値」：村中、2010）に通じるが、同時に、子どもが「日本語を喋らない」と拒否することを恐れたり、子どもに負担をかけることに逡巡する気持ち、さらに、夫に「日本語なんか、やめちまえ」と言われるほど子どもの日本語習得に努力したことが、「そこまでして子どもにやらせたことが意味があったのか」と今になって思う気持ちもある。

　一方、息子のBさんは、自身のカナダへの短期留学、姉の日本への高校留学、友だちの日本留学などがきっかけとなり、英語による教育、日本留学という空間的移動がともなう学びの経験へと展開していく。学校の友だちに

「日本人なのに日本語が読めない」と言われた記憶は母子で共有しているが、日本の大学へ留学したのち、一時期、日本語より中国語を使用していた経験や、「日本語は最後です。話すのも聞くのも書くのも」と語り、日本語に自信がなく「自分の英語ほど、日本語も上手になりたい気持ち」を抱きつつ、「タイ語は大丈夫」と答える B さんの意味世界も、「移動とことば」の軸で動いてきた結果である。

　このように二つの事例に見られる、母子の「移動とことば」をめぐる経験と記憶は、当然ながら、同じではなく、母子で異なる意味世界を形成しているように見える。

　またどちらの事例からも、子どもの名前や「タイ人」「日本人」に関わる語りが見られる。「タイ人らしい名前」と「日本名」あるいは「中国名」をめぐる思いや、「タイ人として」生きてほしいという親の願いとまなざし、学校の友だちから「日本人なのに」と言われた記憶、日本語や日本の文房具から「ハーフ」とみなされた経験、さらに、高校や大学で日本に留学するときの奨学金を得るための「タイ人」枠と「日本人」枠を考えた経験、日本の小学校では「タイからきた子」で「ふつう」と思われた「日本名」で呼ばれた記憶、日本でアルバイトできる「日本人」や就職するときには「日本語が話せる」ことを売りにする生活戦略などは、親も子どもも知っているのかもしれない。しかし、子どもは確実に、自己の「名乗り」と他者からの「名付け」の間の葛藤（本書の第 4 章）を経験し、それを子どもなりに処理しようとする。戦争時代に使用された日本人に対する蔑称をあだ名としてつけられたことがあると話してくれた S さんと K さんは、そのあだ名に対して「何も気にしない。そう言われて怒る人もいるけど、そんな子の怒る意味、わかんない」と語ったが、「自分は自分。だから何？」という態度は、日本で活躍する「移動する子ども」の経験者の語りと重なる（川上編、2010）。つまり、自己の「名乗り」と他者からの「名付け」の間で経験したことは、子どもにとって親と異なる意味世界を作ることになるが、ここにも、「移動とことば」の軸で動いている姿が見える。

　また、今回の 8 人の調査協力者から、日本とタイのパスポートを両方維持する人と、日本の国籍を「無効にする」手続きをする人がいることを伺っ

た。国籍を選ぶことによって失う国籍があり、それに関する思いは当事者にしかわかり得ないものだろう。国籍の喪失をどのように捉え、生きていくかも、その人、その家族の意味世界を形成する。それもまさに、「移動とことば」の軸で動くリアリティであろう。

　以上の考察は、「複数言語環境で成長する子ども」の研究において、どのような意味をなすのか。「移動とことば」を視点に母子の語りを分析していくと、第一は、子どもの成長過程に見られる子どもの意識と親の子育て過程に見られる親の意識に動態性が見られるという点である。そして、その意識の動態性は、子どもが大人になっても継続していく。第二は、その意識は、子どもも親も、「移動とことば」にともなう経験とその意味づけによって変化するという点である。第三は、その意識には、子どもも親も、豊かで幸運な思い、喜び、哀しみ、後悔、諦め、義憤など、ポジティブにもネガティブにもなる感情が詰まっている点である。特に、子どもの場合、ことばをめぐる自らの経験と記憶から生まれる「感情」「感覚」「情念」の世界がたちあらわれる（本書の第 7 章）。

　したがって、これらの 3 点が含まれる「移動する家族」「移動する子ども」という意味世界をどのように理解するのかが新たな研究課題として浮かび上がる。本章の事例のように、日本語、タイ語、英語、中国語などによる複言語複文化能力を発揮する「複数言語環境で成長する子ども」の生を、「移動とことば」の視点から見ると、その生の軌跡は常に動態的であることがわかる。その子どもの動態的な複言語複文化能力を、固定的な定住者の評価点、たとえば、日本語の語彙数や学年配当漢字の習熟度、日本国外で親の言語である日本語でどれくらい日記を書いたかといった視点から「評価」することはできないばかりか、ほとんど意味がなくなるだろう。

　「移動が常態である」という視点、そして「移動とことば」というバイフォーカルな視点に立ち、「複数言語環境で成長する子ども」の生を捉えることは、これまでモノリンガルで一国民国家内の固定的な言語教育観に対して問題提起を行うと同時に、「複数言語環境で成長する子ども」を解放し、かつその親の負担を軽減することに繋がるであろう。これこそが、「移動する子ども」学の中心的な研究主題となろう。

第6章

「ことばの力」と「ことばの教育」
——子どもの日本語教育のあり方を問う

問題意識⑥

　複数言語環境で成長する子どもにとって必要な「ことばの力」
とは、どのような力であろうか。多様な言語的背景を持ちつつ日
本で暮らしている、これらの子どもには、学校で使用する日本語
だけを習得させるだけでよいのだろうか。そもそも、「移動する
子ども」学において、子どもたちの「ことば」の課題をどう捉
え、どう考え、実践することが必要なのであろうか。

1. ある小学校のクラスから [1]

　5月のある晴れた日、私は三重県鈴鹿市のある小学校を訪ねた。その学校には、「エスペランサ」という国際教室がある。家庭でスペイン語やポルトガル語など日本語以外の言語を使う子どもたちが、いわゆる日本語の「取り出し指導」を受ける教室である。その日は、5年生の2人と2年生の5人が黒板の前に立って「自己紹介」の練習をしていた。その日指導をしていたのは日本語を教える教員と通訳のできる指導助手の計3人。

　しばらくすると、「さあ、行きましょう」という先生の声に促されて、7人の子どもたちは1年生の教室へ移動した。その教室には1年生の二つのクラスの子どもたちが机を移動させた広い床に座って待っていた。がやがやおしゃべりをしていた子どもたちは、7人の子どもたちが入ってくると正面を向き始めた。7人の子どもたちは黒板の前に立った。先生が「これから、お友だちが自己紹介をするからよく聞いてね」と声をかけると、7人のうち一番背の高い5年生の女子児童が「私は」と最初に自己紹介をした。その自己紹介は日本語とポルトガル語による自己紹介だった。「私は日本語とポルトガル語ができます」という日本語で自己紹介が終わった。次の子どもの自己紹介は日本語とスペイン語だった。自己紹介の最後は「私は日本語とスペイン語ができます」であった。床の上に座っている子どもたちの大半は7人の友だちが話す、日本語とは違う音に圧倒されて目が点になっていた。

　次はクイズの時間。これも日本語とポルトガル語、スペイン語、それに7人の子どもたちが描いた絵をヒントに答える形式だった。このあたりから床に座って聞いていた子どもたちからも答えを言う声が大きくなってきた。

　次は、クラス全体で「ジャンケン大会」。7人の子どもたちは、ポルトガル語とスペイン語のそれぞれの「グー、チョキ、パー」を教え、そのかけ声にあわせて座っていた子どもたちが手をだしてジャンケンをした。最後まで勝った子にはプレゼントが用意されていて、クラス全体がわいわい活気に溢れていた。

1　三重県鈴鹿市立桜島小学校（校長鈴木英文先生）より実践記載の許諾を得た。記して謝意を申し上げる。

　最後に、7人の子どもたちがみんなに日本語で言った。「私たちはポルトガル語とスペイン語ができます。ポルトガル語とスペイン語でわからないことがあったら、私たちに聞いてください」。7人の子どもたちの顔はそれぞれ明るく、晴れ晴れとした表情だった。

　この授業を一緒に見ていた校長先生は、同じ学校の子どもたちが日本語以外の多様な力を持っていることを知ること、そして「取り出し指導を受ける国際教室の授業と在籍クラスの授業は同じ学習であることを、小学校1年生のときから学校全体で知っていくことが大切だ」と語っていた。

　7人の子どもたちは、日本語だけではなく、ポルトガル語とスペイン語で、自己紹介、クイズ、ジャンケンをした。子どもたちにとって家庭で日常的に使うことばと学校で使う日本語を、教室という公的な場所で使用したという体験は、彼らの持つ言語的な多様性が学校の中で「社会的承認」を得る体験となった。そのことを、子どもたちの晴れ晴れとした表情が示していたように、私には思われた。

　ここで考えたいことは、この実践を国際理解教育の例、あるいは外国籍児童の母語教育や母語維持教育の例として考察することではない。このような複数言語を使用する実践が子どもたちの「ことばの力」の育成とどのような関係にあるか、また、それらの実践に関わる実践者の課題は何かという点である。

2. 国語教育と日本語教育の統合と連携の発想

　「ことばの力」の育成という点では、国語教育も日本語教育も同様に関わっている。しかし、両者が育成する「ことばの力」が同じものなのかどうかについての議論はあまり聞かない。

　国立国語研究所でかつて「国語教育と日本語教育の統合」を主題とした研究があった。その研究で甲斐睦朗は、「これからは音声言語教育に力を入れて日本人一人一人が自分の思いや考えを自分の言葉で率直に相手に伝えられる能力を育成する必要がある」、「日本人の言語生活・言語行動を受信型から発信型に大きく転換させる必要がある」、「文学好きな国語科教師の養

成に走りがちな教員養成制度に問題の根本がある」などと問題提起した（甲斐、1997）。甲斐は、国語教育が文学作品の読解や登場人物の気持ちの追究などに偏っているという批判から、「国語教育は、学校教育の基礎としての言語能力の育成、具体的に言えば、他の各教科の基礎としての言葉による思考力、認識力、表現力などを育成することになる」（甲斐、1997: 75）という。他方、日本語教育の目標は「日本語によるコミュニケーション能力の育成に中心が置かれている」のであり、将来、国語教育が日本語教育に統合されると主張した（甲斐、1997）。

　これに対して、細川英雄は、「国語教育と日本語教育の連携」という表現で、言語教育の実質的な中身の議論こそ重要だと指摘する（細川、1999）。細川は、「ことばはコミュニケーションのためにある」ということを前提にして、コミュニケーションとは何かと問いかけ、以下のように言う。

　　　人間の母語能力として不可欠なこととして、母語による思考の中で自分の考えをしっかりまとめ、それをことばの運用のルールにそって、他者ときちんと交換できる能力をあげたい

と「ことばの教育」の目標をあげ、さらに、

　　　言語習得とは、思考と伝達ということばの二面性をコミュニケーションという活動を通してどのように体得するかということであり、ことばの教育の課題とは、母語と第二言語の別を問わず、明確な方法論の位置づけのもとで、そのようなことばの訓練を行うことができるか、ということ
　　　　　　　　　　　　　　　　　　　　　　　　　　（細川、1999: 61）

であると述べる。

　細川が「母語と第二言語の別を問わず」と言っているのは、国語教育か日本語教育かではなく、人とことばの関係を考えたいからであろう。細川は時枝誠記の言語観、すなわち、言語＝言語行為＝言語活動＝言語生活という考えに依拠しつつ、国語教育（母語）も第二言語教育（日本語）も「日本語を

使って自分の内言を十分に表現できるようにすることが目的」であり、した
がって、「言語習得とは、錯綜する、さまざまな場面状況の中で、「私」をど
のように表していくか、という営為」（細川、1999: 65）であるという。

　甲斐は国語教育が日本語教育に統合される方向性を示し、細川は国語教育
も日本語教育も「自分の内言を十分に表現できるようにすること」と述べて
いるが、二人の議論は「日本語」という単一言語使用に関する議論であるこ
とがわかる。果たして、21 世紀の人々の言語使用を単一言語使用観（モノリ
ンガリズム）にもとづいて捉え、言語教育を議論することで十分と言えるだ
ろうか。

3. 複言語能力とは

　20 世紀の最大の特徴のひとつは大量人口移動であった。その結果、人々
の言語使用は以前より増して複雑になった。一人の人間が複数の言語を使用
して生活することは当たり前で、多様な言語能力を発揮してコミュニケー
ションすることが日常化している。その傾向は 21 世紀に入り、ますます顕
著になってきている。

　そのような現実は、言語教育においても如実に現れてきており、複言
語能力や複言語使用に関する議論が活発である。ヨーロッパでは「ヨー
ロッパ言語共通参照枠」（Common European Framework of Reference for
Languages：以下、CEFR）の議論で、一人の人の中に多様な言語能力が混
然とあるという議論がある。たとえば、コスト他（2011）は、今の子どもた
ちは小さい頃から多様な言語や文化と接触するという複言語複文化経験を日
常的にしており、そのため、「複言語複文化能力とは、程度に関わらず複数
言語を知り、程度に関わらず複数文化の経験を持ち、その言語文化資本の全
体を運用する行為者が、言葉でコミュニケーションし文化的に対応する能力
をいう。重要なのは、別々の能力の組み合わせではなく、複雑に入り組ん
だ不均質な寄せ集めの目録としての複合能力ということである」（コスト他、
2011: 252）と述べている。そして、この複言語複文化能力は「複雑で不均質
だとしても全体としてひとつのもの」と捉えられるという。

　したがって、このような視点にたつコスト他（2011）は、単一言語話者の能力を基準とし、二言語話者の言語能力がそれぞれ母語話者レベルに達していないとみる「セミリンガリズム」を強く否定する。と同時に、ある言語に関する「部分的な知識」を「制限的能力」と混同してはいけないと警告する。つまり、「部分的能力」（たとえば、ある言語を読めるが話せない）を持つ複言語話者の言語能力は必然的に相互補完的であり、不均衡で複雑で動的であり、複言語話者は日常的に戦略的なコミュニケーション能力にもとづく実践を行っている。したがって、「部分的能力」は複言語能力を豊かにする部分と考えるべきだと主張する。

　複言語能力をこのように理解すると、前述の CEFR の限界と課題が明らかである。CEFR はその基本的考え方である複言語主義（plurilingualism）について、「その言語や文化を完全に切り離し、心の中に別々の部屋にしまっておくわけではない。むしろそこでは新しいコミュニケーション能力が作り上げられるのである」（欧州評議会、2004: 4）と説明している。しかし、CEFR 自体が「外国語の学習、教授、評価のためのヨーロッパ共通参照枠」と呼ばれるように一つひとつの言語の熟達度が具体的に示され、言語によって何ができるかという「行動」がレベルの目安として示されたために、前述のコスト他（2011）にあったような複言語複文化能力の議論は「共通参照枠」には十分に反映されていない[2]。同様のことが「JF 日本語教育スタンダード」（国際交流基金）にもいえる。複言語複文化能力を「複雑で不均質だとしても全体としてひとつのもの」と捉え、それを捉える枠組みをどのように考えるのかが大きな課題となろう。

4. メトロリンガリズム、トランスランゲージング

　一方、多様な背景を持つ人々が日常生活の中で自らの複言語複文化能力を

2　コスト他（2011）の議論は、CEFR の刊行前の 1997 年当時の議論であったが、この論文を翻訳した姫田麻利子はその論文の冒頭に訳者としてのコメントを寄せ、複言語複文化能力について「広いコンセンサスを急ぐために、CEFR が結局非常に抽象的に簡潔にしか採用しなかった」ため、この論文が定義する複言語複文化能力に帰ることが有効だと解説している。

戦略的なコミュニケーション方略としてどのように実践しているかに関する研究が、近年、社会言語学の中で活発である。その一つがメトロリンガリズム (metrolingualism) である。Pennycook & Otsuji (2015) は、メトロリンガリズムの例として、シドニーの市場や東京のレストランなどで働く多国籍で多様な言語背景の従業員が仕事中に多様な言語を使って取り交わす会話例を紹介している。たとえばレストランで "*Pizza mo two minutes coming*" と発せられるように、日本語、英語、フランス語、イタリア語などの混ざったことばが、相手や作業過程、人工物、場面などの多様な要素の影響を受けつつマルチモーダルに生成されている現実を活写している。メトロリンガリズムとは固定・規範的な言語文化理解とそれを打ち破る動的な理解の相互関係から生まれる言語使用の場 (場＝メトロ：metro)（尾辻、2011）を意味し、このような言語使用の現実 (場) から、ことばを捉え直そうという研究である。

　Pennycook & Otsuji (2015) は、この試みを「下からの多言語主義」(multilingualism from below) と呼ぶが、そのような複数言語使用の現実を歴史的・社会的関係から捉え、それをもとに言語教育のあり方自体を問い直そうというのがトランスランゲージング (translanguaging) である。Garcia & Li Wei (2014) は、ことばを language ではなく、languaging と捉える。つまり、個別言語が言語 (language) としてすでに存在しているのではなく、相手や場面や文脈などの中で再構築され使用されるプロセスとしてことば (languaging) があるという捉え方である。これは人がことばを使用するという現象を説明する捉え方だが、Garcia らは、この視点から複数言語背景のある子どもの言語教育において、複数言語使用による言語習得を論じている。その例として、米国におけるスペイン語を第一言語としている子どもたちがスペイン語も使用しながら第二言語の英語を使用する実践を紹介している。ただし、これがこれまでの二言語教育と異なるのは、L1 と L2 が加算化されると見ないという点である。Garcia らは、これまでの二言語教育を L1 と L2 と分ける単一言語観 (モノリンガリズム) であるとして否定する。また、二言語話者の L1 と L2 が表面的には別々に見えるが言語の共通深層能力 (Common Underlying Proficiency) は相互依存関係にあるとするカミンズの二言語相互依存の仮説も否定する。理由は同じように二言語を別々の

ものとして捉える単一言語観（モノリンガリズム）による捉え方であるから
だ。Garciaらは、複数言語使用者は複数の言語を別々に有しているのでは
なく、言語能力は混然一体となっているといい、それをダイナミック・バイ
リンガリズム、すなわちトランスランゲージングと呼ぶ（図1参照）。

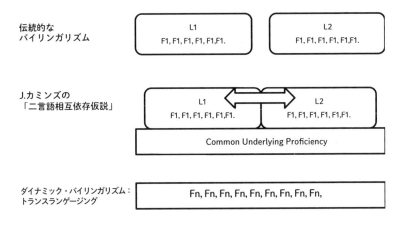

伝統的な
バイリンガリズム

L1
F1, F1, F1, F1, F1,F1.

L2
F1, F1, F1, F1, F1,F1.

J.カミンズの
「二言語相互依存仮説」

L1
F1, F1, F1, F1, F1,F1.

L2
F1, F1, F1, F1, F1,F1.

Common Underlying Proficiency

ダイナミック・バイリンガリズム：
トランスランゲージング

Fn, Fn, Fn, Fn, Fn, Fn, Fn, Fn, Fn,

図1　バイリンガリズムをめぐる捉え方の相違

（Garcia & Li Wei, 2014 より作成）＊ L ＝言語システム、F ＝言語特徴

　複数言語使用者の言語能力が混然一体となっているという捉え方は、米国
に来る移民の子どもたちにホスト社会の英語だけを学ばせるという単一言語
観（モノリンガリズム）による言語教育を強く否定する。代わりに英語も移
民の言語も含む混然一体となった言語能力観にもとづいた複言語教育を実践
することによって、子どもたちの自尊感情が育まれ、その結果、社会にある
言語差別をなくし対等な社会を構築することになるとGarciaらは主張する。
このようなことばの力の捉え方をする複言語教育実践を、トランスランゲー
ジング教育学と呼ぶ。

　ここで重要なのは、複数言語使用者はマルチリンガルでマルチモーダルで
動的な言語使用を行っているという現実（メトロリンガリズム）と、複数言
語使用者（移民の子どもたち）の言語能力は混然一体となっているという捉
え方（トランスランゲージング）は、前述のコスト他（2011）のいう複言語複

文化能力は「複雑で不均質だとしても全体としてひとつのもの」という捉え方に通じるものがあるという点である。

5.「DLA」では子どもの「ことばの力」は把握できない

　言語＝言語行為（時枝、1950）と捉えるなら、また、「ことば」を languaging とマルチリンガルでマルチモーダルで動的な行為と捉えるなら、そして、そこに多様な言語特徴が混在するものと捉えるならば、「日本語」という単一言語がアプリオリに存在するという視点に立った議論はできなくなるだろう。なぜなら「国語教育と日本語教育の統合・連携」という議論は「日本語」という言語の存在を前提とする議論、つまり単一言語使用観（モノリンガリズム）にもとづいた議論だからである。

　「移動する時代」と呼ばれる現代に生きる子どもたちの「ことば」を支える能力が「複雑で不均質だとしても全体としてひとつのもの」という複言語複文化能力と捉えるなら、日本語能力を育成する日本語教育という実践観だけでは十分に対応できないことは明らかだろう。

　子どもの日本語教育では、これまでも、子どもの母語を生かした実践や母語と日本語の相互育成学習などがあった。また近年では、日本の学校で使用する教科書や教材をもとにした基準を設け、子どもの日本語能力を「測定」しようとする方法（たとえば JSL 対話型アセスメント DLA や年少者用 SPOT）が開発されているが、前述の Garcia らの視点に立てば、これらの方法は日本語と母語を別々に捉える単一言語観（モノリンガリズム）にもとづいた実践や研究であるということになる。さらに言えば、これらの実践や研究には前述の複言語複文化能力を育成する視点も発想もほとんどないと言えよう。

　なぜなのか。ここで、子どもの日本語能力を「測定」しようとする「JSL 対話型アセスメント DLA」（以下、DLA）を例に考えてみよう。

　「DLA」は、文部科学省が「外国人児童生徒の日本語能力測定方法」の開発の目的で委託し開発した「対話型アセスメント（Dialogic Language Assessment）」の略称である。この「対話型アセスメント」の基本的な考え

方は、「日本語能力を測定する」ということにあるという。つまり、これは、「測定のツール」であるということである。よって、その「測定の方法」は、あらかじめ設定された「タスク」を子どもがどのように達成できたのか、あるいはできなかったのかを「測定する」方法だと説明される。

　また、この「DLA」の対象となる児童生徒は「日常会話はできるが、教科学習に困難を感じているもの」と限定されている[3]。さらに、「DLA」を使用するときは、「指導者と子どもたちが一対一で向き合うこと」を基本とする。つまり、「DLA」を使用する際の場面が限定されているのである。その理由は、「日本語能力を測定する」ことが目的であるため、「一定の条件を設定」せざるをえないと発想するからである。このような考え方が出てくるのは、「「DLA」は、「学びの力を伸ばすテスト」「学習支援に役立つテスト」をめざしているため、実施方法は、「対話」を重視し、マンツーマン形式で行います」（文部科学省、2014: 9）と説明されるように、基本的に「テスト」だからである。

　「テスト」であるからこそ、「DLA」の実施についての時間も、「子ども一人あたり所要時間は、45〜50分以内」と設定されている。また、名称にもある「対話的」については、次のように説明されている。すなわち、子どもたちの言語能力や思考力等が多様であると説明したあとに「「DLA」の活用方法は「対話型」を基本とします。それは、指導者が子どもたちに向き合う大切な機会（対話重視）であると考えるからです」（文部科学省、2014: 6）と説明されるだけで、なぜ「対話」あるいは「対話重視」なのかは明確に説明されていない。したがって、「DLA」の対話は、テストのための方法論としての「対話型」であって、言語教育の実践において広く言われている「対話」とはまったく異なることがわかる。

　さらに、「「DLA」が測定しようとしている言語能力」は、おおむね「会話の流暢度」「弁別的言語能力」「教科学習言語能力」である」（文部科学省、2014: 7）と説明されている。この言語能力観は、個の能力主義の見方をベースにした、固定的、数量的に設定された部分の集合としての言語能力という

3　これは、すべての JSL 児童生徒を対象にする「JSL バンドスケール」と大きく異なる点である（川上、2020a, 2020b）。

考え方であるということである。

　このように、「DLA」は、目的はもちろん、ことばの捉え方、ことばの力の捉え方、さらには、教育観、実践観は固定的であり、今を生きる子どもの動態性、相互関係性、複合性は視野にまったく入っていないのである。

　つまり、「DLA」が限定的な方法で子どもを見ても、その結果は、教師たちが日々の実践を積み重ねながら子どもの全人的な成長を目指して実施している教育にはまったく役立たないばかりか、「DLA」自体が学校現場の教師の成長や実践力向上にはほとんど役立たないのである。

6.　子どもの「ことばの力」とは何かという議論が進まない理由

　日本語が十分に使えない子どもたちへの日本語教育のあり方を、早く日本語が話せるようにすれば良いという教育実践論へ限定することも危険である。これまでも日本語教育実践に対する批判があった。たとえば「日本語至上主義」批判（日本人に同化するだけの教育という批判）、「母語教育重視」（子どものエスニック・アイデンティティを維持・発展させるために日本語より母語教育を進めるべきだという批判）の考えが示された。両者は日本語教育に対する同根の批判だ。ただし、これらの批判は国籍や言語、エスニシティなどの固定的な枠組みを超えた実践論へ発展しなかった。その原因の一つは、これらの日本語教育批判の実践論に「ことばの力」とは何かという議論や、子どもの生の個別性、動態性、複合性を踏まえた「ことばの教育」をどう構築するかという視点がないからである。また、日本語教育批判を受ける日本語教育側においても、批判を乗り越える議論が少なかった。その点は今なお、子どもの日本語教育の大きな課題なのである。

　さらに、子どもの「ことばの力」とは何かという課題が実践の中で深まらない背景に、「日本語指導が必要な」子どもという視点からの脱却ができていないことがある。その要因の一つが、文部科学省が行う「日本語指導が必要な児童生徒の受入状況等に関する調査」である。この調査で数えられる「日本語指導が必要な児童生徒」は主に「日常会話ができても、学年相当の学習言語が不足し、学習活動への参加に支障が生じており、日本語指導

が必要な児童生徒」と文部科学省の HP で説明されている。学問的にも存在が証明されていない「学習言語」という語[4]を使用している以外にも、調査方法として、「日本語指導が必要かどうか」の判断を曖昧なまま学校現場の教員や管理職に委ねている点に最大の欠陥がある。具体的に言えば、A 校で「日本語指導が必要な」子どもと判断された子どもが、B 校に転校したら「日本語指導が必要な」子どもと判断されないことも起こりうる。さらに、予算の関係で、学校内に「日本語指導が必要な」子どもが多いと、学校側から教育委員会へ「加配」という教員増を求めたり、補助教員の予算を請求したりすることが生じるため、予算に限りがある教員委員会としては学校現場の「日本語指導が必要な」子どもの数を抑えようと働くことがある。ここでも、「日本語指導が必要な」子どもの教育は政治的（財政的）判断により規定されているのである。

　文部科学省が使用する「日本語指導が必要な児童生徒」というタームは、約 30 年間ほとんど変化なく使用されてきた。当初、このタームは、これらの子どもに日本語指導が必要であるという社会的な認識を学校行政や地域に浸透させ、この現象が社会的課題であると考える意識を高めるのに役立った側面はあろう。しかし、同時に、これらの子どもへの「ことばの教育」の議論と実践が日本語の側面だけに限定される結果になったことも否めない。

　これらの子どもの最大の特徴は日本語ができる／できないにあるのではない。むしろ、幼少期より複数言語環境で成長することにある。幼少期より複数言語環境で成長することは、複数言語を通じて他者と繋がる体験／繋がらない体験を日常的に多様に経験することを意味する。そこで育成されるのが、前述のように、欧州で議論されている複言語複文化能力である。この能力観に立てば、人は、大人であれ子どもであれ、多様な言語資源が不均質だが全体としてまとまりのある複合的な能力を有していると捉えることになる。日本語や何語と峻別する言語観ではなく、多様な言語資源から成る複合的なものとして「ことば」と表すと、幼少期より複数言語環境で成長する子どもの複合的な能力を捉えることから子どもの「ことばの教育」が始まると

4　バトラー後藤（2011）は「学習言語」は存在しないと結論づけている。

考えるべきであろう。つまり、これらの子どもの「ことばの教育」は日本語の習得に限定できるものではないのである。

7. 「ことばの力」から「ことばの教育」実践へ

「ことばの力」という課題がなぜ重要かと言えば、言語教育実践を考えるとき、「ことばの力」の視点が外せないからである。換言すれば、実践者の考える「ことば」や「ことばの力」の捉え方が実践のあり方を決定する（川上、2011）からである。実践者が「日本語」を前述の languaging ではなく language と捉え、子どもの「ことばの力」を複言語複文化能力ではなく日本語能力だけと捉えるなら、その実践者の実践は固定的な「日本語能力育成」にだけ集中するだろう。実践者が子どもの「ことばの力」を複言語複文化能力と捉えるなら、当然、実践のあり方は変わるであろう。つまり、今私たちに問われているのは、21 世紀に生きる子どもたちの「ことば」をどう捉えるか、そして「ことばの力」をどう捉えるかという課題である。そのことを探究することが「国語教育と日本語教育の統合・連携」を超える議論へ導くことになろう。

冒頭で紹介した「ある小学校の実践」は、まさにその議論の必要性を私たちに問いかけている。21 世紀に生きる子どもたちの「ことば」と「ことばの力」を私たちがどう捉えるかは、子どもたちが日本社会に生活しながらも複数言語を使用して学び、生きることを、私たちがどう考えるかと直結する。また、子どもたちが複言語複文化能力を持つと考えれば、言語教育実践は単に日本語だけを学ぶことや母語保持・母語維持が目的になるのではなく、子どもたちが自らの「複言語性」（川上編、2013）と向き合い、「複雑で不均質だとしても全体としてひとつのもの」を持つ自己として確立していくことが目的となるであろう。

そのような実践のためには、子どもたちが自ら作成する言語バイオグラフィや言語ポートレート（Busch, 2012）の実践、複数言語使用を視野に入れた言語教育実践（深澤・池上、2018）、「複言語で育つ子ども」を考える大学教育実践（川上、2020e）などがすでに試みられている。

　このような言語教育実践の課題はまさにグローバルな課題であるが、冒頭の小学校の実践から日本の学校現場に限って言えば、今必要なのは、幼少期より複数言語環境で成長する子どもの個別的で動態的で複合的な「ことば」を捉え、総合的な「ことばの教育」を行う専門的な教員を育成し、教育委員会や学校へ配置することである。その専門的教員とは、単に日本語を効率的に教える日本語教師ではなく、子どもが複数言語環境に生きることを理解し、多様な言語資源を活用して日々のコミュニケーション活動を行い、「移動する子ども」という経験と記憶と向き合いながら成長する子どもの生を捉えられる教員をいう。それは、日本語教育と母語教育のような二分法的捉え方や自国民教育の視点を超え、「移動とことば」（川上・三宅・岩崎編、2018）の動態的な世界を生きる複合的なアイデンティティを育てる教育を目指すことを意味する。

第7章

「移動とことば」を昇華する

——温又柔を読む

問題意識⑦

　「移動する子ども」という経験と記憶が「移動する子ども」学の
キーコンセプトであり、「移動する子ども」学の研究主題が当事者
の主観的な意味世界であると考えると、その主題を既成の学問領
域は探究できていたのであろうか。むしろ、既成の学問領域を超
えた世界で、この主題がすでに探究されているように見える。

　「移動する子ども」という経験と記憶が、今を生きる人間の新
たな姿を表現する文学作品として昇華しているように、私には思
われる。次に、その世界に分け入ってみよう。

1. はじめに

　近年、人々の言語使用は以前より増して複雑になっている。一人の人間が複数の言語を使用して生活することは当たり前となり、多様な言語能力を発揮してコミュニケーションすることが日常化している。その傾向は 21 世紀に入り、ますます顕著になってきている。

　端的に言えば、'Superdiversity'（超多様化社会）と呼ばれるポスト構造主義時代の言語状況が生まれてきている（Blommaert, 2010）。その結果、言語を静的かつ固定的なものとして捉えるのではなく、流動化する社会状況の中で動態性や複雑性のあるものとして捉えるという言語研究のパラダイム・シフトの必要性が主張されるようになった（三宅、2016）。したがって、人々の複数言語使用の実態は、人と言語と社会の関係をどう考えたら良いのか、改めて、私たちに問いかけているのだ。

　その中でも、アイデンティティの問題は極めて重要である。三宅（2016: 102）は次のように指摘する。

　　　新たなパラダイムでは、アイデンティティはダイナミックで文脈依存的なものとして捉えられ、固定的なものではなく、行動や実践やコミュニケーションの中で形作られていくものとして扱われる。アイデンティティは交渉可能であり、人生を通じて形作られ変容していくものであるという考えは、グローバル化の中で多くの人が国境を越え移動し、帰属する社会や国が固定されない状況が拡大するにつれ、次第に説得力を増してきている。

　では、言語の動態性や複雑性がどのようにアイデンティティをめぐる問題に関与しているのか。近年の社会言語学では、Metrolingualism、生態学的な Spatial repertoire（Pennycook, & Otsuji, 2015, 尾辻、2016）や Translanguaging（Garcia & Li Wei, 2014）など、相手や場面や目的などの中で相互影響され使用されるプロセスとしての「ことば」の実態が指摘されている。つまり、個別言語が language として存在しているという捉え方では

なく、動態的、相互作用的、複合的なもの（languaging）としてことばを捉えることによって、人と人の間のコミュニケーションのあり様を理解しようという考え方である。そのような意味で、「流動的なプロセスこそ、ことばの本質」であり、「ことばにおける移動」は常に起こっていると見ることができる。

　また人々の複数言語使用の実態について、前章までに見たように、欧州で盛んに議論されている複言語複文化主義の考え方も、ことばとアイデンティティを考えるうえで重要な視点を提供する。これは社会の中に複数の言語文化が並存すると考える多言語多文化主義と異なり、個人の中の複数性を捉える考え方である。たとえば、欧州評議会の委託研究で、コスト他（2011）は、「現代に生きる人々は誰もが幼少期より言語と文化の複数性と融合性に日常的に触れる経験を積んでいる。」「その経験がベースとなった複言語複文化能力は複雑で不均質だが全体としてひとつのものとなって人を形づくっている」と述べる。つまり、一人の人間のもつ複言語複文化能力から他者との間に生じる多様なことばが人の生き方やアイデンティティを形成するという考え方である。このような意味で、現代を生きる人々の「複合的で、動的で不均質が常態という視点」に立ってことばやアイデンティティを捉えることが重要であると言えよう。

　ただし、本章で注目するのは、従来の社会言語学のいう複数言語によるcode-mixing や code-switching、あるいは一人の人の複言語複文化状況の実態を分析記述することではない。むしろ、複数言語環境で育っていく人の複数言語使用や自らの複言語複文化状況に関わる心情面に注目する。その理由は以下の3点による。

　第一は環境である。自らの複数言語環境は自らが生み出した環境ではなく、他者（家族や学校制度など）によって生み出された環境であり、一人の力では変えることが難しい。第二は他者との関係性である。ことばは他者とのやりとりであり、常に他者のまなざしとそれに対応する自らの社会認識、さらに自らへの内省がともなう状況が必然的に発生する。複数言語でやりとりすればそれだけ関係性が多様になり複合的にならざるをえない。第三は位置どりである。社会のもつ社会的・文化的規範や国籍等のアイデンティフィ

ケーションと常に向き合うことを通じて、自分の位置どりを探究せざるをえない。これらの3点は複数言語環境で成長する人の心情に大きく、かつ複雑に、また深く影響し、その人を形づけていくと考えられる。したがって、複数言語環境で育っていく人を理解し、アカデミックなテーマとして議論するためには、複数言語使用の実態把握だけではなく、そこに生きる人の複数言語使用や自らの複言語複文化状況に関わる「感情」「感覚」「情念」の世界に深く分け入ることが不可欠なのである。

　本章は、これらの問題意識から、事例研究として、文学作家の温又柔さんの作品を取り上げる。彼女の作品の分析を通じて、複数言語環境で成長する人の心情とアイデンティティ形成について考察する。最後に、「移動する子ども」という概念を再度、検討する。

2.　温又柔の自己エスノグラフィー──『台湾生まれ　日本語育ち』

　温又柔（Wen Yuju）さんは、台湾人の両親のもと、1980年に台湾・台北で生まれ、3歳のとき家族とともに日本にやってきた。温さんは、小説家、エッセイスト、詩人でもある。2006年、法政大学大学院・国際文化専攻修士課程修了。2009年、小説「好去好来歌」ですばる文学賞佳作を受賞。2011年、『来福の家』（集英社）を刊行。また、彼女のエッセイ、『台湾生まれ　日本語育ち』（2015年、白水社）で、2016年日本エッセイスト・クラブ賞を受賞した。さらに、小説「真ん中の子どもたち」で2017年上期の芥川賞候補作品としてノミネートされた。

　彼女のエッセイ集や小説はどれも「移動する子ども」学のテーマと密接に関係するが、ここでは、まず自伝的エッセイである『台湾生まれ　日本語育ち』を取り上げる。この本の帯に「我住在日語：わたしは日本語に住んでいます」とあるように、幼少期より複数言語環境で成長した子どもが当事者として自らの心情を生き生きと描いているからである。その意味で、当事者による貴重な学術的研究書とも言える。以下に、温さんの幼少期からの当事者としての語りを見てみよう。なお、以下の括弧つきの引用はすべて本書から

である[1]。

2.1 幼少期の移動とことば

温さんは幼少期、台湾語混じりの中国語を話す両親のもとで育つ。

> 「はじめて喋ることを覚えた頃、わたしは台湾にいた。」
> 「—チマァ、ワ・アイ・チャー、餅乾！
> 　（今、わたしは、ビスケットが食べたいの！）
> 　コトバに中国語と台湾語がまざるのは、幼いわたしに話し掛ける大人
> たちが、皆、そんなふうに喋っていたからだ。」　　　　　　　（p. 221）
> 「けれども喋ることを覚えたばかりのわたしは、（中略）聞こえてくるコ
> トバの、どこからが中国語でどこまでが台湾語なのか区別しない。
> 　台湾語かと思えば中国語。中国語かと思えば台湾語。
> 　大人たちが状況に応じて使い分ける話し方を聞こえたとおりに、ただ
> 真似していた。」　　　　　　　　　　　　　　　　　　　　　（p. 223）

温さんは、この頃の自身の言葉は「台湾語混じりの中国語」であったという。周りの大人たちの会話を聞き、言葉を覚えていくのが得意で、「口達者でうるさいわたし」だった。温さんは、台湾の、このような言語環境で幼少期を過ごしたのち、3歳になって、家族とともに東京へ移動する。東京で暮らすときも、家庭では両親の「台湾語混じりの中国語」で育った温さんは、5歳になって幼稚園に行くことになると、「おうちの外（＝幼稚園）で鳴り響いているコトバは、それまでずっと馴染みのあったコトバとは全然異なる響きを持つもの」（p. 10）であることに気づいていく。

> わたしは五歳の年の春、自分の中で定着しつつあった中国語（＋台湾
> 語）とはまったく異なる、日本語という新しいコトバの中に投げ込まれ
> たのです。お喋りだったわたしは、すっかり無口になりました。（p. 11）

1　ここで使用したのは『台湾生まれ　日本語育ち』（白水社、2016）。ページ数は、この版による。

そのような温さんに、両親はテレビで『ドラえもん』など日本のアニメ番組を見せ、日本語を吹き込む。そうすると、

> 半年も経つと、ドラえもんとのび太がしているような会話を、幼稚園の友だちとするようになりました。友だちとの会話に慣れてくると、アニメの中ののび太たちの会話がもっと理解できるようになりました。こんなふうにしてわたしは、音としての日本語をぐんぐん吸収していきました。
>
> (p. 12)

この頃、温さんが考えていたエピソードも秀逸である。

> 「―ゴメンネは自分よりも小さい子、ゴメンは自分と同じ歳の子、そして、ゴメンナサイは先生にむかって言うもの」
> 「中国語では「對不起」と言えば済むところを、日本語では言う相手によって「ごめんね、ごめん、ごめんなさい」と使い分けなければならない―わたしは、おおげさにいえば、日本語のルールというか、秩序といったようなものを会得しつつあったのです。」
>
> (p. 12–13)

　小学校へ入る前の幼少期の子どもは、一般に認知発達の初期段階にあるため、言語を客観的に認識することが難しいと言われるが、温さんは自分のことば、そして相手のことばについて子どもながらに「考察」していたということは、複数言語環境で成長する子どもの認知発達を考えるうえで注目される貴重な事例だ。
　小学校に入学すると温さんは日本語をますます習得していく。特に、書くことに関する記述が興味深い。

> 　小学一年生のときの「あのね帳」を捲ると、こんなふうにある。
> 　―わたしは、きょう、本を、かいました。あと、コーラを、かいました。いもうとと、のみました。おわり。
> 　読点だらけのわたしの作文に「とてもたのしいじかんだったんだね」

と赤いサインペンで寄り添う文字には優しさが滲んでいる。　　（p. 226）

と担任だったＫ先生からの「お返事」が嬉しくて、書くことに夢中になっていったという。さらに、

　　わたし自身は、書くことがただもう楽しかった。そして、文字とは、日本語をあらわすためのものだと信じ込んだ。たとえば、「還在睡覺！キンキャイ」という母のコトバを、誰に言われるでもなく、「まだねてるの、はやくおきて！」と頭の中で置き換える。まるで「翻訳家」のように、母の放つ中国語や台湾語を日本語に「整えて」から、「書く」のだ。おかげで、わたしの文の中にあらわれる母は、本物の母よりずっと日本語が流暢だった。　　（p. 227）

その後、温さんはますます日本語が上達していく。

　　いつしかわたしは、家族といるときも日本語だけで喋るようになっていた。両親から話しかけられるコトバはみんな聞き取れるのだけれど、自分のほうから中国語や台湾語を話す機会はぐっと減った。　　（p. 227）

2.2　ことばについての思い──中国語、台湾語、日本語

　子どもの頃の（そして、今もそのようだが）温さんの母親の言葉は、中国語と台湾語と日本語の混ざる「ママ語」だと温さんは言う。「ママ語」とは以下のような喋り方である。

　　ティアー・リン・レ・講話、キリクァラキリクァラ、ママ、食べれないお菓子。
　　あいもかわらず母は単語と単語の繋ぎ方が「適当」きわまりない。日本語としてはもちろん、中国語としても台湾語としても「非文」というやつである。　　（p. 32）

　温さんは大人になってから母親の言葉について愛情をもって受け入れられるようになるのであるが、まだ子どもであった頃は、母親よりも日本語能力が高くなった温さんは「ママ語」に対して厳しい見方であったようだ。

　　おそらく、中国語や台湾語を次から次へと日本語に置き替えるようになった七歳の頃、きまじめな「翻訳家」がわたしの中で生まれてから、その思い込みは始まった。「書く」ことを覚えて以来、わたしは自分の周囲で飛び交う音という音を、「書く」に値するか否か、さながら「検閲官」のように、判断を下すようになった。日本語ではない部分—わたしの場合、主に中国語と台湾語—は、「和訳」にするか、そうでなければ、「雑音」とみなして、なかったことにする…わたしの中の「検閲官」は、何よりもまず、母のコトバを切り捨ててしまう。　　（pp. 231–232）

つまり、温さんは小学校の頃、日本語だけのモノリンガルな世界へ強く傾斜していったと考えられる。そして、温さんは 13 歳のときから日記を手放せなくなったという。

　　自分が過ごした一日を反復する。「書く」という行為をとおして、わたしは、確かに自分のものであるはずの経験や感情を、より自分のものとして刻み付けていく。当時のわたしの日記に最も頻出した言葉は、「わたし」だ。台湾で育っていたら、わたしの日記に溢れていたのは、「わたし」ではなく、「我（wǒ）」だったはず。しかし、「わたし」と心地よく書き連ねる十四歳や十九歳や二十一歳のわたしは、「我」だらけの自分の日記を想像もしない。　　　　　　　　（pp. 118–119）

　前述のように、温さんは「台湾語混じりの中国語」を聞いて育った。では、日本語以外の台湾語や中国語に対して、温さんはどのように思っているのか。温さんは高校で中国語を学んだ。そのときのことを温さんは、次のように記している。

　自分が、台湾の中国語ではなく中国の中国語を学習している。高校生の頃は、そのことがあまり気にならなかった。同じ中国語じゃないか、と思っていた。その違いが肌身に迫るようになったのは、大学に入ってからだ。　　　　　　　　　　　　　　　　　　　　　　　　　　（p. 39）

　温さんは、大学に入り、さらに中国語学習を継続する。しかし、大学の中国語の授業で温さんは日本人の教員から、温さんの中国語は台湾の中国語であって、「ふつう」の中国語ではないと訂正される。そのときの様子を、温さんは次のように言う。

　　わたしは呆然とした。「ふつう」？　わたしは昔から、その言い方を「ふつう」につかってきたというのに！　わたしは、初めて苦痛を感じた。
　　──大学生になったらもっとがんばって中国語がぺらぺらになろう。
　　実際は逆だった。大学生になったわたしは、次第に中国語を喋ることに対して身構えるようになっていた。　　　　　　　　　　　　（p. 42）

　温さんは中国語の言い方だけではなく、発音にも自信を失っていく。授業で教えられる北京語と比べ、温さんの中国語には「南方の訛りがある」と思うようになった。

　　十九歳のわたしは、ただ打ちのめされていた。
　　（わたしの中国語はふつうではない？）
　　自分の言葉は「ふつう」ではないかもしれない。いびつななつかしさがこみあげてくる。「幼稚園」のことを「ガッコウ」と言って相手に理解されなかったこと、「今度」と言うつもりで「ミライ」と言って周囲に通じなかったこと…。幼稚園の砂場で、どの日本語なら口にしてもいいのか混乱していた五歳のときと同じように、十九歳のわたしは大学の中国語の授業で、どの中国語なら「正しい」のだろうかと緊張していたのである。　　　　　　　　　　　　　　　　　　　（pp. 43–44）

実は、温さんは小学校3年生のときに家族と一緒に台湾に帰省したことがあった。そのころの温さんはひらがなやカタカナを完璧に身につけ、漢字も増えつつあり、日本語が自分の中の中心に「居座る」状態だった。台湾で、いとこたちと遊んでいるときのことだった。

> いとこたちと遊んでいたら、わたしだけうまく舌が廻らないのだ。中国語しか話さないいとこたちは、いつもの調子で、ぽんぽんとやりとりしている。目の前で交わされる彼らの会話は、ちゃんと理解できた。ただ即座には反応ができない。日本語が先に浮かんできて、言いたいことがすぐには中国語にならないのだ。小さかった頃と比べて、台湾でのわたしの口数はぐんと少なくなった。　　　　　　　　　　　　（pp. 97–98）

そんなとき、遊んでいた従妹の友だちが温さんを不思議そうに見てから言った。

> ―國語、她聽得懂嗎？
> （中国語、この子わかってんの？）　　　　　　　　　　　　　　　（p. 98）

それを聞いた温さんは、次のように思う。

> わたしは動揺した。昔は、年上のいとこを言い負かすほどじょうずに中国語が話せたのに。そんなことを、しかも年下の女の子に言われてしまうなんて。屈辱感がふつふつとこみあげてくる。
> （あんたの言ってることぐらい、あたしは全部聞き取れるんだから！）
> けれども、とっさにそれを中国語で組み立てることができない。わたしは、従妹の友だちを無言で見つめるしかなかった。　　　　　（p. 98）

幼少期の温さんは、中国語、台湾語を使って、いとこたちと遊んでいた。それが小学校3年生で、中国語よりも日本語が先に頭に浮かぶようになり、さらに、大学生になった温さんが台湾に帰省し、いとこたちと会うと、次の

ような感情を抱く。

　　年上のいとこたちと向き合うとき、「退化」してしまった中国語を使
　うことが、余計にせつなく思えた。彼らは皆、中国語や台湾語でぺらぺ
　ら喋っていた頃のわたしを覚えているはずなのだから。　　　　（p. 99）

　一方、日本語についての思いも、変化していく。23歳のとき、突然、日本
語の日記が書けなくなったという。その理由を、温さんは次のように言う。

　　十年以上、ほぼ毎日、あたかも「生まれながらの自分の言葉」である
　かのように、自由自在に操っていた日本語が、ふと「外国語」のように
　感じられた。いや、逆だ。何故「外国人」であるはずの自分は、すらす
　らと日本語を書いているのだろう、と思ったのだ。その日を境にわたし
　は、日本人のふりをしながら、日本語を書くことができなくなった。
　「書く」ことに限定すれば、それは、その言語は、わたしにとって、
　たった一つの、自在に操ることが可能な言語である。けれども、日本語
　が、日本語だけが、わたしの言語なのだろうか？　たとえば、わたし、
　をあらわすのは、わたしの場合、日本語だけで本当に可能なのか？
　　　　　　　　　　　　　　　　　　　　　　　　　　　　　（p. 119）

2.3　ことばとアイデンティティ

　温さんは、これまで中国語、台湾語、日本語を使いながら、様々な場面
で、自分のアイデンティティについて考えてきた。たとえば、「台湾総統選
挙」のときに、温さんは台湾へ行き、考える。

　　台湾に住んでいないわたしが、中華民国籍所持者というだけで台湾
　の総統を選ぶ権利を持っているのは、本当に「正しい」ことなのだろう
　か、と。　　　　　　　　　　　　　　　　　　　　　　　　（p. 66）

また、温さんは、都内の小中学校で中国語圏から来た子どもに日本語支援を

する先生をしたことがあった。そのとき中国語を話す子どもから「おんせんせいの中国語はじょうずじゃない」と言われ、「わたしは中国語をがんばるから、あなたも日本語をがんばって」と返事をしたそうだ。「子どもたちは自分より子どもっぽいわたしの中国語を面白がる」。

　一方で、そんな子どもの中に、いわゆる中国帰国者の孫がいた。血統的には日本人に近い子どもが中国語を話し、血統的には台湾人なのに日本人に近い温さんは、

　　　日本人とは、だれのことのなのか？　　日本語はだれのものなのか？

　　　　　　　　　　　　　　　　　　　　　　　　　　　　　　　　　　　　（p. 124）

と問いかける。

　温さんは「日本語は日本人だけのものなのだと錯覚してもおかしくない状況」の中で、自分のニホンゴを模索する日々を送る。そして、自分を「日本語を書く新しい台湾人だ」と捉えるようになる。

　しかし、「日本語＝国語＝日本人」という呪縛から逃れられない。そのとき、温さんは次のように思う。

　　　いつも身近にあった中国語と台湾語の響きを自分の文章の中に織り込もうと決めたとき、ようやくわたしのニホンゴは「国語」の呪縛から解き放たれたのだと思う。

　　　　　　　　　　　　　　　　　　　　　　　　　　　　　　　　　　　　（p. 219）

そして温さんは決意する。「わたしは、日本語を書く新しい台湾人だ」。そして、温さんはさらに思う。

　　　自分がこれから書き継ぐニホンゴには、わたしにつらなるまでの台湾人たちの「母語」が織り込まれていくと確信している。
　　　──ワ・エ・ツゥ・シ・リップンウェ。
　　　（わたしは日本語に住んでいます）
　　　記憶に向かって、わたしは耳を傾ける。もう二度と、聴こえないふり

をしない。わたしの住処には、ずっと昔、日本がやってくるよりももっと前から台湾で奏でられてきた言語も鳴っている。　　　　　　　　　（p. 220）

　温さんの曾祖父母の世代は福建省南部で話されていた台湾語を使用していたが、祖父母の世代で 1910 年代に台湾で生まれた人々は日本の統治下で日本語による教育を受けた。しかし蒋介石率いる国民党政府が台北に中華民国の臨時政府を置いたときから、中国語が「國語」となり、温さんの父母の世代はその中国語で教育を受けた。温さんは、そのような母について、次のエピソードを語る。

　　　―國語、しゃべらないと、先生ぶつ。
　　　母は、ぶつ、の代わりに、パーと言うときもあったし、打（dǎ）と言ったこともあった。
　　　パーは台湾語、打（dǎ）は中国語。だから母は少なくとも三回はわたしにその話を聞かせたことになる。　　　　　　　　　　　　　　　　　（p. 186）

中華民国の国民教育として「國語」となる中国語が叩き込まれたのだ。

　　　その事実を意識すればするほど、わたしは中国語を自分のもう一つの「母国語」というのをためらう。国家によって鞭打たれながら習得せざるを得なかった言語を、人は「母国語」と呼べるだろうか？
　　　　　　　　　　　　　　　　　　　　　　　　　　　　　（pp. 186–187）

と温さんは言う。「移動する家族」（本書の第 3 章）には、ことばに家族の歴史が重なるのだ。

2.4　記憶と生き方
　温さんの著書『台湾生まれ　日本語育ち』（2015）は、「移動する子ども」学において、どのような意味があるかについて考えてみたい。
　第一は、この書で詳細に記述されている温さんの思い出やそれにまつわる

感情や考えには、幼少期より複数言語環境で成長し、言語間、空間、言語教育カテゴリー間を移動した子どもにとって重要な意味のある記憶が刻まれているという点である。自分の過去の体験や思い出、そのときの感情や思いを、後から振り返って考え、自分の中に「意味ある経験」として記憶に残していく作業がこの書の全体に流れている。

　第二は、その幼少期より複数言語環境で成長したという体験への意味づけが成長過程で変化していくという点である。さらに言えば、それは家庭だけではなく、社会的な文脈において、たとえば、学校、中国語（北京語）学習、台湾訪問などの社会的な場面で、温さんの年齢や考え方に応じて変化していくという点である。その典型が、「ママ語」への考えや、自分の中国語や台湾語への省察である。つまり、言語間、空間、言語教育カテゴリー間を移動したという記憶には、動態性があるということである。

　第三は、温さん自身がことばを複合的なものとして捉えている点である。人格心理学でいう、幼少期の言語によって形成される「言語自己感」（大山、2015）が成長にともなって、変容していくように、温さん自身がことばの捉え方が変化していく。「ママ語」に対する温さんの気持ちの変化も、その例である。母親のコトバは常に、中国語、台湾語、日本語が混ざっているという。日本語以外は雑音とみなしていた温さんは、「今では、母や祖母のコトバを雑音とみなすのではなく、むしろ、ほかでもない自分の日本語の一部として織り込むことを楽しんでいる」と述べる。この書には、母親の発言が随所に出てくるが、ところどころに、「実際は、中国語、台湾語、日本語が入り乱れていますが、便宜上、日本語に統一しています」と注を入れている。

　さらに、温さん自身、カタカナや漢字を織り交ぜた文章を書く。

　　　カタカナやピンイン、そして簡体字や繁体字といった中国語の漢字を織り交ぜた文章は、少なくとも書いている本人であるわたしにとって、最も自然なニホン語なのだ。　　　　　　　　　　　　　　　　（p. 25）

この「ママ語」も温さんの文章作成も、metrolingualism（Pennycook & Otsuji, 2015）の観点から見れば、至極自然な言語使用であると言える。ま

た、温さんは、ことば自体の捉え方について、次のように言う。

　　そもそも、中国語と台湾語と日本語と、ひとつずつ数える必要はない
　のかもしれない。三つの母語がある、というより、ひとつの母語の中に
　三つの言語が響き合っている、としたほうが、自分の言語的現実をぴた
　りと言い表わせるのではないか。考えてみればわたしは、中国語や台湾
　語を外国語として、というよりは、自分のニホンゴの一部のように感じ
　ている。わたしはもう、母たちの声を「和訳」しない。むしろ、記憶に
　向かって耳を凝らし、日本語として発せられたのではない音をたぐりよ
　せる。　　　　　　　　　　　　　　　　　　　　　　　　　　（p. 234）

　これは、人の中にある多様な言語能力が「複雑で不均質だとしても全体と
してひとつのもの」と捉えられる複言語複文化能力（コスト他、2011）であ
り、その言語使用は常に動態的であり、その実態は translanguaging（Garcia
& Li Wei, 2014）の考え方で捉えることができる。
　第四は、自分の使用することばに歴史性を感じる点である。温さんは自分
の使用する中国語について、次のように言う。

　　中国人には「南っぽいね」とからかわれ、台湾人には「日本人っぽい
　よ」と笑われ、中国語が堪能な日本人には「でたらめだなあ」と苦笑さ
　れる自分の中国語を、わたしはとても自慢に思っている。なぜならわた
　しの中国語には、台湾で生まれて日本で育った自分の時間が刻まれてい
　ると思うから。わたしに限ったことではないだろう。言葉とは、もとも
　とそういうものなのだ。　　　　　　　　　　　　　　　　　　（p. 38）

台湾・馬祖で開催された日本・台湾・タイの 3 ヵ国合同映像ワークショップ
で小説家として日本語と中国語を織り交ぜてスピーチをしたとき、温さんは
思う。

　　これがわたしのコトバだ。いや、このコトバがわたしなのだ。

　　台湾人なのに中国語ができない。日本語しかできないのに日本人では
　　ない。

　　ずっと、それをどこかで恥じていた。けれども、そうであるからこ
　　そ、わたしはわたしのコトバと出会うことができた。　　　　（p. 176）

　このように、人のことばにはその人やその家族の歴史が刻まれているのである。
　第五は、このような複言語複文化能力が人の生き方に影響していくという
点である。温さんの場合は、小説を書くことを生業としていく。「わたしは、
日本語を書く新しい台湾人だ」と思うと同時に、「台湾人でありながら日本
人でいたい」と思う。そして、温さんは自分の記憶から生まれる物語を、
「わたしの回想の仕方次第で、それは異なる物語になり得ることを示すかの
ように」感じ、小説を書くという方法にゆだねていく。だからこそ、「わた
しは小説を書いていたというよりは、自分が経験したことを、自分ではない
だれかに生き直してもらうために、小説という形式を借りていた気もする。」
　「わたしは、日本語を書く新しい台湾人だ」と思うからこそ、「文学が証明
しようのない複数の真実に光を照らすものである限り、わたしもまた文学な
しではいられない」（p. 219）と小説家としての思いを綴る。
　温又柔著『台湾生まれ　日本語育ち』（2015）は、まさに言語間、空間、言
語教育カテゴリー間を移動した子どもの記憶とその生き方についての自己エ
スノグラフィックな「学術的研究書」なのである。

3.　温又柔の小説世界 ──『来福の家』

　温又柔さんの小説の中にも、前述の移動の記憶が色濃く反映している。
『来福の家』（白水社、Ｕブックス）は、2011 年に集英社から刊行された同名
の書籍を、2016 年に白水社が新書版として復刊した温さんの小説集である。
『来福の家』には 2 作品が収録されている。その一つが「好去好来歌」。この
作品は温さんの文学界デビュー作で 2009 年の第 33 回すばる文学賞佳作を
受賞した作品だ。この書に収録されているもう一つの小説が「来福の家」で
ある。この小説のタイトルがこの書の書名にもなっているように、この作品

も、温さんにとって重要な作品と言えよう。実際、「あとがき」で「本書に収められた二つの小説は、私の原点であり源泉です」と温さんは明言している。

　私は文学評論家ではないので、この作品の文学的価値を論じることはできない。ここで私が論じたいのは、むしろ、エッセイ集『台湾生まれ 日本語育ち』と同様に、この書のもつ、学術的意味である。以下、二つの作品で描かれている登場人物の心情や出来事を、幼少期より複数言語環境で成長する子どもの視点から見てみよう。なお、以下の括弧つきの引用はすべてこの書からである[2]。

3.1　「好去好来歌」

　この作品は、「中華民國」のパスポートを持つ台湾人の両親から生まれた縁珠（えんじゅ）という名の18歳の女子学生を主人公とする。縁珠は台湾で生まれ、幼少期に東京へ移住した設定になっている。

　物語は、縁珠と縁珠の母、縁珠の彼氏の麦生（むぎお）を中心に展開するが、物語の場面やエピソードには、幼少期に複数言語環境で成長した著者の経験が随所に反映しているように見える。たとえば、縁珠が両親と行った東京の入国管理局の様子、縁珠が高校生のときに大学で開かれた中国語の授業に参加したときの風景、縁珠が中学生のときに英語の授業で名前の英語表記がパスポートの英語表記と異なることに気づいたシーン、幼少期に海外で過ごしたクラスメイトからパスポートを見せてもらったときに縁珠が動悸を覚えたシーン、中国語を学ぶ麦生が縁珠の家で餃子を食べるシーン、縁珠の母が縁珠の結婚について述べるシーンなど、どれもが日本語、中国語、台湾語、またその発音や文字、日本人、中国人、台湾人などの既成の枠組みに揺れる、主人公の縁珠の心情がリアリティをもって表現されている。日本語と中国語と台湾語がひしめき合う母の言葉の奥底にある思いに気づき、縁珠が「わたしと大事な話がしたいのなら、ちゃんと日本語で話してよ」と言う台詞や、麦生が習いたての中国語で縁珠の母に話しかけるときに、縁珠が「日本人のくせに、どうして中国語を喋るの？」と言い放つ台詞、麦生の本名について「（タナカ

2　ここで使用したのは『来福の家』（白水社、2016）。ページ数はこの版による。

ダイスケ！）なんという平凡な日本語なのだろう、と思った」という縁珠の言葉などは、その例であろう。

　さらに、この物語に台湾に住む曾祖父母、祖父母や台湾の風習が家族の歴史を語るように綴られている。日本の植民地時代を経験した祖父母の日本語や、縁珠が小学生の頃だんだん日本語しか話さなくなった時「さあ、今から「中国語」を話そうか？」と中国語を維持しようとした縁珠の父の言葉など、言葉に関連する描写も多い。

　温さんは、「わたしは小説を書いていたというよりは、自分が経験したことを、自分ではないだれかに生き直してもらうために、小説という形式を借りていた気もする」（『台湾生まれ　日本語育ち』、2015）と述べるように、自分の経験と向き合いながら、小説を紡ぎ出しているということである。そうであれば、この作品にも、温さんの経験が色濃く映し出されていると解釈できよう。

3.2　「来福の家」

　この作品は、台湾人の両親のもと日本で生まれた許笑笑（キョ・ショウショウ）という22歳の女性が主人公である。大学を卒業してから、中国語専門学校に入るところから物語が始まる。この物語も、随所に、著者の経験をもとにしたと思われるエピソードが挿入されている。

　たとえば、主人公が幼稚園の頃、砂場で日本人の友だちに「実は、あたしにはもうひとつの名前があるのよ」と中国語名を打ち明ける。その頃、笑笑は家族から「えむ」から「エミ」と呼ばれていた。ただ、このエピソードに、中国語名のカタカナ表記音について「シュイ・シャオシャオ、あるいはスゥイ・シアオシアオ」がよいのだろうかと迷いを書く。また、笑笑の6歳上の姉、歓歓（カンカン）は大学で中国語学科を卒業して、日本語教師養成学校に通っているが、その姉の名前についても、「シュイ・ファンファン、それともスゥイ・フアンフアン」という表記の話が絡む（p. 166）。

　また、中国語のできる姉が日本語教師として、中国から来日して間もない莉莉（リリ）ちゃんという小学校5年生の女の子に日本語を教えにいくエピソードもある。「許先生が来ると、莉莉の表情が明るくなるんです。」「莉莉は、ふだ

ん、ことばがわからない中、必死にがんばっているんです。だから許先生
も、日本語を教える、というよりは、中国語でたくさん莉莉の話を聞いてあ
げてください。それが、莉莉にとって次もがんばろうって力になるんですか
ら…。」と担任の声を載せている（pp. 169–170）。ここにも、「移動せざるを
えなかった」子どもの心情とそれを支える大人のやりとりが示されている。

　他には、入学に必要な書類として住民票を取るのか外国人登録証明書が必
要なのか、中国の中国語と台湾の中国語の発音や漢字の違い、中国や台湾で
は婚姻による改姓は義務付けられていないことと日本では婚姻によって片方
の姓に改める義務があることなどがエピソードとして挿入され、物語は展開
していく。

　これらのエピソードも、『台湾生まれ 日本語育ち』（温、2015）を合わせて
読むと、温さんの経験と結びついていることが窺われる。

3.3　考察 ── 温又柔が描く意味世界

　この二つの作品の文学的な価値やストーリー性をここで論じることはしな
い。むしろ、私が注目するのは、温さんが作品の中で構築する、「自分が経
験したことを、自分ではないだれかに生き直してもらう」意味世界である。
その世界というのは、温さんが『台湾生まれ 日本語育ち』（温、2015）で、
「文学が証明しようのない複数の真実に光を照らすものである限り、わたし
もまた文学なしではいられない」と述べるように、「証明しようのない複数
の真実」の世界なのである。なぜ「証明しようもない」のかと言えば、この
「世界」は、これまでアカデミズムにおいても議論されてこなかった世界だ
からである。

　その世界は、「好去好来歌」の縁珠が自分の日本語、台湾語、中国語につ
いて、また日本人、台湾人、中国人について思う意識の世界であり、「来福
の家」の笑笑が「わたしにとっての中国語は文字のないことばだった。響き
そのもの、といってもよかった」と語り、姉の歓歓が、「日本語は、歓歓に
とっては母国語のようなものですから」と語る感情の世界である。その世界
は、「チョコレートと巧克力」「牛乳と牛奶」というように、日本語と中国語
の音から「どちらが美味しそうと思うか」という感覚的な世界でもある。そ

して、「来福の家」の最後に、「わたしたちからみたら、自分はたまたま台湾人であるというだけで、それは、日本人が偶然日本人であるのと変わらないのだ」と述べ、同時に、「かんかん、も、しょうしょう、も、すごく素敵な響きなんだもの。そういった姉の瞳がしっとり潤んでいた。そうね、わたしはいう。ほんとうにそうよ、おねえちゃん、かんかん、も、しょうしょう、も最高の名前よ」(p. 268) と述べる、この感情の奥底、情念とも呼べる世界なのである。

温さんは、この二つの作品について「あとがき」で次のように述べている。

> 言葉を知らなかった頃の記憶を出発点に、小説を書いてみたい。赤ん坊だった自分の周囲にあふれる音のざわめき、大人たちが交わしあう声のリズムと抑揚。言語を言語と認識する以前の、ありとあらゆる言語が私の「母国語」となり得る可能性を持っていた幸福な無文字時代の記憶を書くところから、小説を始めたい…(Uブックス版あとがき、p. 271)

幼少期から複数言語環境で成長する子どもたちにとって、ことばをめぐる自らの経験と記憶から生まれる「感情」「感覚」「情念」の世界でどのように生きていくか。それが、小説の主題となることを、温さんはこれらの作品で示したと言えよう。同時に、私が思うのは、「移動する子ども」という記憶による世界は、この書の描く「感情」「感覚」「情念」の世界であり、その中で「移動する子ども」という記憶と自らの生にどう向き合っていくのかという課題は、アカデミズムの重要な研究テーマであるという点である。

幼少期より複数言語環境で成長する子どもにとって重要な課題は、語彙や作文力の量的調査ではわからない世界にあるということである。バイリンガルの子どもをいかに作るかということだけを目標にするような研究は、この書の縁珠や笑笑、歓歓の前ではなんら意味をなさない。この書は、まさに、21世紀に必要な「移動する子ども」をめぐる学術的「研究成果」として高く評価できる作品である。

4.「移動する子ども」という記憶

　幼少期より複数言語環境に暮らす子どもは、自分の外部の環境にある言語状況や言語景観、生態学的な環境と、自分の中にある複言語複文化能力と常に結びつけながらコミュニケーションをとる体験をしている。場面や相手に応じた複数言語によるやりとりは、ときには他者と繋がり、ときには他者と繋がらない体験である。つまり、他者との接触体験には子どもの持つ複言語複文化能力が深く関わっており、その能力によってコミュニケーションが成功したり不成功に終わったりするのである。あるいは、異なる背景を持つ他者との接触体験により、子どもの複言語複文化能力が鍛えられると言ってもよい。いずれにせよ、子どもにとって複数言語に関わる体験はときに楽しい体験であり、ときに苦しく辛い体験にもなる。さらに、複数言語を使用して他者と繋がったり、繋がらなかった体験には、他者からのまなざしが常にともなうゆえに、その体験は、自らが他者をまなざし、そして自己を振り返る機会にもなる。そのような機会を日常的に繰り返し持ちながら、子どもは成長していく点に、私たちは十分に留意する必要がある。

　なぜなら、このような複数言語使用による体験は、自己アイデンティティの形成に影響を与えるからである。ここでいうアイデンティティとは、前述の「自分が思うことと他者が思うことによって形成される意識」(川上編、2010) のことである。

　「複数言語を使用して他者と繋がったり、繋がらなかった体験」を自分の中で意味づけ、そして自分の人生の経験として位置づけていくということは必ずしも容易なことではない。生活の中の出来事によって、幼少期のある固定化された記憶が思い出され、その記憶によって不安が生まれ、その記憶の意味を再度振り返ることによって再固定化されるという記憶のメカニズム (井ノ口、2013) を踏まえると、幼少期の記憶を振り返るという作業は、ときに苦しく、不安をともなう作業でもある。当然、楽しい体験が思い出され、ポジティブに捉えられることもあるだろうが、いずれも、自己の生きざまと向き合う作業を通じて、自己のアイデンティティのありかを探さなければならない。

　幼少期より複数言語環境で成長するという記憶がなぜ不安を生み出すかといえば、その理由のひとつは、社会が持つ規範性に照らして、自らの位置づけが不安定になる場合があるからである。前述の温さんのケースはその一例である。

　また、日本人の両親を持つ子どもが海外で成長し、大学生となってから日本の大学に通う場合、外見は日本人に見えるのに日本語に「外国人訛り」があるとか、漢字が書けないことなどから、周りから「日本人なのに、どうして？」と訝しく見られたりすることがある。このとき、その大学生は自分が日本人なのかと思い悩んだり、日本に居場所がないと感じたりする。同様に、国際結婚した両親のもと日本で育った子どもが大人になってから親の祖国に行ったとき、その国の言語が十分に使用できず自分の言語能力に不安を感じたりすることがある[3]。

　このような体験と向き合い、自分自身の生き方を模索するとき、常に直面するのが、ひとつの国民国家はひとつの言語文化で成立しているといった社会的な規範意識である。それは他者が持つ規範意識であり、同時に自己が持つ（持ちたい）規範意識でもある。まさに、「想像の規範性」の影響下にあって、自己のアイデンティティを形成しようと働くのである。

　社会学者の塩原良和はキャンベラの日本人エスニックスクールの実践を踏まえた研究（塩原、2003）の中で、エスニックスクールで教えられる日本文化の「エッセンシャルな記憶」がオーストラリアで生きる子どもの将来の「ハイブリッドな記憶」となっていくという見通しを示し、多文化主義の再定義を提起した。それを踏まえれば、「エッセンシャルな記憶」が子どもに与える影響、その記憶が子どもにとっての「ハイブリッドな記憶」となり「ハイブリッド性の再生産」となるメカニズムを、塩原が言うように、慎重に検討する必要があるだろう。

　塩原の研究で優れている点は、海外の日本人エスニックスクールで学ぶ子どもの「エッセンシャルな記憶」「ハイブリッドな記憶」という記憶に注目した点である。ただし、日本人エスニックスクールで「エッセンシャルな記

3　詳しくは、川上編（2010）。

憶」を再生産するのは「日本人の大人たち」であり、その大人たちが持つ本質主義的な「エッセンシャルな記憶」が子どもに教えられるとした着眼点に研究範囲の限界がある。つまり、前述の移動とことばと記憶の関係の視点が欠如しているからである。

5. 「移動する子ども」学の射程

　ここで、改めて、「移動する子ども」という記憶について考えてみよう。

　幼少期より複数言語環境で成長する子どもにとっての移動は、「言語間の移動」「空間の移動」「言語教育カテゴリー間の移動」を含み、その中で、複言語複文化能力による、動態的、相互作用的、複合的な他者との交流体験が子どもにとって「意味のある経験」として「記憶」に残っていく（川上編、2013）。ここでは、このような幼少期より複数言語環境で成長した人にとっての「意味のある経験」、そして「記憶」を「移動する子ども」と呼ぶ。

　このような意味の「移動する子ども」という経験は、けっして成長期だけに見られる現象ではない。子どもが大人となって社会で活躍していく過程でも、複数言語を使用する場面に遭遇したり、自分と同様の経験を持つ人と出会ったりする中で、幼少期から体験してきた複数言語に関わる記憶が呼び戻され、それらの記憶が新たな「経験」として意味づけられたりするからである。前述の温さんの事例はその一例である。人が幼少期からの記憶を大人になってから新たな記憶として読み替え、再固定化をすることが継続するのである。

　つまり、「移動する子ども」という経験は、「移動する子ども」という記憶として、その人の中に蓄積されていくことになり、人のアイデンティティを形成し、再構築してくことに繋がるのである。

　ただし、その記憶が固定的なものかと言えば、そうではない。たとえば、グローバルな社会現象や国際関係の変化、観光やメディア、国際犯罪等によって、言語に対する社会的な評価や、その言語を使用する人々や国に対するイメージが変化したりすることがある。たとえば、温さんの例で言えば、日本と台湾の関係や、台湾と中国の関係、震災の際の台湾からの支援などに

よっても、複言語複文化的体験は新たな意味へ変化していくだろう。

　さらに、そのような人が壮年期、高齢期を過ごしていくうちに、生活や仕事のうえで複数言語使用の頻度や、使用言語と不使用言語のバランスが変化していくこともあろう。出生地の地域や国を離れ、出生地とは異なる地域や国で高齢期を迎えることはけっして珍しいことではない。そのようなライフコースの中で、「移動する子ども」という経験の意味づけも変化し、新たな「移動する子ども」という記憶となり、人のアイデンティティや生き方に影響し続けていくのである。

　では、このような「移動する子ども」という記憶は人のアイデンティティや人生において、また現代社会において、どのような意味があるのか。近年のグローバルな移動の現代に、このような意味の「移動する子ども」という経験そして記憶を持つ人々が急増している。つまり、誰もが「移動する子ども」となる 21 世紀を生きる人の研究は、「人種」「民族」「国籍」「エスニシティ」「言語」などの 20 世紀の概念では捉えきれない新たなステージへ向かっているのである。それゆえ、「移動する子ども」は、21 世紀を生きる人の研究における、主観的意味世界を探究する新しい学問領域を開拓する分析概念となりうるのである。

　その意味で、「移動する子ども」という記憶の研究とその実践研究である「移動する子ども」学は、親の言語の継承語教育の枠を超えて、移動する時代の人の生のあり様を考える重要な、そして広い研究領域を提案する。この研究は、21 世紀の海外においても、日本においても、必要かつ必然の学問領域であり、そのことを通じて、世界各地の複数言語環境で学ぶ子どもたちとその親、支援者と連携していく可能性が生まれるのである。

第8章

モバイル・ライブズを生きる

——岩城けいの物語世界を読む

問題意識⑧

　複数言語環境で成長する子どもは、日本だけではない。日本から海外へ移動する人々もいる。「移動する子ども」という経験と記憶は、日本でも海外でも同じなのだろうか。その「移動する家族」を子どもの視点から描いた小説がある。「移動する子ども」学の学術的研究に先立って創作された文学的研究を、「移動する子ども」学の視点から読み解いてみよう。

1. はじめに

　「移動する子ども」は、子どもが幼少期より複数言語環境で成長する経験と記憶というフィールドと言い換えることができる。このフィールドの探究に、「移動とことば」というバイフォーカル（bifocal）な視点は欠かせない（川上、2018a）。ただし、このフィールドのアカデミックな研究はまだ緒についたばかりである。

　しかし、この「子どもが幼少期より複数言語環境で成長する経験と記憶」は、すでに文学で探究され、表現されている。この章では、岩城けいさんのいくつかの作品を研究対象として、「移動する子ども」について考えてみたい。

　はじめに、本章で検討する文学作家、岩城けいさんについて述べておこう。岩城けいさんは、現在、オーストラリアに在住している日本人作家である。大阪生まれだが、若いときに英語を学ぶために渡豪し、そこで出会った日本人男性と結婚し、二人の子どもを育てながら、すでに25年以上、オーストラリアで暮らしている。複数言語環境で、家族とともに暮らす中で、創作活動を続けている。彼女によると、家庭内では日本語を使用しているが、子どもたちはローカルな学校へ通い、当然ながら、英語で教育を受けているという。また、子どもたちが小さかった時は、夏休みなどに子どもたちを連れて日本へ一時帰国することもあった[1]。

　このように日常的に移動する生活経験をもとに、岩城さんは、想像の世界を構築していく。岩城さんは移民女性を主人公にした『さようなら、オレンジ』（2013）で太宰治賞と大江健三郎賞を受賞した後、子どもを主人公にした作品を続けて発表している。その一つが、『Masato』（2015）である。さらに、『ジャパン・トリップ』（2017）、『Matt』（2018）と続く。

　『Masato』（2015）は突然日本からオーストラリアへ家族とともに移動した小学生の Masato を主人公にした作品である。『ジャパン・トリップ』（2017）は、オーストラリアから日本にやってきたオーストラリアの子どもたちが、日本人家庭にホームステイするストーリーである。『Matt』（2018）は、Masato がハイスクールに進学した後のストーリーである。本章では、これ

1　2019 年 12 月 26 日、早稲田大学で行われた「早稲田こども日本語研究会」での対談より。

らの作品で描かれた世界が、なぜ「移動する子ども」学の対象となるかを考えてみたい。

2.「移動させられた子」の世界

　はじめに小説「Masato」から検討してみよう。この小説は、著者の岩城けいさんが文芸雑誌『すばる』の 2014 年 9 月号に発表した作品である。その翌年、集英社より単行本として刊行され、2017 年に文庫化された。また、この作品で、岩城さんは 2017 年に「第 32 回坪井譲治文学賞」を受賞している。

　この作品の主人公、真人は日本人の両親のもと、日本で生まれたが、小学校 6 年生になる前に、突然、父親の会社の海外転勤により家族でオーストラリアへ移住することになった。まさに「移動させられた子」である。

　この小説の特徴は、この「移動させられた子」、真人の視点で、物語が展開する点にある。したがって、物語の舞台は、真人の学校や友人、そして家族が中心になっている。物語は真人が現地校に入ってから 1 年半ほどの期間に起こった次の 10 のエピソードで綴られている。最初のエピソード、「新しい学校」から始まり、赤いポロシャツ／サッカークラブ／夏休み(ホリデー)／補習校／いちばん言っちゃいけない言葉／スクールコンサート／ワトソン・カレッジ／サムライ・ドッグ／卒業、と続く。

　著者の岩城さんは、この作品を構想するうえで、おそらく、自身の経験だけでなく、子どもを含む、多数の「移動する人々」の経験について相当の「取材」(リサーチ)を行ったと思われる[2]。そのうえで、「移動する人々」に共通する、普遍的な経験の世界を見いだしたのだろう。そして、その経験の世界が現代を生きる人々にとって意味のある人間世界であり、私たちが考えなければならない「意味世界」であると感じ、それを「文学作品」として形づけたのではないだろうか。

　ただし私には、この作品が、文学作品というよりは、今の時代を読み解く貴重な研究書のように見えた。それは、なぜか。

2　岩城さん自身は「リサーチ」はしていないと言われたが、周りの人々の体験をよく耳にしていたと話された(前述の対談で)。

　私たちは、今、移動手段や情報通信ネットワークの発展した社会に暮らしている。人は日常的に移動し、通信端末を利用して遠隔地と簡単に繋がるバーチャルな生活空間に暮らし、多様なことばを駆使してコミュニケーションしている。このような現代社会を、社会学者のアンソニー・エリオットとジョン・アーリは「モバイル・ライブズ」(mobile lives) と呼ぶ (Elliott & Urry, 2010)。その視点で見ると、この作品は現代社会に関する「学術的成果」が満載された貴重な文献として読めるのである。その視点から、この作品を論じてみたい。

3.「成長と自立」の物語か

　この作品は文学賞を受賞するように、その文学的価値は誰もが認めるところであろう。たとえば、本作品の文庫版の「解説」で、翻訳家・児童文学研究家・法政大学教授である金原瑞人氏は、この作品について、次のように解説している。その一部を、ここで引用してみよう[3]。

　　主人公は真人。お父さんが海外赴任になり、家族四人でオーストラリアにやって来た。十二歳なので日本では小学六年生になるはずだが、五年生に転入。学校では、エイダンという少年としょっちゅうけんかをしているが、友達もできる。ピアノのうまいケルヴィン、肥満体型だが虫のことには異様に詳しいノア、サッカー仲間のジェイなど。オーストラリアにやってきて最初のうち、けんか相手にけがをさせて校長室に呼ばれてもろくに言い訳ができなかった真人も、やがてまわりの環境に慣れ親しむようになっていく。そして、サッカーチームのキャプテンに、夏のキャンプ合宿のことをきかされ、「もちろん、おまえも来るだろ？」といわれたとき、「ぼくは、ここに来てもいいんだ」と思い、「ぼくは、ここにいたい！」と強く思う。　　　　　　　　　（「解説」pp. 232–233)

3　ここで使用したのは『Masato』(集英社文庫、2017)。ページ数は、この文庫版による。

さらに金原氏の解説は続く。

　このときの真人のうれしさはそのまま読者に伝わってくる。真人の喜びがそのままストレートに胸に響いてくる。学校で言いたいこともいえず、けんかの言い訳もできず鬱屈していた真人が、ようやく belong できる場所を見つけたのだ。

　ところが、ここから母親との葛藤が始まる。この展開を読んで、はっとしてしまった。英語圏に住んで、子どもを現地校に通わせている親にとって、子どもが英語を身につけて行くのがどういうことなのか、じつは、この本を読むまで考えたことがなかったのだ。しかし、これはたしかに二言語の狭間で生きている家族にとってはとても現実的で大きな問題だ。

　マサトはこう思う。「みんな、あんなに英語ができたらいいって口ぐせみたいに言うのに、ぼくらが英語でしゃべると『日本語でしゃべりなさい』『日本人だろう』ってイライラした声で怒る」。十日間の夏合宿のあと、家に帰ってきたら、「日本語がぜんぜん出てこなくなってしまっていて、お父さんに英語で話しかけて」笑われてしまう。

　親のほうからするとこんな感じだ。

　「英語が達者になったのはいいんだけど、今度は日本語があやしいのよ」（中略）

　マサトの母親はそれがいやでしょうがない。「あの子に英語でしゃべられると何言っているのかわかんないのよ。自分の子供なのに何言っているかわからないなんて！」（中略）

　日本に帰るつもりで、現地にとけこむ必要を感じていない母親にとっては恐ろしい状況であることはまちがいない。その切実な気持ちは読者にもリアルに伝わってくる。一方、やっと現地になじんで足がかりができて、自立し始めた息子にとっては、非常にいらだたしい状況だ。（中略）

　「土曜日にもうサッカーしちゃいけないなんて言うからだ。お母さんなんか、大嫌いだ！」真人はこう思う。そのあと、アメリカ帰りで鬱屈したエイダンが母親にむかって、「I hate you!（母さんなんか、大嫌い

だ！）」と叫ぶのを聞いて、こう思う。

　「I hate you がエイダンを滅多切りにしてる。いちばん言っちゃいけない言葉だって、エイダンは自分でわかっていて言ってると思う。ぼくもそうだから」

　真人は大きな壁にぶつかって成長し、母親の気持ちを理解しつつ自立し、「もうひとりのぼく、英語のぼく」になる。そして、この「英語のぼく」がそのまま、この作品のタイトルになっている。

（「解説」pp. 234–236）

　このように、英語圏のヤングアダルト小説の翻訳家でもある金原氏は、この作品の中心的なテーマが「成長と自立」であると解説する。私はこの金原氏の「解説」を否定するものではない。確かに、この作品の中で、主人公の真人はたくましく成長している。しかし、私が注目するのは、この作品に登場する「移動する人々」の生活世界である。この作品を一人の少年の「成長と自立」の物語と総括するだけでは足りない気がするのである。その点を、さらに検討してみよう。

4. 多様な「移動する人々」

　この物語には、多様な「移動する人々」が登場する。たとえば、この物語の第1ページは、クラスメイトの一人がクイーンズランド州に引っ越す（移動する）出来事から始まる。著者はそのクラスメイトにジョシュア・ファーリーという名前までつけているが、そのジョシュアは物語の主要人物ではない。にもかかわらず、この子どものディテールを書くのは、現代は「移動する人々」が生きる時代であると読者に予感させる「しかけ」のように読める。主人公の真人とよく喧嘩をするクラスメイトのエイダンの父親はアメリカ人で、アメリカに住んでいる。エイダンはふだん母親とオーストラリアに暮らしているが、夏休みにアメリカの父親のところへ行き、近くのローカルな学校へ通ったこともあるという。アメリカなまりのあるエイダンはもともと勉強が苦手で、「リーディング・リカバリーのクラス」で、真人と一緒に、

英語の特別指導を受けている。

　もう一人の友人でピアノが上手く成績優秀なケルヴィンは、family name がチョウという。両親が台湾人（タイワニーズ）で、彼は「いつも中国人（チャイニーズ）に間違えられる」という。「でもケルヴィンはオーストラリア生まれだから、チャイニーズでもタイワニーズでもないし、この顔だとオーストラリア人（オージー）にも見えない」と著者の岩城さんは説明する。

　この物語には他にもたくさんの「移動する人々」が登場する。たとえば、真人の父親の会社の日本人同僚の家でパーティをやる場面では、「田代さんのおくさんが今度はタイに異動が決まった」とか、「山崎さんのおくさん」は「うちなんか、ここ、十年よ。いつまでたっても帰れそうにない。子供はまるでこっちの人になっちゃってるし」と言う。「津村さんのおくさん」は「うちは、異動続きでどれも中途半端になっちゃって」と言い、子どもたちは「いまさら日本の学校にはぜったいついていけない。帰国がきまったら、帰国子女を受け入れてくれる私立かインターナショナルを探さないと。いままでいろんな国に行ったけど、そういえば、あの子たちの一番できる言葉って、一体どれかしら？　でも、他の言葉はともかく、英語さえ話せれば、今の時代、なんとかなるんじゃないかって主人は言うのよ。それで、今は、家でも英語を使わせてるの」と言う。

　真人が土曜日に通う補習校にも、多様な子どもたちがいる。「見かけも中身も半分日本人って子がほとんどのような気がする」と著者の岩城さんは説明する。たとえば、礼央は父親がオーストラリア人で母親が日本人である。えみりは父親がニュージーランド人で母親が日本人。二人ともオーストラリアで生まれ、「ずっとこっちの学校だし、日本の学校へ行ったことがない。行くつもりもない」。そんな礼央とえみりは、「見た目、全然日本人に見えないから」、周りの人は二人が、「日本語がしゃべれるっていうだけで、スゴイ、えらいって思ってしまう」。それに対して、真人は「日本人なんだから日本語しゃべってあたりまえ」と見られてしまう。さらに、真人は「この1年ぜんぜん使わなかった」漢字を、みごとに忘れてしまい、悔しさを感じる。だから、真人は礼央とえみりの前で5年生の漢字の練習をするのは「屈辱だ」と感じる。その他にも、補習校の子どもたちのお弁当についての気持

ちや宿題のことなど、著者は、細かく、そして丁寧にリアリティを描いていく。

著者の観察は、オーストラリアに住む多様な「移動する人々」にも及ぶ。たとえば、転校生のターミナはいつもスカーフ（ヒジャーブ）をつけて登校する女子だが、「英語がまだあんまりしゃべれない」。そのため、ターミナは真人と同じように英語の特別指導を受けている。真人はそんなターミナに「wash と job は dog と cough と同じ音になるって教えてあげる」。そのターミナは、ある日、「いじめ」にあう。スカーフの下には髪の毛がないんじゃないかと噂するクラスの男の子たちの一人にスカーフを剥ぎ取られる。その勢いで、ターミナの足元に単語カードが散らばる。「run, sun, flood, touch ぜんぶ cup の u と同じ音になる」と真人が教えた単語のカードだった。真人は、ターミナと一緒にそのカードを拾う。「ありがとう」というターミナ、「ごめん」という真人。この出来事から生まれる子ども同士のやりとりや心の揺れの描写は秀逸である。

このように、この作品には子どもを含む多様な「移動する人々」が登場するのである。そして、その人々の生活で、ことばの問題は避けられない。ことばについての著者の観察力は鋭い。たとえば、主人公の安藤真人は、「マサァトゥ・アンドゥ」や「マット」と呼ばれる。ことばの問題は、親子のコミュニケーションにも影響する。前述の金原氏が述べた「母親との葛藤」はその例である。親子の苦しい関係の変化を指摘し、その変化の背景に英語と日本語によるコミュニケーションの問題、つまり、親子の英語能力の差による意思疎通の問題があると著者の岩城さんは指摘する。その親子の姿は、アメリカ帰りで鬱屈した友人のエイダンが母親にむかって、「I hate you!」と叫ぶ姿と重なる。

私が注目するのは、このように「移動させられた子」の経験やその親子の葛藤が起こる現実である。それは、今や誰もが経験する「移動とことば」という課題に収斂する時代性でもある。今、世界は「移動の時代」を迎えている。

5. モバイル・ライブズを生きる「移動する人々」

　「移動する人々」の生活は、グローバル化とテクノロジーの発達により、複雑に変化してきている。それは、物語の途中に挿入される出来事や何気ない逸話にもよく表れている。

　たとえば、真人のお姉ちゃんは、オーストラリアの日本人学校に入り、日本の高校受験のために帰国し、その後、東京の高校（山岡女子学園）に入学する。そして、そのお姉ちゃんから突然、オーストラリアの家に電話がかかってくる。「阿佐ヶ谷のおじいちゃん」、つまり母親の父が倒れたという電話だった。その知らせを受けて、真人の母親が夜7時のフライトで日本へ帰国することになる。空港へ向かう車の中で、携帯が鳴り、祖父が亡くなったという知らせが入る。母親は「親の死に目にも会えないなんて！」と泣き、父親は「すまない」とつぶやく。翌日には、父親も真人も東京へ向かう。お葬式に参列した後、父親と真人はすぐにオーストラリアへ戻る。携帯やインターネットというテクノロジーがあるために、地球のどこにいても家族の画像も声も繋がる便利な生活の中で、悲しみも同時に起こることを示すエピソードである。

　離れていても、すぐに顔を見て会話ができるのが現代生活である。それは便利であると同時に、残酷な面もある。真人の家族がオーストラリアへ移住したばかりの頃だった。東京にいる真人の友人の「翔太がスカイプしてきた。おまえってラッキーだよな、オーストラリアかぁ、なあ、もう英語ペラペラになったんだろ？　なんかしゃべってみろよ。ガイコクジンの友だちもいるんだろ？　金髪のさ」といった会話が紹介されている。

　補習校の真人の友人、礼央の母親は日本人だが、翌年の2月まで礼央を連れて日本に「帰る」という。真人は礼央とえみりと3人で肩を組んでポーズをしたところを真人の父親に携帯で写真を撮ってもらった。「あとで、それを写メしたら、「おまえも早く漢字覚えろよ。Leo」って返事が来て、お父さんがどこも似たようなことを言ってんだなと笑った」。これが今の時代のリアリティなのだと、著者が述べているように感じられる。

　このような「モバイル・ライブズ」の中で一人ひとりの生き方が形付けら

れていく。母親が真人を連れて日本に帰国することを主張したときのこと
だった。父親がすごい剣幕でどなって立ち上がる。

　　　「真人はこっちに置いていけ！」
　　　「真人は連れて帰ります！」
　　　ふたりとも怒りでぶるぶる震えている。
　　　こんなふたり、もう見たくない。もう、たくさんだ！
　　　「It's NOT your business. It's MY business!　（お父さんとお母さん
　　　に関係ないだろ、これはぼくのことなんだ！）」

　英語でどなってから、しまった、と思う。お母さんはぼくが家で英語
を話すのを嫌がるからだ。来た頃は、英語がしゃべれるようになってほ
しいってあんなに言ってたのに。でも、もう止まらない。日本語で言え
ないことも英語だとスラスラ言える。最近、英語でないとかんじんなこ
とが言えなくなってきている。英語のほうがしゃべりやすくなっている
というより、日本語だと、言いたいことがあっても、みんなから目立ち
たがり屋とか、ヘンなやつ、って思われるのが怖いから言えないときが
ある。でも、英語だったら、「こいつ、こんなことを考えてたのか、す
げえな」って友だちに感心されたり、自分の意見が言えてえらいって先
生にもほめてもらえる可能性のほうがダンゼン高い。前は英語でしゃ
べってるときは、ウソついているみたいだって感じがしてたけど、今は
英語のほうが正直に何でも言える。こっちが、本物のぼくなのかもしれ
ない。それに、目立ちたがり屋、とか言うやつとはどうせ一緒に遊ばな
い。だから、日本語でいろいろ考えていても、今、ぼくの口からでるの
は英語だ。もうひとりのぼく、英語のぼくだ。　　　　　　　（pp. 191–193）

　これは、「移動とことば」がいかに「移動する人々」の生きるテーマになる
か、そしてアイデンティティの構築に影響するかを示している。その意味
で、この作品は、もう、真人という一人の少年の「成長と自立」の物語では
なく、「移動する家族」の物語といっていい。真人の姉と母親が東京へ戻り、
父親と真人がオーストラリアに留まるエンディングは、「移動する家族」が

「分散家族」(multi-sited family) に帰結することを暗示しているかのようだ。

　以上のように、この作品は、単に、オーストラリアに移住した日本人少年の「成長と自立」の物語ではない。この作品に登場する人は、「移動する時代」という大波の中で悩み葛藤しながら生きようとしている人々、特に、大波に浮かぶ木の葉のように、不安定な複数言語環境で新たなことばを覚え、友だちと関係を結び、自分のアイデンティティと生き方を必死に探している子どもたちである。だからこそ、その人々の生きざまは、読者の胸を打つ。その点において、この作品は、「モバイル・ライブズ」に生きる私たちの生活の根源的テーマが「移動とことば」であることを示した研究書であり、「移動する人々」の生のリアリティを提示した学術的意義のある書と言えよう。

6.『ジャパン・トリップ』

　次に『ジャパン・トリップ』(2017) を検討してみよう。文庫版の帯には、「「半分日本人ってなんだよ、それ？」日本人の母を持つオーストラリアの小学生・ショーン、7日間のニッポン大冒険！」と書いてある[4]。

　この文庫版で「解説」を書いている北村浩子氏はこの作品について、次のように紹介する。

　　　この『ジャパン・トリップ』は、メルボルンの小中一貫校、ローランド・ベイ・グラマー・スクールに通う子どもたちが、日本と日本語を体験する物語だ。　　　　　　　　　　　　　　　　　　　　（「解説」p. 278）

北村氏が「日本と日本語を体験する物語」とまとめるのは、彼女が「ライター、日本語教師」という職業と経験があるからであろう。

　この物語は、この学校の子どもたちが姉妹校協定を結ぶ大阪の綾青学院を訪問し、ホームステイや京都観光などをする旅程の保護者向け説明会のシーンから始まる。この説明会で引率教員の一人として、その学校で日本語を教

4　ここで使用したのは『ジャパン・トリップ』(角川文庫、2020)。ページ数は、この文庫版による。

えるコータ・ヤマナカが紹介される。そのあと、物語のセッティングを示す「My トリップ」、日本の旅を詳細に描く「My オカーチャン」「My トモダチ」「My ホームタウン」と展開していく。文庫版には、「I Love You」と「ひとりごと」という二つの掌編もついている。

　文庫版に「解説」を書いている北村氏は、この作品だけではなく、「岩城作品を読むと、いつも「言葉と人」について考えずにはいられなくなる」（「解説」p. 278）と記している。私は北村氏の読み方や意見を否定するものではない。そもそも小説の読み方は人それぞれでいいのである。そのことを踏まえたうえで、北村氏の解説を交えながら、私の捉え方を述べてみたい。

7. 移動する子どもたち

　この物語の二つ目のエピソード「My オカーチャン」は、12歳のショーンが中心である。ショーンが日本でホームステイした宮本家で経験する様々な「異文化体験」の事柄が出てくる。ホームステイ先のホストマザー、茉莉と過ごしながら、母親のいない家庭で育ったショーンが自分を育ててくれた祖母（ナン：おばあちゃん）を思い出す。このことを、北村は次のように述べる。

　　　ナンへの感謝の気持ちから、ショーンは日本へ来たかった一番の理由を口にはしない。しかしナンは気付いている。気付いていることをショーンは知っている。この、祖母と孫の関係がいとおしくせつない。日本に慣れてきた滞在三日目、「理由」をめぐる葛藤に背中を押され、ショーンは自分でも思いがけないことをしてしまうのだが、抱きしめてくれる茉莉の全身から放たれる優しさに向けて彼が発した言葉が「オカーチャン」であることに胸がしめつけられる。ずっと抱えてきた小さな空洞に、すっぽりと温かく収まる「オカーチャン」。「日本語の」「オカーチャン」であることに、大きな意味があるのだ。　（「解説」p. 280）

さらに、北村氏は次のように綴る。

　　初日の「アリガトウ」は、大阪を離れる日に「アリガトウ、ゴザイマ
　　ス」になる。ゴザイマス、には三日間分のショーンの気持ちがこめられ
　　ている。相手の言葉で伝えると渡せる気持ちが何倍にもなることを、彼
　　はこの「トリップ」で知ったに違いない。　　　　　　（「解説」p. 281）

　ここで北村氏は、二つ目のエピソードで自身が読者として心が動かされた部
分を説明している。確かに、多くの読者は川村氏と同じ感動を覚えるであろ
うし、私も同じように感じた。ただ、北村氏はこれからこの作品を読む人に
「タネ明かし」をしないでおこうという配慮があるのか、ショーンの「日本
に来たかった一番の理由」について何も言及していない。
　オーストラリアの親元から日本にやって来て、ホームシックになった少年
が、ホームステイした先のホスト・マザーに自分の母親像を重ね、「オカー
チャン」と日本語で呼んだというわけではない。著者の岩城さんは、ショーン
の「日本に来たかった一番の理由」について、次のように丁寧に描いている。
　まず、日本に来てから、ホスト校の女子生徒からショーンは「ショーンっ
て、もしかして、まっぷたつ？」と聞かれる。ショーンは実は、オーストラ
リア人の父と日本人の母のもと、オーストラリアで生まれたのである。だ
から、ショーンが3歳まで日本語を話していたと、祖母は言う。ところが、
ショーンが6歳になった頃には、もう母親はいなかった。母親は突然、子ど
もを置いて日本に帰ったという。父親はパイロットとして留守がちだったた
め、ショーンは祖母に育てられた。今回の「ジャパン・トリップ」の話を聞
いた時、ショーンは、「胸の中がだんだん、火事みたいに熱く」なった。な
ぜなら、ショーンの母は今、キョートに住んでいると祖母から聞いていたか
らである。
　しかし、ショーンはすぐに「ジャパン・トリップ」に参加したいとは言い
出せない。岩城さんは、ショーンの気持ちを次のように綴る。

　　「ジャパン・トリップ」に参加したいだなんて、とても言い出せな
　　いって思っていた。ジャパン、って聞いただけで、ナンもおれも、たぶ
　　ん父さんも、胸のやわらかいところがピンで刺されたみたいにピクンっ

てなる。キョートなんて、ピンでピクン、じゃなくて、ナイフでグサリ
だ。でも、キョートに行けるって聞いたとたん、どうしても行きたく
なった。キョートじゃなきゃ、おれは来なかった。　　　　　　（p. 92）

ショーンは自分自身についても考える。

　おまえは半分日本人だ、て父さんは言うけど、半分日本人ってなんだ
よ、それ？　自分だって、半分アイルランド人で半分ドイツ人じゃない
か。でも、（中略）おれも、オーストラリアに生まれてよかったってマ
ジ思う。おれだって、もちろんオージーだ。親がオージーじゃなくて
も、オーストラリアで生まれて育ったら、みんなオージーだ。　（p. 96）

さらに、ショーンの母親について、祖母の思いが記述されている。

　ナンはこうも言っていたんだ。一度だけ、あの人がおまえに会いに来た
ことがある。おまえは覚えていないだろうが、おまえは母親に駆け寄っ
て行った。でも、あの人がおまえの手をひいて、連れ去ろうとするの
を、父さんが追い払ってしまった。たった数時間だけでいい、ふたり
で過ごさせてほしい、これが最後だから、とあの人は泣いたんだけど
ね、おまえの父さんは許さなかった。（中略）海の向こうがどれほど遠
いものか。海の向こうに残してきたものが、どれほど大切か、忘れられ
ないか。覚えているって、つらいこと。忘れてしまいたいと思えば思
うほど、思い出したくないことばかり思い出して、つらくなってくる。
　　　　　　　　　　　　　　　　　　　　　　　　　　　　（p. 99）

ここに、オーストラリア生まれの、学校で日本語を学ぶ子どもが単に「日本
語と日本を体験する物語」とは言えない何か、あるいは、単なる国際離婚に
巻き込まれた子どもの悲話とも言えない何かがある。この背景には、ショー
ンの両親が国境を越えて出会い、一時期共に暮らし、そして離別し、再び国
境を越えて子どもに再会し、しばらくして今度は子どもが国境を越えるとい

う「移動」の視点がある。

8. 移動とことば

　北村氏の「解説」に戻ろう。北村氏は次のエピソード、「My トモダチ」に描かれるハイリー、キーラ、シャンテル、ユイカなどショーン以外の子どもたちの出来事を説明しながら、次のようにまとめる。

> 　キーラとの仲直りを経て、ハイリーは心でユイカにそう語りかける。「すっごく楽しい」のは、話したいという想いと言葉を受け止めてくれる相手がいるから、そして自分も受け止める側になれるから。「トリップ」で九人は、ハイリーが得たようにそれぞれの実感と喜びを手にしたことだろう。帰国時の大きな笑顔がその証拠だ。
>
> （「解説」pp. 281–282）

　確かにこのエピソードに登場する人たちの「実感と喜び」は、北村氏の言う通りだろう。しかし、私には、そのような出来事が起こるセッティングにこそ意味があるように思える。たとえば、大阪にいるユイカはその前年にオーストラリアでハイリーの家にホームステイしている。今度は、ハイリーがユイカの家にホームステイしている。ユイカはハイリーに英語でメールを送るほど、英語が得意だ。ユイカの両親はアメリカ留学中に知り合い、結婚した。だから、娘のユイカには高校留学させ、そのまま海外の大学に進学させたいと思う。英語に興味があるだけのユイカにハイリーは苛立つ。日本語を学びたいと思って日本に来たのに、ユイカが英語ばかり使うので、ハイリーは日本語を使う場面がないのが不満であった。

　同様にホスト側のミサキは、前年にオーストラリアへ行った際に、キーラの家にホームステイした。だから、今度、キーラがミサキの家にホームステイすることになって、日本にいるミサキがキーラにスカイプをしてきた。二人とも、英語もニホンゴも片言しか話せなかったが、胸がいっぱいになったという。

　シャンテルは、フランス人の母とオーストラリア人の父のもと、フランスで生まれた。小さい時、父の国、オーストラリアに移住した。今でも、家では母親とフランス語で話す。クリスマスごとに、フランスに帰り、フランス語を使うので、フランス語を忘れる心配はないという。一方、ハイリーの祖父はオランダ人でオランダ語がペラペラという。孫のハイリーは、英語とニホンゴを話すが、次のように思う。

　　ひとつの言葉ばかりを使っていると、もうひとつはどうしているかなって思う。留守番をしているもうひとつの言葉が気になって仕方なくなる。元気かな、寂しがっていないかな、大丈夫かな、って。だって、言葉って使わないとしなびる。ちゃんと世話しないと、元気なくなっちゃう。あんなに特訓してきたけれど、わたしが毎日使うのはやっぱり英語で、ニホンゴには留守番ばっかりさせている。だけど、わたし、ニホンゴのこと、絶対に忘れていない。それよりも、ニホンゴの方がわたしのこと忘れちゃわないかなって、心配。　　　　　　　　　　（p. 211）

　引率教員の一人、コータ・ヤマナカこと、山中光太朗にとっても、京都は特別な場所だった。光太朗は、瀬戸内海の町から京都の大学へ進学した頃、京都生まれの彼女に会う。大学を出て、会社に就職する。しかし、しばらくして会社を辞め、ワーキングホリデーで渡豪する。そんな光太朗を、半年後に彼女は追いかけて渡豪する。光太朗は、オーストラリアで日本語教師になるために大学に入り、教員免許を取ることを目指す。彼女は、日本食レストランで働いて、生活費を稼ぐ。光太朗が卒業したら、籍を入れる予定だった。しかし、彼女は、「お母ちゃんが倒れはった」という知らせで、帰国した。光太朗も帰国し、説得するも、「たったひとりの女に振り回されるようなあかんたれ、うち、知らんえ」と彼女は去って行った。

9.「移動とことば」は続く

　再び、北村氏の「解説」に戻ろう。北村氏は、この光太朗に触れて、「心

を込めて日本語を教えつつ、言葉は万能ではないと認識している人物であることがこの小説に厚みを与えている」（「解説」p. 282）と述べている。

　そのような見方があってもいいだろう。しかし私は、前節で述べた子どもたちの心情や子どもたちの間に起こる様々な出来事が、リアリティを持って構築される仕掛けにこそ、注目したいと思う。それは、「移動とことば」というテーマである。

　北村氏は、文庫版に収められた掌編「ひとりごと」で光太朗が口にする安西冬衛の一行詩、「てふてふが一匹韃靼海峡を渡って行った」について、「日本から海を渡り、オーストラリアにやって来て十年。過去の恋を上書きできそうな気配もある。光太朗の「旅（トリップ）」は、これからも続く。」（「解説」pp. 282–283）と述べている。私は、むしろ、ここに「移動する人々」の歴史のイメージを見る。過去から現在まで、多くの人々が海を渡り、そこで新たな人々に出会い、複数の言語の中で暮らしていたのであろう。その時は、ハイリーが述べたように、自分の中にある「ことば」の混ざり具合についても思ったはずである。ユイカの両親やシャンテルの両親、ハイリーの家族がそうであったように、「移動とことば」の世界は昔からあり、今も続いているのである。

10.『Matt（マット）』

　最後に、『Matt（マット）』（2018）を検討してみよう。これは、『Masato』（2014）の続編である。単行本の帯には、次のように紹介されている[5]。

> オーストラリアに移住してはや5年。安藤真人は、現地の名門校、ワトソン・カレッジの10年生になっていた。Matt（マット・A）として学校に馴染み、演劇に打ち込み、言語の壁も異文化での混乱も、乗り越えられるように思えた。しかし、同じMattを名乗る転校生、マシュー・ウッドフォード（マット・W）がやってきたことで、真人—マット・

5　ここで使用したのは『Matt（マット）』（集英社、2018）。ページ数は、この版による。

　　A――は、自らの"アイデンティティ"と向き合うことになる。

さらに、

　　「だったら、なにから自由になれないの？」
　　人種が、言語が、国が、血縁が、歴史が、17歳の少年の心と体を離さ
　ない。オーストラリアに生きる二人のマット。模索する自らのアイデン
　ティティ。

また、「少年たちの心を切り裂き、また、成長へと導くものとは。世界の広
さを痛感させる青春小説」とも書かれている。
　　物語はハイスクールの10年生になった真人の1年間が学期ごとに描かれ
ている。TERM1（一学期）、TERM2（二学期）、TERM3（三学期）、TERM4
（四学期）、Summer Holiday（夏期休暇）と続く。
　　『Matt』（2018）のTERM1（一学期）は次のシーンから始まる。

　　　「そっち、いま何時？」
　　　六時っておれは答えた。図書館で「ホームワーク・クラブ」に出て宿
　　題をすませて帰ったら、この時間になった。東京は四時のはず。なんで
　　こんな時間にもう家にいるんだよって訊くと、今日は昼から講義さぼっ
　　ちゃった、とか言う。そんなんで大丈夫なのかよ、っておれが口を尖ら
　　せると、べつにー、あー、もう二月？　就活、うざいー、って姉貴は
　　唸った。　　　　　　　　　　　　　　　　　　　　　　　　　（p. 8）

　　『Masato』（2014）では、真人の姉は東京の高校へ通うために帰国した。そ
の姉は今、東京で短大に通っている。母親も東京。オーストラリアには真人
と父がいる。つまり、家族が二つに分かれて暮らしている。なので、次の
シーンは、こうだ。

　　　前だったら、スカイプしてくるっていったら必ず母さんだった。

しょっちゅう、おれに何食べてるの、学校はどう、ちゃんと生活できて
るの、とか訊いてきて、父さんとも喋ってた。でも最近になって、病院
でフルタイムで働いて帰りが遅いし、時差があるし（中略）、こっちと
タイミングあわないって言い出した。で、かわりにって言ったらなんだ
けど、姉貴がときどきスカイプしてくるようになった。　　　　（p. 8）

このように家族が日本とオーストラリアで暮らし、テクノロジーで瞬時に繋
がる「モバイル・ライブズ」として描かれ、その中で、登場人物が生き生き
と動き出すのである。上の場面は次のようにスカイプ越しに進んでいく。

今夜はなにを作るの、って姉貴が大声出しているのがきこえた。
「Omelette」っておれが大声でこたえると、もお、またぁ、英語使う
んだから一、カンジワルイー、オムレツのことでしょー、ってブツク
サ言ってる。カンジワルくて悪かったな、ここでは「Omelette」は
「Omelette」なんだよ、そっちこそ、英語をいちいちキモいニホンゴに
直すな、一応英文科なんだろ、って言いかけてやめる。言ったってどう
せわかりっこない。　　　　　　　　　　　　　　　　　　　（p. 11）

父親は会社の海外転勤でオーストラリアに来たのだが、今はその会社を辞め
て、自分で中古車を輸入するビジネスを始めていた。しかし、そのビジネス
もうまくいかない。夜遅く帰宅して酒を飲む父親と真人の会話がある。

「真人、おまえは英語もうまいし、小学生のころからこっちにいるん
だから、不自由ないだろう」とか言う。英語喋れて子どもの頃からこっ
ちにいても、あんたが考えているほどラクじゃねえんだよ。　（p. 13）

著者の岩城さんは、父親の気持ちにも、子どもの気持ちにも寄り添ってい
る。物語はさらに展開する。ハイスクールで、真人は演劇のクラスを受講す
る。そこで、クイーンズランド州のダーウィンから引っ越して来た転校生、
マシュー・ウッドフォードに会う。この Matt・W は真人（Matt・A）に敵愾

心を抱き、「うぜえんだよ、ジャップ！」、「おれのじいさん、ジャップに人
生台無しにされたんだ！」と言う。第二次世界大戦で、日本軍がダーウィン
を空爆した史実がこの背景にある。

> 「おまえらジャップはな、だまし討ちみたいな汚ねえやり方で、おれ
> たちの町をメチャメチャにしやがったんだ！　おれのじいさん、いま
> じゃ、朝メシに何を食べたかも忘れるけどな、おまえらのやったことは
> 未だに全部覚えてるんだ！」
> (p. 54)

真人はオーストラリアの歴史を知らなかった。だから、思う。

> マット・Wのやつ、うるせえんだよ！　あいつのことだから、これ、
> ぜんぶ、このおれが、やったんだって言いたいんだろ？　たのむから
> ジャップとおれを一緒にしないでくれよ！　おれがやったんじゃない、
> おれがやったんじゃないぞ！
> (p. 59)

11. 「移動する人々」の心情

　この物語には「移動する人々」の心情が随所に描かれている。東京にいる
真人の姉貴がオーストラリアにいる真人に母親の気持ちを言う場面がある。

> 　お母さん、あんたには絶対言わないけど、こっちに帰って来てから、
> 息子をほったらかしにして帰るなんてヒドイ母親だとか、息子にやりた
> い放題させて甘やかし放題だとか、外国暮らしがあわないなんて、エ
> リート・サラリーマン家庭のくせに贅沢言うなとか、そのほかにもガマ
> ンが足りないとか、自分勝手だとか、母親失格だとか、もう、サンザン
> だったんだよ。でも、お母さん、なにひとつ言い返さないで、じっとガ
> マンしてたんだよ。
> (p. 76)

　演劇クラスで出会ったマット・Wについて、真人は思う。

　あいつがマットなら、おれもマットだ。あいつが生まれたときからマッ
トなら、おれはこっちに来たときからだ。おれはこっちで、真人から
マットに生まれ直したんだ。…これだけはあいつに文句言わせない。ひ
とつの名前だけでなんでも済んで、ひとつの言葉だけを操って他の言
葉に操られたことなんかなくて、ひとつの国、自分の国だけでぬくぬ
く生きてきたあいつなんかに、これだけは、絶対に文句言わせない。
(pp. 77–78)

　オーストラリアに来た時、真人はまだ英語が話せなかったが、もう５年も
たってオージーの子どもたちと変わらないほど英語が上達した。だから「ど
こから来た？」とか「何人（なにじん）」とか絶対に聞かれないという。し
かし、父親は違うと真人は思う。

　　でも、これが父さんになると、たいていは「どこのご出身？」ってい
　きなり訊かれて（初対面の人間にこの質問をいきなりするなんて、デリ
　カシーがなさすぎるとおれは思う）、「日本です」って答えてやっと会話
　が始まる。「日本です」から始まる会話って、プライベートな話につな
　がることがあんまりない。相手も「シンジ・アンドウ」と喋ってるん
　じゃなくて、「日本人の代表」と喋ってる。ま、一応、エチケットとし
　て、名前も訊かれるだろうけど、家に帰る頃には、「どこそこで会った
　日本人、名前忘れたけど」みたいな。
(pp. 85–86)

真人の友人にも、「移動する家族」がいる。たとえば、ロビー。

　　ロビーは五歳のときに中国人の親に連れられてここに来た。生まれたの
　は、「山ばっかりの村」だってことだけで、親の国のことはそれしか覚
　えていない。一人っ子のロビーは親から期待されていて、必死に勉強し
　て念願の全額給付生になったっていうのに、親は「ここはのんびりして
　いて、競争っていうものがないから、一番になってあたりまえ」みたい
　に言うらしい。本人は将来の夢とかなりたいものなんかない、欲しいも

のならいっぱいあるけど、って言う。 (p. 90)

エレキギターを持って出かけようとするロビーとロビーの父親が中国語で何か言い争う。真人はそれを見て、「ロビーって、中国人なんだ」と気づく。そのあと、ロビーは親との確執を抱いたままエレキのコードで首を吊った。

　英語と日本語を使うことに対する真人の思いも描かれている。たとえば、「父さんがおれから視線をそらした。おれが英語を使うと、おれの話を本気で聞く気が失せるらしい」と真人は感じる。代わりに日本語で父親に話すとき、「おれの胸の中で一気に燃え上がる。日本人にトドメ刺すんだったら、日本語に限る」と思う。この一節は、ことばが人と人の関係性と感情に密接に関係していることを示唆する。

　真人は父に言う。「一体、ここ、何年住んでいるんだよ？　五年？　六年？　いいかげん、お客さんでいるのはやめろよ？　観光客じゃあるまいし！　日本人だっていうだけで、おれがどんなに不自由しているか、あんた、知らねえだろ？」(pp. 137–138) と。「おれは、あんたみたいに、好きで日本人やってるんじゃねえよ！　おれ、あんたみたいに、なんでもかんでも日本人で済ませたくねえんだよ！」(p. 143)

　真人は、自分の「日本国旅券」(JAPAN PASSPORT) をキッチンばさみで切り刻んでしまう。「バラバラになった自分の顔、バラバラになった自分の名前、バラバラになった自分の国籍。おれ、バラバラ、だ。」「なんて自由なんだろう…！」(pp. 143–144)

12.「移動する家族」

　物語は、さらに進む。演劇クラスの課題をめぐるオーストラリアの移民の歴史から VCE 試験、17 歳の誕生日、恋愛に学期最後のディスコなど、生き生きとした青春ドラマが続く。そして、最後の「Summer Holiday」(夏期休暇) の書き出しは、次のシーンから始まる。

　　「そっち、お正月に遊びに行ってもいい？」

　　十二月に入ってすぐ、姉貴がスカイプしてきた。（中略）画面のむこ
　　うで、姉貴が風呂上がりの濡れた髪をタオルで拭いた。　　　　（p. 224）

この物語の冒頭と同じような遠隔の対話場面だが、様子は随分違っている。
なぜなら、オーストラリアの真人の家には父親以外に子連れの女性が住んで
いる。それに気づかれないように真人は画面越しに姉と話をする。

　　「なに？　誰かいるの？」
　　いいや、とおれはなるべくふつうに答えた。画面に視線を戻すと、なん
　　でもないふりして話しかけた。
　　「いいんじゃねえの？　正月にこっち来いよ。母さん、どうすんの？」
　　（中略）
　　　　──私、家を出ようかと思うの。
　　　　──おれ、寄宿舎に入ることにした。
　　　　──お母さん、ほんとうにひとりぼっちになっちゃうけど。
　　　　──父さん、おれがいないほうが、いいと思う。
　　能面のように眉一つ動かさず、こんどはたがいのセリフに、自分の事情
　　を乗せていく。フフフ、アハハ、と、姉貴もおれもこらえきれなくなっ
　　たように笑い声をあげた。　　　　　　　　　　　　　　（pp. 225–226）

この後、物語はさらに複雑に展開する。真人の姉は、日本のお正月に真夏の
オーストラリアへやってくる。そして父親と真人が住む家に、父親の愛人と
その連れ子がともに暮らしている事実を知る。その家で父親は日本から来た
娘に言う。「お母さんとは別れる。そうしたかったんだ、もうずっと前から」。
それに対して、真人の姉は言う。「お父さんと別れたかったのは、お母さんの
方よ！　もうずっとずっとずっと前から！　こっちに来る前から！」（p. 236）
　　この場面のやりとりは、読者にはつらい。最後に、真人の姉は日本に帰る
ために空港へ向かう。真人の姉が言う。「お母さんなしで、私、いまさら、
どうすればいいのかわかんない。どうしよう、真人」。真人も思う。自分は
「もう日本には住めない、日本人の基本なんてとうの昔になくなってる、そ

れに、こっちでも、いつまでも、なんだかなぁ、みたいな。おれもどうして
いいかわかんねえな…」(p. 246)。

　ここでも「移動する家族」が「分散家族」(multi-sited family) に帰結する
ことを暗示しているかのようである。

13.　「移動する子ども」というフィールド

　私は文学研究者ではないので、岩城けいさんのこれらの作品を文学論的に
論評することはできない。ただし、「移動する子ども」学の視点から、次の
3 点を指摘したい。

　岩城さんは物語を作っていくとき、人物設定をすると、その人物が勝手に
動き出すと述べた[6]。岩城さん自身が 25 年前からオーストラリアに居住しな
がら国境を越えて移動したり、東京の出版社と通信したり、家庭の内外で英
語と日本語によるコミュニケーションを日常的に体験したりするなど、モバ
イル・ライブズを生きている。したがって、第一点は、著者はモバイル・ラ
イブズの中で創作活動をしているという点である。

　第二点は、物語の軸に、「移動とことば」があるという点である。登場人
物が移動しているということと、移動にともない複数言語環境で生活してい
るということがバイフォーカルな軸として物語世界を貫いているということ
である。

　第三点は、「移動とことば」を特徴とするモバイル・ライブズに生きる
人々の思い、葛藤、情念、不安、希望など主観的な意味世界と、人としての
生き方とアイデンティティを描いているという点である。

　一つだけ例を出そう。『ジャパン・トリップ』のショーンは国際離婚した
親を持つ子どもで、真人は海外に住む日本人同士の親が離婚した子どもと
いった単純な捉え方はできない。むしろ著者が描いているのは、「移動とこ
とば」によって彩られた世界である。著者は、真人の母が、息子と夫を置い
て帰国する（帰国せざるをえない）女性の心情に寄り添い、かつ、息子より

6　前述の「早稲田こども日本語研究会」の対談での発言。

劣る英語力でビジネスを起こし心がボロボロになる男性の心情にも寄り添い、その両親の生き方に心が揺れる子どもたちを描いている。

　これらの作品群は、モバイル・ライブズを生きる人々の「移動とことば」を軸とした生活世界を描いている。オーストラリアに住む日本人の話とか、オーストラリアから日本にやってきた子どもの話としか見られないのは、論者の視点が一カ所に定住化している「天動説的視点」による論評だからである。岩城さんの物語世界は、著者自身がモバイル・ライブズの中で動きながら捉える「地動説的視点」によって「移動する人々のリアリティ」を描いている[7]。だからこそ、単なる「子どもの成長と自立の物語」ではなく、むしろ、今の時代を読み解く貴重な「アカデミックな研究」と言えるのである。

7　「天動説的」および「地動説的」視点と研究については、本書の序を参照。

第9章

海に浮かんでいる感じ
—— モバイル・ライブズに生きる若者の語り

問題意識⑨

　前章までに複数の文学作品に描かれた「移動する子ども」という経験と記憶を検討してきた。これらの作品には、これまで既成の学問領域では扱われなかったテーマが具体的に表現されていた。たとえ架空の物語とは言え、そこに描かれたリアリティは、今世界各地で見られる情景ではないだろうか。

　では、そのことを確認するために、本章から、ドイツで生まれた人のライフストーリーを追ってみよう。幼少期より複数言語環境で成長した経験と記憶を持った人が成人になると、どのような思いを持ち、自分自身をどのように捉えながら生きているのであろうか。

1. はじめに

　本章では、幼少期より複数言語環境で育った若者がどのように成長し、現在まで生きてきたのかを、本人の語りをもとに考える。

　はじめに、ここで使用する研究方法のライフストーリー・インタビューに対する私の立場を述べておきたい。

　近年、多くの研究領域で、当事者の生の声（語り）を聞く研究が多くなっている。その背景には大きな知のパラダイム転換がある。たとえば、歴史学や人類学、社会学などでは、これまで「史料」や「事物」等から人間理解へ向かう研究が広く行われてきた。つまり、「事実」から「社会的現実（リアリティ）」を探究する実証的研究が客観的、科学的研究として標榜された。しかし、残された「史料」や断片化した「事物」から「社会的現実」が再構成されても「生身の人間の生きざま（人間らしさ）」が十分に反映されたとは言い切れない面があった。そのため、生身の人間の証言や語りを聞くことにより、「史料」や「事物」から見えにくかった「社会的現実」を再構成する方法として当事者の「聞き書き」やライフストーリー・インタビューが生まれてきた。つまり、「社会的現実」を、「史料」や「事物」からだけではなく、人間の語りの視点から再構成しようという流れである。

　人間の語りの視点から「社会的現実」を再構成するといっても、人間の心理や意識を研究テーマにした研究はもちろん以前からあった。民衆史、心理学やパーソナリティ研究など、長い研究史がある。しかし、近年、当事者の語りが注目されるようになった理由は、社会や人の捉え方の転換がある。たとえば、ある集団を同じ考え方や同じ文化を持つ均質的な集団と捉え、その母集団の歴史や心理的特徴や型（タイプ）を提示するといった固定的で本質主義的な捉え方から、多様性や動態性、異種混淆性などの視点から集団や個を見る捉え方への転換である。あるいは集団や個人を取り上げてもその集団や個特有の特質から理解するという見方から、その集団や個の置かれた様々な社会的・相互作用的関係性の中で集団や個を捉える見方への転換である。さらには「言語論的転回」による社会構築主義的な見方への転換もある。構築主義とは言語あるいは言説によって意識や社会が構築されると見る「言語論

的転回」によるパラダイムをいう（上野、2001）。

　これらの転換は、いわゆる流動的でポストコロニアルな社会状況、アカデミズムの知の生成やあり方についての政治性や権力性、ヘゲモニーに対する異議申し立てといった世界的な潮流が関連している。その流れの中で、それまでの研究方法論に対する批判的な見直し、研究者の位置性（ポジショナリティ）への問い直し、その研究における当事者性への視点が以前より注目されるようになった。そのようなアカデミズムにおける知のパラダイム転換を背景に、研究方法論としてのライフストーリーの調査という研究方法が採用されている[1]。

　加えて、当事者の語りから「社会的現実」をどう理解し、どう記述するのかについても様々な見方がある。桜井厚はライフストーリーを使った研究（アプローチ）を3つに分類している（桜井、2002）。桜井によれば、その3つのアプローチとは、ライフ・ヒストリー研究のように歴史像の再構成を主眼とする実証主義アプローチ、ライフストーリーの収集過程で分析・解釈しながら、新たな属性や関連性が見られなくなる〈飽和〉状態の中で特定の「社会的現実」を帰納的に一般化する解釈的客観主義アプローチ、そしてライフストーリーが語り手とインタビュアーとの対話を通じて共同構築されると見る対話的構築主義アプローチである。

　この三者の違いを端的に言えば、それぞれのアプローチが記述しようとする「社会的現実」の捉え方の違いであるといえる。たとえば、実証主義アプローチをとる研究者は個人が語ったライフストーリーは歴史的事実を表象している「資料」と見做し、「資料」に基づく「社会的現実」を再構成することを目指す。その場合、歴史は客観的に存在することが前提となっている。解釈的客観主義アプローチをとる研究者は多数の語られたライフストーリーをもとに意味構造を解読し、そこに現れた確固とした現実と思われるものを「社会的現実」として記述することを目指す。その場合、確固とした現実を表象する意味世界があらかじめ存在することが前提となっている。それに対して、対話的構築主義アプローチでは語り手が語る出来事などに語り手の

1　日本語教育におけるライフストーリーの意味については、川上（2014b）参照。

解釈だけではなく聞き手（インタビュアー）の反応や解釈も含まれて語りが成立すると考える。それを桜井は「ライフストーリーの物語的構成」（桜井、2002）と呼ぶ。そして、その物語的構成に見られる語り手と聞き手によって共同構築された現実解釈が考察対象となり、それが「社会的現実」ということになる。

　しかし、桜井自身は、その「社会的現実」は「きわめて主観的なリアリティ」であると述べている（桜井、2002: 39–40）。つまり、インタビュー調査の記述に調査者自身の考える現実理解や歴史認識が反映されるということになる。「解釈的客観主義アプローチ」においても同様の議論がある。このアプローチの代表的な方法論であるグラウンデッド・セオリー・アプローチや、木下康仁が提案する修正版グラウンデッド・セオリー・アプローチ（M-GTA）においても、「研究する人間の視点」が重要であるという（木下、2003）。そして、木下はデータを分析する人間に留意し、「データの解釈はその人のものの見方があって成り立っている」（木下、2003: 72）と述べている。

　つまり、どのアプローチを取るかが重要なのではなく、調査者が何を「社会的現実」すなわち「リアリティ」と感じるかという点と密接に関係しているということである。

　本章ではこれまで社会的現実を「社会的現実」と括弧つきで提示してきた。その理由は、調査者がライフストーリー・インタビューをもとに書く「社会的現実」は、文化人類学者の J. クリフォードが民族誌を書くとはどういうことかの議論の中で、民族誌の真実とは部分的真実（partial truths）である（Clifford, 1986）と述べたことに通じると考えられるからである。ここで留意しなければならないのは、真実は複数形であるという点である。つまり、ライフストーリー・インタビューで調査者が主観的に実感する「社会的現実」とは、複数形の社会的現実のひとつにすぎない。さらに言えば、その「社会的現実」とは、調査者がその研究において重要と考える「社会的現実」ということになる。

　「移動する子ども」学とは、人間とは何かを考える研究、すなわち「人間研究」の一翼を担う学問領域である。その中で、調査協力者の個人情報等を伏せたとしても、重要と考えられる「社会的現実」を探究することが、ここ

での課題となる。幼少期より複数言語環境で成長する子どもの人生そのもの
をホリスティックに捉える方法として、ライフストーリー調査が有効である
と考える。

2. 調査

　本章の考察は、幼少期より複数言語環境で成長した人の語るライフストー
リー調査に基づく。このライフストーリー調査は、2017 年 3 月にドイツの
ある地方都市で行われた。ドイツを調査地として選んだ理由は、彼の国が国
際語としての英語が使用されていない非英語圏の国であるからである[2]。ドイ
ツ調査では、ドイツ人と日本人の両親を持つ家族の子どもとして成長した成
人を、現地に住む知人を通じて紹介していただいた。そのうえで調査協力者
には事前に趣旨説明を行い、同意をいただいた後で、対面での日本語による
インタビューを行った。調査協力者は全部で 8 人であった。インタビューは
半構造化インタビューで、幼少期より「移動とことば」を軸にライフストー
リーを語ってもらった。その音声を録音し、のちに文字化した。調査協力者
に文字化したスクリプトを確認してもらった後に、「移動する子ども」とい
う分析概念、①空間移動、②言語間移動、③言語教育カテゴリー間移動によ
る経験と記憶により解析した。

　本章の調査協力者は、シュミット誠さん（仮名）という青年である。私は、
ドイツの地方都市のあるホテルのロビーで彼に初めて会った。二人でコー
ヒーを飲みながら、最初のインタビューを行った。当時、シリア等からの難
民を受け入れるかどうかでドイツでは様々な意見があった。彼はちょうど難
民受け入れに賛成する集会に出かけた帰りだと話していた。私はそれから 1
時間半以上にわたり、彼の誕生からその時点までのライフストーリーを聞い
た。その内容を、時期をいくつかに分けて以下に記述する。8 人の調査協力
者から彼をここで取り上げる理由は、彼が初めて会ったときから自身のライ
フストーリーを詳細に語っていたことに加え、その後、継続的に 2 回（2019

2　英語圏で成長する子どもより、非英語圏で成長する子どものケースを取り上げる方が、子
どもたちの複言語の複合的な課題を探究するうえでより説得的となると考えたからである。

年3月、2020年6月）にわたり、インタビューする機会があり、他の調査協力者より多くの情報が得られたためである。

3. 事例研究 ── シュミット誠さんのケース

では、ここから、彼のライフストーリーを見てみよう。

3.1 2017年のインタビュー

はじめに、シュミット誠さんが最初のインタビューで話してくれた内容をまとめて提示する（文中の「 」内は誠さんの発言）。

■ ドイツで生まれる

シュミット誠さんは、ドイツ人の父、日本人の母のもと、1993年、長男としてドイツのある地方都市で生まれる。弟2人、妹1人がいる。

父親は若い時、日本に憧れ、上智大学へ1年留学し、日本語を学んだ。その後、ドイツへ帰国し、ミュンヘンで、音楽の勉強のために留学していた母親と出会い、結婚した。父親は、ドイツで携帯電話を作る会社に勤めていたため、その会社の転勤で、家族と共に中国と日本で暮らした。ドイツ帰国後、その会社がなくなったため、父親は転職し、現在、ベルリンの学校で物理の教師として働いている。母親はピアノの教師として個人レッスンをしている。

■ ドイツから、中国、日本へ

誠さんは、4歳くらいまでドイツで暮らし、その後、父親の転勤にともない、中国で2年、東京で6年暮らした。ドイツや中国での記憶はほとんどない。「記憶と妄想がくっついているかもしれません」と彼は言った。

中国でも東京でも、家庭内はドイツ語が多かったが、母親とは日本語だった。東京の小学校へ入る前には、母親が教育熱心でひらがなを教えてくれたので、日本の小学校へ入学するときは、特に問題はなかった。それ以後は、ドイツ語より日本語が強くなっていった。

　小学校で、自己紹介で名前を言えば、ハーフであることがクラスメイトにはわかった。小学校の低学年の頃、付き添いが日本人の母親だったので、先生もクラスメイトも自分を受け入れてくれた。1、2度、「外人は出て行け」と言われたことがあったが、それ以外、差別など感じたことはなかった。

　国語、算数もよくできた。成績は良かった。都内の区立小学校に6年通い、卒業した。その直後、ドイツへ戻り、ギムナジウムに編入学した。日本の小学校の教科内容はレベルが高かった。だから、ドイツで教科内容を理解するのは難しくはなかったが、ドイツ語が大変だったと、彼は言った。

■ 二つの継承語 ── ドイツ語と日本語

　家庭内言語は、幼少期より、父親とはドイツ語、母親とは日本語を使っていた。それが当たり前と思っていたし、それに違和感を感じたことはない。今も同じだ。二つの言語が混ざることはない。家庭内でそのような言語の使い分けを、両親がどれくらい意識していたかは、わからない。

　ドイツで生まれたときからドイツ語を聞いて成長した。中国、日本で暮らしたとき、父方の祖父母がドイツの子ども向けテレビ番組を録画して、ビデオテープを送ってくれた。それを楽しんで見ていたので、ドイツ語はよく耳にしていた。

　日本語に関しては、家庭では母親とは日本語で会話していた。日本にいるときは、家庭内でも、日本語が多くなった。日本のポップ・カルチャーはあまり知らないが、その頃、子どもたちの間で流行っていた「かいけつゾロリ」や「クレヨンしんちゃん」で、育ったという。

　日本にいる頃、父親は、週末になると、父親がドイツの小学校の低学年で使用していた古い教科書を使ってドイツ語を教えてくれた。父親がその本を読み上げ、子どもたちがドイツ語を書きとるという勉強だった。書き間違えると、できるまでやらされた。それほど厳しいものではなかったが、子どもたちは反発を感じていた。ドイツ語の本は、あまり読まなかった。

　日本滞在中も、家族は、夏休みに、ドイツに戻ることが度々あった。父方の祖父母とも仲が良かったし、引っ越しも好きだったので、日本で小学校を卒業したあと、ドイツに帰国すると聞いたときは、嬉しかった。

　日本からドイツのギムナジウムの学校へ編入したとき、いろいろなことに「面食らいました」と言う。たとえば、日独の学校システムが違っていて、ドイツでは夏から学校が始まるため、編入したギムナジウムの7年生はすでに半分以上終わっていた。そのうえ、学校のドイツ語が難しく、苦労した。

　きょうだいの中でも、生まれてからのドイツ滞在の年数が異なるので、ドイツ語能力の面で、ギャップが大きかった。ドイツに帰ると、上の二人（自分と弟）はローカルの学校へ、下の二人（弟と妹）は日本人学校へ編入学した。

▍再びドイツへ戻って ── 家庭とギムナジウムで

　ドイツへ戻って気づいたことは、まず、東京の街角と、ドイツの街の様子が異なっていた点だ。東京と比較して、ドイツに商店街がないとか、ドイツの街は汚いとか、通学路が「オシッコくさいとか、ホームレスが多いとか否定的に捉え、日本の方が、清潔感があると思ったりした。今思えば、日本にもきれいなところもあれば、汚いところもある。ドイツも同じだと思う」。

　ドイツに戻り、家族の役割が変化した。東京では母親が案内役だったが、ドイツでは父親が案内役を務めた。母親は突然、日本食より洋食に力を入れるようになった。

　ギムナジウムの7年生に編入したときは、ドイツ語に自信がなかった。電話をするときも、買い物をするときも、何を言うかあらかじめドイツ語の文を考えてから話した。うまくいくときもあるが、予想しない答えが返ってきて、パニックになることもあった。学校では、先生や友だちに助けられた。先生方が「大目に見てくれるとき」と「厳しいとき」もあった。今はまだまだだが、これからよくなると励ましてくれた。ドイツ語の取り出し指導はなかった。ギムナジウムでは成績が悪いと落第するので、必死にドイツ語を勉強した。その危機を突破したとき、ドイツ語でやっていけるという自信を得た。

　ドイツに戻ってから、日本や日本語にはあまり興味がなかった。「日本のことは過去のことだ」と思った。だから、住んでいる街に補習授業校があったが、その学校へは通わなかった。母親も強制しなかった。14歳、15歳という難しい時代だったこともある。

■ ドイツからイギリスへ

　ギムナジウムの 11 年生の時、イギリスへ 2 年間、留学した。イギリスへ留学した理由は、こうだ。日本にいたときは、サッカー少年だった。ドイツに帰国してから、サッカー選手になる夢は崩れたが、将来、どこかの海外のクラブに入って、マネージャーなどをするには、英語が必要だと考えた。ギムナジウムでは、英語の成績は悪かった。他のクラスメイトは、ギムナジウムで（最初の学年から）すでに英語を学んでいたので、差が付いていた。だから、イギリスで英語を学びたいと考えた。

　留学先の学校は、寄宿舎付きの田舎の学校だが、ドイツや中国など世界中から生徒が集まっていた。ここでの課題も、英語だった。大きな壁があると感じた。しかし、日本で小学校を卒業してドイツに来たとき、ドイツ語が十分にできなかったが、それを乗り越えた経験があったので、イギリスでも英語の壁を乗り越えることができると思った。自分は本を読むのが好きだった。日本にいたときも、母親が図書館から本をたくさん借りて来て、楽しみながら、日本語の本を読んだ。同じように、イギリスでも、英語の本をたくさん読んだ。ハリー・ポッターも読んだ。

　イギリスへ留学したいと親に言ったとき、母親は心配したが、父親は自分のためになるのであれば行ってこい、お金は心配するなと背中を押してくれた。

　英語力がついたと思ったのは、留学して 1 年後だった。友だちとの会話や恋愛を通じて英語力がついたことを実感した。また、クラスメイトの中で、日本のアニメや J ポップなどが流行っていた。ドイツと日本の「ハーフ」であることは珍しく、日本語ができることで、「日本のエキスパート」と見られた。日本に興味を持つ生徒たちに、ボランティアで日本語を教える「日本クラブ」を作ったりした。「みんなの前で、日本語で聖書を読みなさい」と言われ、日本語で聖書を読むと、クラスメイトとの関係も良くなった。その頃、日本のアニメや J ポップがブームだったからかもしれない。「日本のことが、人間関係で、役に立つと思った。」

　その学校は、裕福そうな子どもが通う学校だった。何か、世界が違うなあと思った。イギリスの高校を卒業すると、クラスメイトは世界中に散っていく。アメリカ、オーストラリアなどへ留学する生徒もいた。

■ 再び、ドイツへ、そしてさらに移動

　イギリスの高校を卒業してドイツに戻り、大学に入学し、考古学を学んだ。ドイツでは考古学に集まる学生は、背景や価値観が他の専攻の学生と異なっていた。イギリスの私立学校で学んでいたときの考え方や価値観とは違うことに気づくが、そのことはあえて言わない方がいいと思った。他の学生から浮いてしまうから。

　大学を卒業してから、FSJ（Freiwilliges Soziales Jahr）という、国が若者を発展途上国へ送るドイツの制度を利用して、1年間パレスチナへ行った。パレスチナの学校で英語を教える仕事をした。幼稚園児から高校生まで教えた。この経験は、いい経験だった。アラビア語も少し勉強した。自分（誠さん）は、ドイツではトルコ人と思われることがあった。しかし、パレスチナでは、パレスチナ人と見られ、住みやすかった。さらに、パレスチナで、アラビア語を学ぶ日本人留学生や日本の大使館やNGOなどで活躍する日本人に出会った。その人たちと交流して、日本人も様々だということがわかり、今まで持っていた日本のイメージが変化した。

　そのとき考えたことを、誠さんは次のように話してくれた。

　　　自分は日本人なのか、自分はどれほど日本人なのかといった質問が（自分の中で）湧いてくるんです。自分の話している日本語は、本当に日本語なのかとか、自分の日本語は日本人の日本語として受けつけてもらえるのか、あるいは、自分は日本人として受け止めてもらえるのかとか考えたんです。日本人としていたかったなら、どういう話をしなければならないのか、どういう行動を取らなければならないのか、とか、そういうことをたくさん考えさせられました。その答えを見つけるためにも、また自分を知るためにも、日本学を研究しようと思いました。でも、今は、その答えはないのではないかと思っています。日本人も様々ですから。

　誠さんは、パレスチナでの経験がきっかけでドイツに帰国したのち、ドイツにある大学の大学院へ進学した。インタビューをした2017年当時、彼は

修士課程 1 年で、日本学を専攻し、日本への留学を考えていた。

▌海に浮かんでいる感じ —— 自分と日本語、日本、日本人との関係

誠さんは、ドイツで出会う日本人から「日本語、なかなか達者やなあ」と言われると言う。つまり、自分は日本人として受け入れてもらうことがないと感じる。自分の日本語は、小学校 6 年生のレベルの日本語で止まっていて、自信がない。

今（インタビュー当時）、ドイツの日本レストランでアルバイトをしているが、「日本や日本語との関係は、毎日、くるくる変わっている」と言う。たとえば、電話で、注文を受けてから、なんという返事をしたらよいかわからない。日本人のサラリーマンが食事に来たら、どう対応したらよいか悩む。職場の同僚や上司と日本語でどう接していったらよいか、わからない。ドイツ語なら考えなくても適当に対応できるが、日本語を使う場合は、前もって頭で文を考えた方がうまくいく。しかし、現実には、それでは対応できない。昔、日本に住んでいた頃はあんなに日本語がうまかったのに、なんでこんなに日本語が悪くなったのか、こんなに時間がたったのに、日本語が伸びていないと感じて、自分を責める。飲食店でアルバイトして思うのは、今まで自分は「日本語をなめていた」ということだ。

ドイツには、ロシア学やアフリカ学や中東学などの学問があるが、その地方をルーツに持つ人が集まりがちだ。それはそれで面白くない。自分は日本語を使っていても、日本人にはなれない。自分は、100 ％ではない。ちょうど、海に入っていても、海の一部にはなれない感じ。どこかに浮かんでいる感じ。だから、日本の混血児とか、キリスト教信者とか、マイノリティについて研究したいし、ドイツに暮らす日本人にも興味がある、と誠さんは言う。

▌国籍とパスポート

今は、ドイツと日本の二重国籍だが、自分は、国籍を意識しないで生きていきたい。EU で見られるように、ドイツ人や、フランス人、イギリス人というのにはこだわりたくないし、ドイツと日本の混血児として話すのではなく、自分としては、人間として、ホモ・サピエンスとして接していき

たい。しかし、こういったことは、ヨーロッパではそう言うのは簡単だが、ヨーロッパと日本や、ドイツと日本を比較すると、難しいと思う。どちらでも、向こうと自分たちとは違うと決めつける力が出てくる。アルバイト先でも、自分は日本人の話す日本語を話したいとか、日本人の話すべき日本語で勤務したいという気持ちが自然に出てくる。そういう気持ち、「民族意識」が出てきてしまう。本来、そういう意識は捨てたいと思うのに、そういう意識が出てくる。それをどう乗り越えて、自分を守っていくかが難しい。自分には、「ドイツ要素、日本要素、アラビア要素などが入っているかもしれないので、そんな自分は、どういう人間か規定できない存在だと思う。自分は、海の中に溶け込むことはできず、必ず、どこかに浮いている感じになる。だから、それはいいことだと考えて生きていきたいと思う」と、誠さんは語った。

　以上が、シュミット誠さんが2017年に私に語ってくれた彼のライフストーリーの概要であり、その概要を「移動する子ども」という分析概念で図解すると以下のようになる。

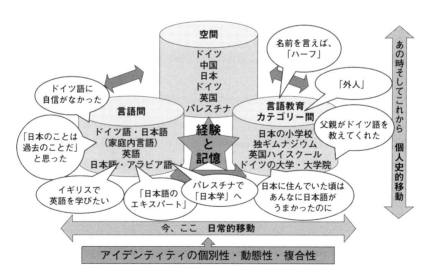

図1　誠さんの分析結果

（川上、2018b: 267）

3.2　2020年のインタビュー

　シュミット誠さんは、1回目のインタビューから1年後の2018年4月から1年間、日本の北陸地方にある国立大学に留学した。そして、1年の留学を終えて、ドイツへ帰国する前の2019年3月、私は誠さんに東京で再会した。その時、彼は東京に来ると、「ふるさとに帰って来た感じ」がすると言った。小学校時代、6年間を過ごした東京に対する彼の気持ちであろう。さらに、ドイツへ「帰る」前に会えて嬉しいと私が言うと、彼は「ドイツへ＜帰る＞のかなあ」とも述べた。1年間日本に滞在したことで、彼の中に「日本」が大きな位置を占めるようになったようだった。

　1年間の日本留学（2018/4–2019/3）から、さらに1年後の2020年6月に、リモート通話を通じて、私は彼にインタビューをした。以下、その2回目のインタビューで、彼が何を語ったかを見てみよう。

■日本留学を振り返って

　誠さんは日本留学を、「僕の人生の中で、ターニングポイントとして位置づけています」と述べた。彼は日本留学中に、地方都市に暮らすムスリムについて調査を行った。その理由を尋ねると、彼は次のように述べた。

　　　もともと自分も日本の中でマイノリティと考えていたので、日本に住んでいるマイノリティと接してみたい、そういった人たちについてもっと研究したいと思いました。もちろん、ドイツでも、ムスリムの人やイスラム教についての議論があるんですけど、日本ではどのような議論があるのかなあと思って、もっと詳しく調べてみようと思って。

その調査の結果をドイツの大学院で修士論文にまとめているところだと、彼は言った。彼が日本にいるムスリムの調査を通じて考えたかったことについては、後述する。

■日本留学についての親の反応

　彼の家族が彼の日本留学を、どんなふうに思っているのかを聞いた。

　それは、僕にとってもとても、とても興味深かったんですけど、お母
さん自体、僕が日本学という学科に所属しているんですけど、それにつ
いても微妙な反応でして、なんで突然、日本に興味があるの？っていう
ような反応で。で、僕が突然、日本や日本語について知識をつけてきて
いるってことに、喜びを感じるとともに、怪しんでいるわけではないん
ですけど、突然、息子にいろいろ日本について教えられるという立場に
回るのが、少しいい感じではなかったのではないかと思います。

息子が母親の祖国へ留学することは、母親にとって、「嬉しいことだったと
思うんですけど、微妙なんですよ」と誠さんは言った。それはどういうこと
か。誠さんは次のように言う。

　外国に住む日本人は、日本や外国に対する気持ち、感情についてよく考
え直したりするところがあると誠さんは言う。たとえば、誠さんの母親も、
2011年の地震のときに、周りの人から日本についていろいろ意見を言われ、
それについていちいち反応しなければならないことがあった。そのようなこ
とを繰り返す中で、母親の日本に対する気持ち、外国に対する意識というの
がコロコロ変わっていくように見えた。そして、息子が突然、日本の知識を
深めたいと日本留学を言い出すと、お前はどっちに回るんだ、どっちにつく
んだという見方、疑いを母親からかけられたように、誠さんは感じたという。

　それで、僕が留学から帰ってきて、結局、お前はどっちについたんだ
という、そう言われたわけではないんですが、そういう印象を持ちまし
た。たとえば、ドイツだったら、日本はやたらと原発が好きだとか、日
本人はやたらと外国人を差別するだろうとか、または女性の権利が遅れ
ているだろうとか、そういう偏見っていうんですかね、そういうものが
多かったりとか、ムスリムとかは日本に絶対いないだろうとか、日本に
ムスリムとかいても絶対差別されているだろうとか、そういう偏見がた
くさんあったりするんで、で、僕が留学から帰ってきて、お母さんが、
君はヨーロッパ化したのか、それとも日本化したのか、どっちについた
んだってことを聞かれているような気がしました。

では、それに対して、誠さんがどう言うのかを聞いた。

　僕は、反対にどちらかにつくということをしたくなくて、一人の人間として、ドイツや日本、自分をドイツ人とか日本人とか、考えたくないんで、どっちにつくとかいうのがあまり好きじゃない。反対に、ジャッジ（判断）されたくないというのもありました。少し、その点では、微妙な対応を迫られています。

さらに、その微妙なことを迫られることを、誠さんは、どう思うのかを聞いた。

　僕は、不快ですね。それ（どっちにつくんだと聞かれること）も世界（でよくあること）なんだと受け入れていくかもしれませんし、受け入れていきたいと思うんですが。僕も、そういうとき、答えに困ってしまうところはありますね。これも、今、僕は、日本学という特殊なところに属している人の、「日本学病」のようなものです。日本学というのは、特殊な分野なんです。ここは、何らかの影響で日本に興味のあるドイツの若者が集まっているところなんで、日本に対する意識がすごく大きくて、何らかの憧れを持って、その国（日本）と接するわけですから、当然、その憧れが、期待はずれになる可能性も十分にあるんですよね。中には、日本に留学して、帰ってきたら、日本なんて嫌いだと言い出す人もいれば、いや、余計、日本が好きになったという人もいて、極端に分かれてしまう。そういうときにも、僕は日本にルーツをもつ人間としても、意見を聞かれて、でも、微妙なんですよ。たとえば、僕が日本についてポジティブ（肯定的）なことを言うと、それはお前が日本人だから、そんなことを言うんだと言ったり、僕が日本に批判的なことを言ったら、やっぱりお前はドイツ人なんだと言われる。そこも、また、母親と同じで、お前はどっちにつくんだと言われているような気がする。それも、他の人がそれ（どっちにつく）をどれほど意識しているかはわからないんですが、自分は、それが聞かれているように感じる。まあ、僕と同じように日本にルーツを持つ人でも、こんなことを気にしない人もた

くさんいると思うんですけど、それは僕の問題だと思っているんです。

■「海の中に浮かんでいる感じ」は「都合のいい宙吊り」

前に初めてインタビューしたとき、誠さんは日本、日本人との関係について、「海の中に浮いている感じ」と話してくれた。その気持ちに何か変化はあったかどうかを尋ねた。

　　自分は海の中に浮いている。つまり、自分は溶け込めないということですよね。反対に、溶け込みたくないという気持ちもあるかもしれません。みんなと一緒にされたくないという欲もある。つまり、なんというんでしょう、「都合のいい宙吊り」というのがあると思うんです。どっちにも属さず、自分の立場を保つっていうのも、響きはいいかもしれないんですけど、要するに、都合のいい場所にいたいという、都合のいい話なんですよ、これって。僕のような人間は、お前、どっちかにつくだろう、と言われ続けても仕方ないと思うんです。むしろ、自分を特別扱いしろ、ジャッジするなという気持ちも盛り込まれているんじゃないかと思います。

　　溶け込めないというのも、溶け込みたくないという気持ちがあるから、溶け込めないという面もあるんじゃないかと思います。もちろん、社会の方も、溶け込ませないっていう反応があちこちにあると思うんですけど、自分も君たちと一緒じゃないよという、これはプライドなんですかね、これって。うん、プライドかもしれません。

■ 移動の影響

誠さんはドイツに生まれ、中国、日本へ行って、再びドイツに。高校時代にイギリス、そしてまたドイツに戻り、パレスチナ、ドイツ、日本へ、そしてまたドイツに移動。そういう移動が、誠さんの生き方にどのような影響を与えているのか。それを尋ねると、誠さんは次のように述べた。

　　非常に影響していると思います。そういう移動があってこそ、僕のよ

うな人間が生まれたんではないかと思います。ドイツに生まれ、ずっと
ドイツに住み続けていたら、きっと違う人生だったと思います。反対
に、幼少期に中国、日本へ移ったんですけど、そのまま日本に住み続け
ていたら、これもぜんぜん違う人間になったんじゃないかと思います。

　どんどん環境を変えていくことによって、今の自分があるんだと思い
ます。そして、日本に1年、留学したというのも、自分を少なからず変
えたんじゃないかと思います。移動は好きなんですよ、僕は。定期的
に、遊牧民のような生活を続けてきたんで、これからも少々、続けてい
くんじゃないかと思っています。どこかに根をおろすのもいいんじゃな
いかと思うこともあるんですけど、僕は、あるところに住み続けてしま
うと、何か足りないなあと思う気持ちがあるのかもしれません。

誠さんは、今、就活をしていると言った。その就活で、自分をどう見せた
いのか。

　自分は、なんか、多国籍人間だ。ちょっと大げさなんですけど。グ
ローバル人材の典型的事例なんじゃないかなあと思っています。今、就
職活動を始めたんですけど、そういう面を出そうかなあと思っています
ので、ちょっと誇張した表現になってしまっていると思いますけど。

さらに、次のように言う。

　僕は、あまりにも移動が大きいんで、自分の人生の中でも、移動を
自分の強さにしたい、という気持ちが強いんで。いや、むしろ、みん
なと同じ平凡な生活をしていたと考えられたくない。平凡というのは、
ちょっと少し悪いんですが。

また、誠さんは、「移動は財産」と語る。

　今まで僕の移動っていうのは、もちろん、大部分は、親に従って、つ

いていったものなので、それは親から譲り受けた財産といったものなの
ではないかと思っています。やっぱり、財産と考えるべきですよね、移
動ってのは。僕は、そう思っています。

このように「多文化との出会いが自分にすごく影響していると思うし、そ
れを自分の強さ、強みだとも思っています。それを、就職活動でも、自分の
強みだと理解してもらいたいというところもあるんじゃないかと思います」
と考える誠さんは、就職する会社はドイツに限らず、条件が合えば、日本で
も、世界中どこででも働くと考えていると言う。

では、ドイツと日本の「ハーフ」あるいは「ハーフ」の身体性について
は、どう思うのか。

■「ハーフ」の身体性

誠さんは1回目のインタビューで、パレスチナへ行ったとき、同じような
顔をした人がいて、居心地が良かったと言った。その意味を確認すると、誠
さんは、次のように説明した。

　　現地人と間違われるというのは、僕は外見からまずないんですね。日
　　本ではまずないし、ドイツでも、ドイツで生まれ育った中東系の人間、
　　中東からの移民という感じなんで、（パレスチナで）現地人と間違われ
　　たというのは、やった！という感じ。

誠さんは、彼の身体性（ドイツと日本のハーフの顔）から、ドイツにいても
中東系の人と思われることがあると言う。

　　街を歩いていて、突然、アラブ人かと聞かれたり。ムスリム系の人
　　に、電車の中で、アラビア語で話しかけられて、あなたアラブ人なのと
　　聞かれて、仲間だと思われるんです。ただ、最近になって、日本に留学
　　したことも大きいんじゃないかと思います。ドイツには、外国系の人が
　　たくさんいるので、気にされることはそうないんですけど、日本に行っ

て、久しぶりに、「あなたは、絶対、ここの人じゃない」という視線を
感じるということを経験して、そういうのとどう向き合ったらいいの
かっていうことを、たくさん考えさせられて、その効果っていうんです
か、ドイツに帰ってきて、生かしているという感じです。

つまり、誠さんは、日本で「外部の人」と見られる経験から、ドイツは日本
に比べ、「外部の人」を気にしなくてすむ方向に進むべきであると考えるよ
うになったという意味である。

　誠さんは、そのことの例として、以前にドイツで会った「ハーフの女の
子」の話をした。

　誠さんは、以前、ドイツで「ドイツとタイのハーフの女の子」と話したこ
とがあった。誠さんは彼女に、両親のどちらがドイツ人かタイ人かと聞いた
ところ、その子が驚いていたと言う。ドイツでは、彼女のような「ハーフ」
と見ると、父親がドイツ人で、母親がアジアの人と考える傾向があると彼女
は話したと言う。それを聞いて、誠さんは、ドイツにそういう「偏見」があ
ることに初めて気づかされたという。

　その「ハーフの女の子」は誠さんから尋ねられたことが「嬉しかったみた
いです。もともとその子は、自分の親についてはジャッジされていると思っ
ているみたいなんで」と、誠さんは話した。後述するように、誠さんも同様
に、他者から「ジャッジされる」（判断される）ことについて感じていること
があるという。

■ 気まぐれなドイツ語

　移動すると、いろいろな言葉に接触する。誠さんの場合、ドイツ語、日本
語、英語、アラビア語、いろいろな言葉に接触した。誠さんは「いろいろな
国、いろいろな文化、いろいろな言語をみてきた、取り込んできた、その言
語のうち、ある程度、話せる言語もあるっていう、僕はそういう存在である
ことを自負している」と言う。そのうえで、誠さんが自分のドイツ語をどう
思っているかを尋ねた。

　誠さんは、自分のドイツ語を「完全に特殊です」と言う。どこが「特殊」

かと聞くと、「僕のドイツ語は、すごい、気まぐれなドイツ語です」と言い、次のように説明した。

　文法的にもあっていないし、あまりにも、話し方が独特で、文法的に、乱暴なんです。語彙が、自慢ではないんですけど、読書量が多かったので、語彙が広いんですね。語彙が広かったり、表現力が豊かっていうことで、また文法が乱暴でも、許してもらえるという感じです。文法が乱暴というのは、ちょっと、説明しないといけないと思うんですけど、あの、僕が日本語で話しているようなイメージですね。なんか、乱暴ですよね、日本語も。たまに、何かを言いかけたと思うと、ぜんぜん、文章が違う方向に行って、最後の述語も、なんか…意味的には、伝わるんですけど。ドイツ語も同じで、なんか、話しているうちに、この表現使ってみたいなあとか、この語彙を入れてみたいと思ったり、文法的には、ぜんぜん間違っているよって、センテンス作っていくけど、まあ、言いたいことはだいたい伝わるし、えっと、僕も、伝わればいいんだなと思ってしまってるんで。文法的に、きれいな文を作っていくことにこだわりがないんで。

では、日本語とドイツ語を比べると、どうなのか。

　ただ、日本語と比べたら、まだまだドイツ語の語彙の方が高いんで、ドイツ語を話した方が、人に、自分も満足できる会話ができるかなあと思って。そういうこともあって、日本語やドイツ語を教える方には、まわりにくいかなあと思うところもあるんで。詩的表現って言うんですか。そういう…言い方にこだわりすぎて、その文法の正確さに欠けるということが、すごく多くって、でも、これも、就職したら改善していけたらなあと思っているんで。まあ、改善したければ、できるっていう自信も少しあるんで、大丈夫なんじゃないかと思います。

誠さんがドイツ語を書く場合はどうか。誠さんは、今、修士論文をドイツ語

で書いているので、「ドイツ語の文章を誰かにみてもらうことはないか」と
尋ねると、

　　僕の場合、自分で読み返して、チェックする方法なんで、それはない
　ですね。ドイツ語を書くときは、正確に書こうとするんで、特に、先生
　からコメントをもらうことはないですね。ぜんぜん、大丈夫です。いつ
　も、いい文章を書くねと言われますね。

その修士論文で、誠さんは何を言いたいのかを尋ねると、誠さんは「難しい
質問ですね。そこの部分がまとまったらいいですよね」と言いながら、次の
ように述べた。

　　僕は、あの、人をジャッジするだったり、ジャッジされたりするのを
　嫌う、嫌がる。できる限り、日本に住むムスリムという事例を持つこと
　によって、人をジャッジするという傾向を少しでも解消する…日本に住
　むムスリムっていうのは、もちろん、移動ですね。異文化が衝突する、
　大げさな表現ですが、文化が衝突して、摩擦を起こす、それに対して、
　社会がどう反応をしていくか、という、僕にとっては、とても興味深い
　ことなんですけど。自分に似たような人がたくさん生活していると思う
　んです。日本のムスリム社会に。それによって、そういうものを幅広く
　紹介したいなあって。

4.　考察 ── 「移動する子ども」から考える

　以上のシュミット誠さんの語りを、「移動する子ども」という分析概念か
ら、分析してみると何がわかるのか。

①移動のリアリティ
　「空間」「言語間」「言語教育カテゴリー間」の移動に関わる体験が、自分
にとって意味のある経験として記憶される。ドイツ生まれの誠さんの場合、

ドイツ→中国→日本→ドイツ→イギリス→ドイツ→パレスチナ→ドイツ→日本→ドイツと移動の軌跡が続く。その間、家庭内を含め、複数の言語間の日常的な移動が続く。さらに、言語教育カテゴリー間の移動が起こる。たとえば、日本で小学校へ入学すると、日本語による教育を受けるが、週末になると父親によるドイツ語教育が始まる。誠さんにとって、父親による「継承ドイツ語教育」と言えよう。誠さんは、日本で小学校を卒業すると、ドイツでギムナジウムに編入し、そこで初めてドイツ語による学校教育を受ける。それまでは誠さんにとって「移動させられた」経験だったが、高校生のときにイギリスへ自分の意志で「移動する」留学を決め、英語による教育を受けた。大学卒業後のパレスチナの英語教育実践を経て、ドイツの大学院へ進学し、さらに日本留学、そしてドイツへと移動は続く。

　誠さんの「移動の軌跡」は、今、世界各地で起こっていることであり、けっして珍しい出来事ではないだろう。ここで重要なのは、これらの「移動」により、多様な社会認識、自己認識が生まれ、そこから自己アイデンティティの構築・再構築が続いているということである。

②生の動態性

　そのため、「空間」「言語間」「言語教育カテゴリー間」の移動経験と記憶は、当事者の生き方やアイデンティティの動態性を生むことになる。誠さんは中国にいた頃の記憶はないが、日本の小学校に入学すると、名前から「ハーフ」とクラスメイトからまなざされる。「外人は出て行け」と1、2度言われたことも記憶しているが、クラスメイトと同じように日本のアニメやマンガに親しんだ。その頃の生活では日本語使用が多く、父親による週末の「ドイツ語教育」には反発を感じていた。

　しかし、ドイツへ移動すると学校ではドイツ語学習が中心となった。逆に、「日本のことは過去のこと」となり、補習授業校へも行かなかった。生活環境、家庭内の役割や食事の変化、ドイツ語を使う際の戸惑いもあった。懸命にドイツ語を学び、進級するとようやく自信がついてきた。しかし、将来世界で活躍するには英語が必要だと感じた。クラスメイトの英語力にも劣等感を感じ、英語を学ぶために単身イギリスの高校へ留学することを選択

する。イギリスの学校では、日本人とドイツ人の「ハーフ」は珍しく、それまで過去のことと思っていた日本での経験や知識が学校内の人間関係構築に役立った。ドイツの大学で考古学を学んだ後、パレスチナへ赴く。ドイツではトルコ人とまなざされたが、パレスチナではパレスチナ人と見られ、住みやすく感じた。そこで出会う日本人から新たな日本のイメージを学び、それがきっかけでドイツの大学院へ進学し、日本学を専攻し、日本留学へと繋がった。

　このように誠さんの半生の軌跡には、「移動とことば」が強く影響していることがわかる。誠さんは、その「移動とことば」の中で、日常的な生き方、進路、自己表象の選択が行われており、結果的に、生の動態性が生まれていると言えよう。

③移動の中で自己を捉える

　誠さんは「ドイツではトルコ人と思われ」、「パレスチナでは、パレスチナ人と見られ」たと語り、「自分は日本人なのか、自分はどれほど日本人なのか」と自問したと語った。また、日本留学中に、「あなたは、絶対、ここの人じゃない」という視線を感じるという「周りから他者化される」経験を語った。さらに、ドイツの大学院に戻ると、家族の反応や「ドイツとタイのハーフの女の子」のエピソードから、「人をジャッジするだったり、ジャッジされたりするのを嫌う、嫌がる」意識についても語った。それは、日本のムスリム調査をもとに書いている修士論文のテーマにも繋がっているという。

　つまり、誠さんの幼少期から現在に至るまでの語りには、「移動とことば」をめぐる他者とのやりとり、社会的まなざしと他者意識から自己認識、自己表象、自らの生き方や進路が変容していく動態的な軌跡が見られた。そこには、日本語力を含む複言語複文化能力を意識しながら生きている姿、さらには様々な思いや迷いを抱きながらも主体的に生きようとしている当事者の姿があった。

　以上をまとめると、誠さんの生を、ドイツ、中国、日本、イギリス、パレスチナという一国、あるいはある場所、ある言語、ある学校という「定住の視点」で捉えきれない。したがって、私たちはもう、誠さんを「ドイツに住む日本人の子ども」などといった、「定住の視点」から作られたカテゴリー

に当てはめて単純に呼ぶことはできない。あるいは、同様に、ある地点のある言語の教育だけを取り上げて議論することは「定住の視点」からの議論であり、今を生きる子どもの動態性・個別性・複合性のある生を捉える視点とはならない。彼らの生を捉えるためには、常に移動しているという「移動とことばの視点」が必要なのである。

では、なぜ「移動とことばの視点」が必要なのかを、改めて考察してみよう。

5.　モバイル・ライブズと「移動する子ども」

文化人類学者のジェームズ・クリフォード（J. Clifford）は、定住を視点とするのではなく、移動が常態であるという視点に立って世界を捉えることを主張した（Clifford, 1997）。また、社会学者のジョン・アーリ（J. Urry）は「移動」（mobilities）を視点に社会を捉える方法論、モビリティーズ・パラダイムによって社会科学全体の捉え直しが必要であると主張し（Urry, 2007）、エリオットとアーリは、現代社会の生活自体が「移動の途上にある」生活（mobile lives）と捉えられるとした（Elliott & Urry, 2010）。

これらの研究はいずれも移動を前提とし、移動から人や社会を捉え直す研究と言える。しかし、これらの研究には物理的な移動が議論の中心にあるが、「移動する子ども」学の視点から提起する以下の3点について十分な言及がない。

その第一は、本研究で検討したような幼少期より複数言語環境で成長する人に見られる言語接触、言語意識、複数言語とアイデンティティに関する意識やその動態性について言及がない点である。たとえば、誠さんの成長過程には、主にドイツ語、日本語、英語などに対する意識や向き合い方の変化、また、そのことが進路やキャリア、アイデンティティ形成の変容に影響していた様子が見られた。2回目のインタビューで誠さんは、自分のドイツ語を「完全に特殊」「気まぐれなドイツ語」あるいは「文法的に、乱暴」と語った。自分の使うドイツ語は日本語も同じと言った。誠さんは、ドイツ語でも日本語でも、話をしている間に思いつく語を途中からでもどんどん入れていき、「文法が乱暴でも、許してもらえるという感じ」とその発話の解釈を聞き

手に委ねるスタイルで語っていた。ドイツ語の方が日本語よりも語彙力は高いと言いながら、誠さんはドイツ語や英語だけではなく、日本語も使って働くことを希望しており、就職すれば、その社会生活の中で「気まぐれな」「文法的に、乱暴」な言語使用は改善されるだろうし、その自信があると語る。

　このように、アーリのいう「モバイル・ライブズ」に生きる個にとって「ことばの視点」は欠かせず、「移動とことば」の視点からの研究が「移動」(mobilities) 研究に不可欠であることを示唆する。

　第二は、幼少期より複数言語環境で成長する人は移動によって接触する複数言語を媒介にして社会認識を形成していくという点である。社会学者のゲオルグ・ジンメル (G. Simmel) は社会とはそれを構成する諸要素の「相互作用」によって成立すると捉え、中でも社会を考えるうえで個人の「心的相互作用」「主観的文化」に注目した（本書の第 1 章）。つまり、個人の持つ主観的な社会認識あるいは世界認識が重要な働きをするという指摘（ジンメル、1994）である。その影響を受けた前述のシュッツは、集団の外部から来る人は「接近する集団に関する知識は等高線で描く地図のように、いくつもの層によって形成される」と述べた。そのように考えると、複数言語環境で成長する人が日常的に複数言語を媒介としたコミュニケーションを経験するたびに複数の「等高線で描く地図」が形成され、それらを通じて自らの中に動態的な社会認識と自己認識が形成されるのだ。

　誠さんが「自分は日本人の話す日本語を話したいとか、日本人の話すべき日本語で勤務したいという気持ちが自然に出てくる」と語ったりするのは、社会を構成する諸要素の相互作用により形成される社会認識の例である。また、誠さんは日本留学中に、「あなたは、絶対、ここの人じゃない」という視線を感じるということを経験した。それは日本に住むムスリムの人々に関するマイノリティ研究に通じるテーマであった。さらに、ドイツに戻れば、母親から「お前はどっちについたんだ」と聞かれているように感じたり、「ドイツとタイのハーフの女の子」に出会ったエピソードから、ドイツや日本に対する見方、海外に住む日本人などに関する社会認識が変わる。

　一方、誠さんは、それらの認識が生まれる背景にある移動は「財産」とポジティブに語り、今の自分を作っていることに移動が影響していると語る。

つまり、「移動する子ども」という経験と記憶が動態的に自己解釈されていく。その意味でも、幼少期より複数言語環境で成長する人の研究には、複数言語使用の視点は欠かせないのである。

さらに第三は、誠さんがその身体的特徴や言語使用によって他者から「トルコ人」「パレスチナ人」「ドイツと日本のハーフ」などとまなざされたことや、「日本人らしい日本語」という社会的規範意識と対峙しながら自らの生き方や言語使用、アイデンティティ、位置どりを模索していく姿を語っていた点である。2回目のインタビューでも、「海の中に浮かんでいる感じ」は「都合のいい宙吊り」と感じたり、社会に溶け込みたくないし、社会も溶け込ませたくないという関係性があると語ったり、だからこそ、他者に「ジャッジするな」と言いたいし、自身は「人をジャッジするだったり、ジャッジされたりするのを嫌う、嫌がる」とも語っていた。

つまり、誠さんの語りは、移動の中で生きる当事者の主観的な意味世界が「モバイル・ライブズ」の中に生きる個にとって重要なテーマであることを示している。そして、その主観的な意味世界には、「モバイル・ライブズ」に生きる個の「感情」「感覚」「情念」の世界があり、その世界は他者や社会と相互作用的関係にあるという点が重要なのである。それは知識社会学のいう、それぞれの個が理解する社会的認識と自らの複合的な社会的認識の「弁証法的現実理解」(バーガー＆ルックマン、2003)である。したがって、「移動する子ども」という経験と記憶を抱え、自らの生にどう向き合って生きていくのかという課題は社会の中の自己のあり方の研究であると同時に、これからの社会のあり方を研究することになる。

以上のように、幼少期より複数言語環境に生きる人の生を、「今、ここ」の日常的移動の横軸と、「あの時そしてこれから」という過去と未来を繋ぐ個人史的移動の縦軸から捉える「移動する子ども」の研究は、移動を常態とする21世紀の人の生き方、社会のあり方を考えるうえで極めて重要な研究領域であり、社会的テーマであると言えるだろう。特に、個の個別性、動態性、複合性というポストモダンな視点から幼少期より複数言語環境で成長する人の主観的な意味世界を探究する「移動する子ども」学は、21世紀の新たな人の研究、新たな教育を再考する基点へ導くであろう。

第 10 章

記憶と対話する

――ある女性の半生の「移動する子ども」という記憶

問題意識⑩

　前章では、幼少期より複数言語環境で成長した経験と記憶を持った青年のライフストーリーを見た。では、同様の経験と記憶の持つ人が母親になり、子育てをする年代になると、どのような思いを持ち、自分自身をどのように捉えながら生きているのであろうか。

　次に、誠さんと同様に、ドイツで生まれた 40 歳代の女性のライフストーリーを通じて、この課題を考えてみたい。

1. はじめに

　近年、グローバルな人口移動の結果[1]、幼少期より複数言語環境で成長する子どもたちが世界各地で増加している。移民、避難民の子どもたちはもちろんだが、異なる言語を持つ大人同士が国際結婚し、その両親のもとで生まれた子どもなども、その中に含まれるだろう。

　日本人女性が国際結婚して日本国外で生活している場合、子どもは家庭では日本語に触れ、学校では現地語で教育を受けるなど、一日の生活の中で複数の言語間を移動しながら生活しているケースもある。さらに成長途中で親の都合で国境を越えて他国へ移動する子どもは、それまでの学校とは異なる教育環境で異なる言語で学ばざるをえなくなる。日本の学校でも、そのような背景を持ち、日本語がまだ十分に使えないまま学校へ通う子どもは、今ではけっして珍しくなくなった。そのため、「日本語指導が必要な子ども」とくくられて、それらの子どもへの日本語教育を含む教育支援が社会的課題となっている。

　一方、そのような「移動する子ども」の経験を持つ子どもが成長し、社会人となり、あるいは親となって暮らしていくときに、それらの経験が生活や人生にどのように影響しているのか、あるいは影響していないのかについては、まだ十分に知られていない。

　そこで、本章では、幼少期より「移動する子ども」の経験を持つ40歳代のある女性の語りをもとに、当事者の視点から、この課題について考えてみたい。

　まず、「移動する子ども」という分析概念について確認しておこう。

　「移動する子ども」とは、目の前の生きている子ども（実体概念）ではなく、幼少期より複数言語環境で成長したという経験と記憶を中心に持つ分析概念である。その分析概念には、「空間」「言語間」「言語教育カテゴリー間」の移動経験の貯蔵庫が3つあり、それらが相互に影響しつつ重なり、記憶が形成されていく。また、「今、ここ」の日常的移動の横軸と、「あの時そして

---

[1]　日本の場合、日本から海外へ移動する日本人が増加している。2018年現在、海外に3カ月以上在留する日本国籍者数は、過去最高の140万人弱となっており、うち半数以上が女性で、その数は過去30年で倍増している（外務省、2019）。

これから」という過去と未来を繋ぐ個人史的移動の縦軸を持つ（図1）。幼少
期から複数言語環境で成長する人の生を捉え、理解するには、このような分
析概念としての「移動する子ども」が有効である（本書の序より再掲）。

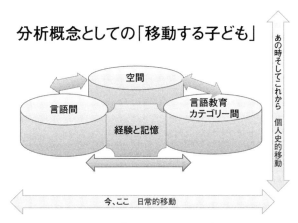

図1　「移動する子ども」

　ここで、個人の記憶について考えておこう。個人の経験のうち、事柄の意
味に関する意味記憶と出来事に関するエピソード記憶が、自分自身のそれま
での生の自伝的記憶を構成すると言われる。自伝的記憶は回想的記憶とも呼
ばれるが、未来へ向けた予定や行動に関する展望的記憶も人の中に蓄積され
るという（佐藤他、2008）。さらに個人の記憶が個人のアイデンティティを
形成することに影響するとも言われている（福岡、2014）。
　また、人格心理学では、幼少期に使用する言葉によって形成される「言
語自己感」が成長にともなって変容していくと言われている（大山、2015）。
つまり、子どもの頃に、ある言語に触れ、その言語の音を発し、その言語を
使う話し方などが、その子ども自身の「子どもらしさ」（個性）を形づけてい
くが、その子どもが成長するにともないその子どもの「言語自己感」が人格
やアイデンティティ形成に影響していくという見方である。
　ここで注目するのは、これらの新しい知見には、人の記憶や言語自己感、
アイデンティティは、人の成長とともに変化していくという動態的視点があ

るということである。これを社会構成主義的視点（ゲーガン、2004）から見ると、社会的な関係性の中に生じる記憶や言語使用の経験、そこから生じる社会的認識が人の成長の長いプロセスの中でアイデンティティ形成に影響し続けていくということになる。

　では、「移動する子ども」という経験と記憶は、具体的に、長い人生にどのように影響していくのかを、本章のケースで考えてみよう。

2.　調査

　本章の考察は、幼少期より複数言語環境で成長した人の語るライフストーリー調査に基づく。このライフストーリー調査は、前章の調査と同様で、2017 年 3 月にドイツのある地方都市で行われた。本章のケースも、調査協力者には事前に趣旨説明を行い、同意をいただいたうえで、対面での日本語によるインタビューを行った。

　本章の調査協力者は、マユミさん（仮名）という 40 歳代の女性である。私は、指定された時間に、彼女の仕事場があるオフィスを訪ねた。広く静かな部屋に通されて、そこで 2 時間近く、彼女の誕生からその時点までのライフストーリーを聞いた。ドイツで行われた調査で出会った複数の調査協力者から彼女をここで取り上げる理由は、幼少期より複数言語環境で成長した人が親となっているケースは、他になかったからである。また、彼女は、インタビューから数日後、近くで行われた私の講演会にも参加し、私の研究や考えに理解を持ったと思われたため、その後、メールのやりとりをするようになった。そして、インタビューの音声データをもとに、内容を文字起こしし、見出しをつけて原稿を整理した。それを彼女に送り、確認の上、当事者の視点から修正や削除をお願いした。

3.　事例研究 ── マユミさんのケース

　では、ここから、彼女のライフストーリーを、いくつかの時期に分けて記述する。

▌マユミさんの両親

　マユミさん（仮名）は、ドイツ人の父と日本人の母のもと、1970 年代にドイツのある地方都市で生まれた。

　マユミさんの父は大学生のころ、ドイツ政府の奨学金を得て、日本の大学に留学した。当時、母は日本の大学で学んでいた。知り合った二人は、ドイツで結婚した。ともに 25 歳だった。

　マユミさんの両親はドイツで、病院で働いていたが、母は、ドイツで正式に働くためには資格を取り直さなければならなかった。そのため、ドイツで仕事をすることを断念した。

▌子どもの頃の移動とことば

　マユミさんがドイツで生まれてから 1、2 年後、家族は日本へ移動し、日本で妹が誕生する。その後、家族は、マユミさんが 3 歳のときに再びドイツに戻った。ドイツで、もう一人、妹が生まれた。マユミさんは 3 姉妹の長女として、成長した。

　その頃（1970 年代）の家庭内言語は、どうだったのか。マユミさんは、次のように言う。

　　　日本から帰ってきてからすぐは、日本語を話していたような気がします。あの当時は、バイリンガルというのは、子どもにとっては大変負担になるという考え方で、1 つの言葉にしようということになり、それがドイツ語であるべきだというふうに、両親が決め、その後、ドイツ語で話すことになりました。

　マユミさんの母はドイツ語が堪能だった。ドイツ語について、「母親は今でも、すごく上手です」とマユミさんは言う。

▌ドイツの学校から日本の学校へ

　その後、マユミさんはドイツの公立学校へ通い、成長していく。そして、マユミさんが 10 歳のとき、家族は再び日本へ移動する。その事情について、

マユミさんは次のように言う（以下、M: マユミさん、K: 川上）。

M：母親はそのときのことをあまり話してくれませんが、やっぱり辛かったんだと思うんですね、子どもと日本語が話せないのが…。

　マユミさんの父は、そのような母を気遣い、転職をし、会社を通じて、日本に行けるようにした。家族は、神戸に移り住んだ。マユミさんの父が日本を好きだったことも背景にあると、マユミさんは思う。
　マユミさんは幼少期に一時期日本で暮らしたが、ドイツに再移動した3歳から10歳までの7年間、ドイツ語の中で暮らしたあと、日本に再び移り住んだ。マユミさんは、日本語を使うことをどう感じていたのか。1980年代の初めの頃だった。

M：簡単ではなかったですね。
K：どんな感じだったんですか。
M：私はもう10歳で、ある程度人格もできていたので、今から考えると、無理があったな、と思います。もう少し私の意思と状況を汲みながら方向を決めてほしかったなと、思います。ただ一方で、その当時の日本の学校がどのようなものか、そして、私に日本語を習ってほしいという願いを叶えるためには、その道しかなかったのかもしれません。なかなか難しいですね。両親は、大変難しい決断の前に立たされていたと思います。子どもの福祉、それとも親の意思、一方で親とのコミュニケーションができなければ、子どもの福祉もない。
K：そうですか。マユミさんが10歳だった。その段階で、つまり、ドイツ語で育ってきたのに、日本に連れて帰るのは、無理があった？
M：日本に移り住んだとしても、たとえば人格というものを大事にするのであれば、ドイツ学校に行くっていう方法が、今から考えれば、私にとっては一番楽な、合った選択肢だったんじゃないかなとは思いますよね。ただ、そうした場合、私の日本語、どうなっていたん

でしょう。結局あまり話せずに終わってしまったかもしれません
ね。

マユミさんは、10歳で神戸の公立小学校へ入学する。その頃の生活はどう
だったのか。

M：学校に入った最初の1カ月は、その小学校で、やってみようという
　　気があったのですけれども、まあ無理でしたね。実際には。
　　　私の日本語は、3歳児の日本語で、やっとのことで自分の名前に
　　出てくるひらがなを書ける程度の日本語でしたから。そういう状態
　　で来ているので、5年生の授業はわからないですよね。何言ってい
　　るのかわかんないし、友だちとも話せないし、友だちもまあ、なん
　　となくできるのだけれど、生活感覚とかがよくわからない、とにか
　　く大変でした。ドイツ（の学校）は9月始まりで、4年生の半分し
　　か通っていませんから、せめて、4年生に入れれば良かったのでは
　　ないかと思いますけど、それでも、同じだったかもしれません。日
　　本では、年齢で学年を決めるので、両親が求めても学年を下げて入
　　るということができなかったそうです。たとえば、「社会科」なん
　　て、先生、何、喋っているのだろうっていう感じでした。

　その1カ月後、マユミさんは「帰国子女学級」のある国立大学附属小学校
に転校し、「人間らしい生活」(本人の表現)を送るようになったという。少人
数だったこと、また、日本人の子どもたちと同じことができなくても別に自
分に何ら汚点があるわけではないことが確認できたこと、同じような経験を
した子どもが他にもいることが励みになり、それが日本語を習う原動力に
なった。それで自然となんか、日本語もできるようになっていたし、漢字も
できるようになっていた。「書道なんて、ものすごく好きだった」とマユミ
さんは振り返る。
　マユミさんがドイツ学校へ行かなかったのは、もう一つ理由がある。実
際、マユミさんはドイツ学校を見学に行ったが、母親がドイツ学校へ行って

ほしくない、日本語で話してほしいと考えていると感じて、日本の学校へ行くことにしたと話す。

▐ 中学校の印象

マユミさんは中学校へ進学する際、地元の公立中学校へ移る。その中学校は、どんな学校だったのか。1980年代半ばの頃だった。

> M：軍隊みたいな、集団でしたね。体罰もあったし丸坊主もあったし、
>   1学年15クラス、最後は16クラスの巨大な中学校でした。
> K：多いですねえ。
> M：とんでもないところに行きました。

この頃になると、マユミさんは日本語で困ることはなかったという。ただ、それ以上に印象的だったのは、中学校の教育方針だった。「別に私だけじゃなく、子どもらしく扱ってもらった覚えはない。」「日本では子どもはこういうふうに扱うのだって。そういう印象を受けました。」

2歳下の妹は、その後、受験をして、附属中学校に入った。妹の中学校の様子は、マユミさんの中学校と違っていたという。

> M：全然違うのですよね。教育もね、まったく。子ども同士の付き合い
>   方も違うし。その辺うらやましいなと思いました。

▐ 「見せ方」と「見られ方」

家庭では、どんなふうだったのか。

> M：家では関西弁です。
> K：でも、お母様は東京弁なんですよね。で、お母様は、関西の言葉は？
> M：母も関西弁話して頑張ってました。しかし、ネイティブにはなれな
>   いですよね。

その頃の学校での様子、他の生徒の反応を聞いた。

> K：そうですか。なんかこう、目立つっていうのがあったんですか？
>
> M：私は日本人とは顔も違うし、「ハーフ」なんだという意識は子ども社会からしっかり植えつけられていました。いわゆる日本人の帰国子女は、外国に行って、帰ってきても別に何にも言わなきゃ顔を見てわかるものではないですよね。私なんかね、必ず目立ちますから。
>
> K：そうですか。そういう意識があったんですか。
>
> M：意識というより現実がそうでしたね。どこ行ってもジロジロ見られて、動物園のライオンのようでした。
>
> K：それはこう、クラスの子とか、あるいは街を歩いててもとか、そういう意味ですか？
>
> M：そうですね。赤の他人からは、「アメリカ人？」って言われたりして。不思議ですよ。
>
> K：そういうの、嫌なんですね。
>
> M：嫌ですよ。私はものではないんでね。最初はねえ、その場では一応答えてるんですけど、だいたいアメリカ人じゃないし、何で聞いてくのかなって不思議に思っていました。それだけ聞きたいんですよね、質問する日本人は。別に、友だちになりたいとか、そういうのではなくて、ただ単に、興味本位で聞いて、自分の興味が満たされたら、そのまま離れていく。そういう行動っていうのは、子どもには、わかんないですよ。君は僕と違うということを度重なって聞かされるということですね。そうすると、私は違うからグループには入れないという意識が自然と植え付けられるんですね。

マユミさんは、それでも、日本の小学校、中学校へ通った。

> M：でも友だちはできました。目立っていましたけれどできました。学校を変えるごとに、面倒くさいなって思っていました。また、何百回となく、「何人？」「何語話せんの？」「ちょっと喋ってみて？」。

私の返答を、テープレコーダーに録音して、同じ質問がきたら、再生しようかなと思いました。実際、頭の中では完全にそのモードでしたね。そういう会話を、しなきゃいけないって。それが面倒くさい。嫌だと思いました。人は私の領域にズカズカと入って失礼な質問をしているのに気づかず、私だけ礼儀正しく返答しなければならない、そんな嫌な気持ちでしたね。

　今から考えると、こういう経験が国際感覚を磨いてくれたんだなとは思います。反面教師という意味での授業でした。

■ 高校とドイツ語

　マユミさんは神戸の進学校の公立高校を受験し、合格する。中学時代には、日本語の作文がクラスで選ばれ、成績も良かった。高校見学をした時、妹の通っている附属中学校のような雰囲気があって、「いいなあ」と思い、モチベーションが上がったという。

　では、その頃、ドイツ語はどうだったのか。

　　K：その頃は、でも、ドイツ語ってどうなってたんですか？
　　M：ドイツ語はすっかり、冬眠状態。
　　K：冬眠状態？　でも、お父様は、ドイツの方だから、まあ、さっきお話したように、日本語を使われていたとのことですが、ドイツ語も…。
　　M：日本で働くお父さんって家にいないじゃないですか。いつ話すんですか。父親は忙しいです。あの頃、父親の会社が２年に一度家族全体でドイツに帰国できるように取り計らってくれていました。不思議なもので、ドイツに行くことがあんまり嬉しくなかったですね。帰れるのは嬉しいんだけども、その、おじいちゃんやおばあちゃんの家に行くと、悲しくなったりなんかして、ものすごく複雑でしたね。

つまり、夏休みなどに、ドイツに一時帰国し、父方の祖父母の家に行くと、ドイツ語で挨拶したり話をしたりしなければならない。その時、マユミさんは「複雑」な気持ちになるという。

M：自分の人格と共に言葉は成長してませんから。10 歳までのドイツ語
　　はできても、それ以上のところはもう表現できない。あるいは、も
　　う忘れてるから、なかなか出てこないとか。それが難しいですね。

K：そういうのが複雑って意味ですか。

M：私はまったく日本には行きたくなかったのに、どんどん日本に慣れ
　　て、ドイツの様子はわからなくなる。言葉もできなくなる。

K：10 歳のときに、日本に戻りたくなかった？

M：私は気持ちとしては、誘拐されて日本に行ったと思っていましたか
　　らね。でも、その事実はもう変えられないし、実際に日本での生活
　　も、それなりに、できてしまって。でもどっかでいつかドイツに帰
　　ろうっていう目標がありました。父親はいつかはドイツに帰るんだ
　　と言っていました。そういう意識で私は生活してました。

　　　　そうでなきゃ生活できなかったですね。私はドイツが好きだった
　　んでね。私が行き着いた解決策は、人格を分裂させて、ドイツの私
　　は冬眠状態で保管したまま、日本の私という人格を新しく作り上げ
　　る。仮の私と言いますか。日本で生き抜いていくための私。

K：日本で生き抜いていくっていうのは、気持ちはドイツにあるんだけ
　　ど、環境は日本だから、なんとかそこで生きてかなきゃ。

M：後々ドイツに行けるように、ドイツの自分も置いておきながら、そ
　　こはもう大事にしまっておいて、鍵かけて、今はなんとか乗りきる
　　ための自分を作る。そういうことです。

K：仮の、日本の、日本に生きるマユミさんを作って。

M：別にそれが全部嫌な経験ってわけじゃないんですけど、自分の中
　　で、後からそういうふうにしていたんだなって思います。別にその
　　当時、自分でそのようにしようって自分の意思でやったわけじゃあ
　　りません。

K：その時やはり、お父様も、将来はドイツに帰るかもしれないよ、帰
　　るんだよって言ってたのも。

M：ありますよね。実際に、ドイツの会社だったんでね。帰んなきゃい
　　けなくなる、その時が来たのは、いつだったかなあ。私が 17 歳の

　　　時。7 年後ですよね。もうお父さんが昇進をして、その会社にいる
　　　んであれば、ドイツに帰る。その道しか残っていない。どうする
　　　かっていう話になって、でも 6 年たってしまうと、もう一度やり直
　　　すっていうのは私にも考えられなくて、自分でも信じられないけれ
　　　ども、ドイツは無理って言ったのを、覚えてますね。

K ： その時はもう、高校生活の方が自分にはもう、ぴったりしてた？

M ： そういうわけではなくて、新しく、文化に適応するエネルギーがな
　　　いと考えたということです。ハーフっていつも「ぴったり」なんて
　　　環境ありません。それなりに「ぴったり」にしようとは思いますけ
　　　ど、合う環境なんてありません。周りが排他的な態度を見せる限
　　　り、ぴったり感は出てこないと思います。自分はドイツに帰りた
　　　かったのに、日本に行ったときの苦労を思い出すと、私はそれをも
　　　う一回…、ドイツでもう一回苦労するのは考えられないと思ったの
　　　を、覚えています。

K ： つまり、17 歳くらいで帰ってくると、そこにもう一回入って、ド
　　　イツの友だちの中でやっていく、いろんな苦労があるだろうと。

M ： 10 歳の、言葉で、ねえ、17 歳の環境を築いていくのは、きついで
　　　すよね。

▌両親の決断とオーストラリア高校留学

　父がドイツへ戻るかどうかを考えた時、マユミさんだけではなく、日本に
馴染んでいた妹たちも、また母親もドイツへ行きたいとは言わなかった。

　そこで父親は会社を退職し、日本で自営で働くことを決意する。家族は東
京へ引っ越しし、父親は東京で外国人向けの仕事をし、生計を立てることに
なった。

　一方、マユミさんは、母の勧めもあり、高校 3 年生の時、神戸日豪協会
の援助を得て、オーストラリアのブリスベンにある、通称「ガールズグラ
マー」という公立の女子高へ 1 年間、留学することになった。その頃のマユ
ミさんは、「西洋の外国に行きたいっていう意志は強かった」ことや、母が
「留学したかったのにできなかったから、娘に留学させてやりたいって気も

あったんだと思います」と言う。

　では、オーストラリアの留学はどうだったか。マユミさんは、「留学は良かったですよ」「新しい経験になって楽しかったですね」「全体的にオーストラリアは私の中では明るいイメージ。真っ青ですよね、オーストラリアの空は。空はあんなに青いのかと思うくらい」と振り返る。

　クラスメイトとの関係を聞くと、

　　M：その時は、なんかねえ、すんなり入ってるんだけども、あそこはあそこでまた違った人種差別がありますよね。今度はジャップだー、チャイニーズだーって。旦那はこの頃、オーストラリアで知り合いました。彼はドイツから来た留学生、最初は英語で知り合い、のちにドイツ語で話していました。

オーストラリアの英語について聞くと、次のように言う。

　　M：わからない単語は全部メモして、昼休みとか辞書で引いてましたね、暗い人でした。でも、本当に私、好きなんですよ、言語が。だから別に苦には思ってなくて。ドイツ語で英単語を調べたりして、私の中で自由自在さを楽しんでいました。未だに辞書とか大好きです。最後には私の英語は 17 歳程度のものになっていたと思います。ほとんど不自由なく話していました。もちろんオーストラリアなまりで。

■ 大学へ入学

　オーストラリアの高校留学を終えたマユミさんは、日本に戻り、受験をし、東京にある私立大学へ進学した。日本の大学生活はどうだったのかを聞いた。1990 年代初めの頃だった。

　　M：東京の大きな大学に行けば国際化していて、外国経験をした人がたくさんいると思ったんですけど期待外れでした。私は、本当は、

　　日本の大学には行きたくなかったんです。でも母親が、いつか日
　　本に帰ったとき仕事がないから、大学だけは出てって言われて。
　　それじゃあということになったのです。

　マユミさんが入学した学部は、新しくできた学部で、教授陣もやる気が
あって、「最高でしたね」とマユミさんは言う。何が良かったかと言えば、
それまでの「詰め込み」ではなく、自分で学びたいことを自発的に学べるこ
とだと言う。

■ ドイツの大学へ再入学

　マユミさんは、東京の大学を卒業してから、どうしたのか。1990 年代半
ばの頃であった。

　　M：その後はですね、ドイツに行きたいと思っていました。外国に行き
　　　　たいと思ってたんですけど、これ以上新しい文化に接するのが嫌だ
　　　　と思って、行くならドイツにしようと思いました。ドイツに来て、
　　　　本当は通訳やろうと思ったんですけども、ドイツに来たはいいけど
　　　　も、通訳学科っていうのはあるけども、日本語とドイツ語の通訳は
　　　　学べなかったのです。

そこで、マユミさんは以前より関心があった法律を大学で学ぶことにした。
10 歳までドイツ語で教育を受けたが、大学で法律を学ぶだけのドイツ語は
どうだったのか。東京の大学でもドイツ語はほとんど学んでいなかった。不
安はなかったのかを聞いた。

　　M：不安はありました。苦労は覚悟してましたよ。一度、10 歳のとき
　　　　に日本に行った経験をしている、そしてオーストラリアでも似た経
　　　　験をしていたので、言葉、いつかはできるようになるって、そうい
　　　　うことを知っていたのでできると思ったのです。もちろん苦労す
　　　　るってことは覚悟のうえで、でも今回は自分の意志で行ったわけで

すから、10 歳のあの時とは違いますよね、誘拐されたわけじゃないんで。大変でしたよ、もちろん。法律の文章なんてわからないじゃないですか、普通は。ドイツ人でもわかんないわけじゃないですか。私の考えは甘かったですね。

それでも、マユミさんは、その後、6 年間大学で学び、ドイツの司法試験に合格し、法律家となった。大変ではなかったのかを聞くと、マユミさんはあっさりと次のように言った。

> M：こっちの大学生活は、大人じゃないと終えられないですよ。自分をちゃんとコントロールできないと。本当に大変でした。

■ なぜドイツに住もうとしたのか

では、なぜ、そこまでして、ドイツで暮らしたいと思ったのか。改めて、その理由を聞いた。

> M：（ドイツに）来た段階で、いようと思ってたんです。母親には 2 年だけって言ってたんですけど、2 年たった段階で、ドイツに住むことにしたと話しました。
>
> K：でもさっきおっしゃったように、お母様はドイツの学校にも、ドイツ学園にも入れたくないと考えていたのに、今度は、ドイツに留学するって言われて、2 年間なら行っていいよって言っていて、でも、もう帰らなくなっちゃったわけですよね？　お母様は、マユミさんがこっち（ドイツ）で勉強されることをどう思ってらしたんですか。
>
> M：こっち（ドイツ）にずっといるっていうのは、とんでもないと思ったでしょうね。でもその時期にはもうね、親離れもしていたので自由にさせてもらいました。でもかなり寂しそうでした。
>
> K：小学校の後半からずっと日本にいらっしゃったわけですから、日本で何か仕事をするっていう選択肢もあったと思うんですけど、それは全然考えてない？

M：ドイツに一回戻って、ドイツの生活を一回見てから、それからどっ
　　ちに住むか決めようと思っていたので、（日本で）真剣に仕事は探
　　せませんでした。

K：さっきおっしゃったように、ドイツでお生まれになったということ
　　も、一度見てみようと思ったことと関係あるんですか？　あるいは
　　10歳までこちらで暮らしたことが大きいですか？

M：そっちの方が。

K：そうするとやっぱり、一度大学出てから生活してみようかなって思
　　うのは、ドイツしかなかったというか…。

M：一時期アメリカも考えたことあったんですけど、自分のルーツはド
　　イツにあって、そっちの方が良いと思って。私が最終的にドイツに
　　住もうと思ったのは、女性として生きるにはこっちの方が生きやす
　　いと思ったからです。

K：そうですか？　女性としてって、どういう意味ですか？

M：日本は、女性差別はひどいですよ。

K：女性が働くってことに対しての理解がないって意味ですか？　男
　　尊女卑ですか？

M：両方ですね。別にここで男女差別がないって意味じゃないんですけ
　　ども、もうちょっと自由ですよね。社会から暗黙に押し付けられる
　　役割が、日本の場合、拘束力が強いというべきでしょうか。

▌国籍とアイデンティティ

　続いて、パスポートと国籍の話題になった。その時、マユミさんは「流動
的」という語を使った。ここのやりとりで、インタビューの空気は一変した。

M：流動的ですね。

K：流動的ですか。人生の中の状況の中で、って意味ですか？

M：私、この質問、けっこう嫌いなんですよね。というのは、どうして
　　かっていうと、こういう質問をする方っていうのは、自分の中に日
　　本人か外国人かって二つの「引き出し」しかなくて、どっちに入れ

　　　ようって、困ってる人が聞くんですよね。ご自分のアイデンティ
　　　ティ観、固定観念の狭さに気づいていらっしゃらない。私はどっち
　　　にも入りませんよっていう答えですね。
　K：一番最初に私がこのインタビューは暴力的だって言ったのは、イン
　　　タビュー自体がそういう意味を持つという意味なんですよ。
　M：暴力なのは、インタビューではなくて、質問の背景にある狭い固定
　　　観念ですね。答えなくてもいいですか、この質問は。

　この部分のやりとりに少し補足説明をしておこう。私はマユミさんに会う前
に、他のインタビューの場合と同じように、事前にインタビューの趣旨を説
明する文書を送り、了解を得てから、インタビューに臨んだ。ところが、実
際にマユミさんに会って、再度、対面でインタビューの趣旨を説明している
うちに、私は不思議な感覚を覚えた。そこで、ふだんのインタビューの際に
はけっして言わないことを言った。「インタビューは、暴力です」と、私は
言った。その意味は、インタビューは人の心の中まで聞いていくことになる
ので、ときに質問が暴力的な印象を与えることがあるかもしれないが、嫌な
ことは言わなくてもいいことを伝えた。私がマユミさんに「インタビューの
暴力性」を説明したのは、マユミさんはその意味を理解してくれるという思
いと、インタビューをするためには、マユミさんにそのことを事前に説明し
ておくことで、彼女が安心して話すことができると思ったからである。
　この後、私はマユミさんに「今、おっしゃったんで、はっと思ったんです
けど、実は、私はできるだけフラットに聞こうと思ってるんで、「引き出し」
に入れようとは思っていないんですよ」と言うと、マユミさんは「そう思い
ましたよ、なんとなく」と答えた。そこで、緊張が解け、インタビューが続
いた。

　K：マユミさんがご自身の生き方として、流動的っておっしゃったし、
　　　それは大事な部分だと思っていて、その流動的の意味を知りたい
　　　なって思って。
　M：それはね、長い間、（自分のアイデンティティを）探して、私のア

イデンティティは、ドイツと日本で育ったバイリンガルの法律家、母親、女性、そして妻であると言えますかね。ドイツに住む日本人だとは思いません。

K：日本人としてドイツで生きるって、苦労するってことなんですか？

M：日本人だというと少数派ですよね。少数派の利益なんて無視されますから。それは、どの国も同じじゃないですか。必ずしも差別を受けるわけじゃないんでしょうけど。ドイツ人でいるほうが、権利も多いじゃないですか、よっぽど。選挙権からなんなり。

K：選挙権、持っているわけですね。

▌子育てとことば

マユミさんは、日本の大学を卒業後、ドイツに移り住むようになってから、ドイツ人の男性と結婚した。今、子育てをしながら、仕事を続けている。子どもに日本語を教えることについて次のように言う。

前述のように、マユミさんは10歳で日本に戻ったときは、日本語が十分に話せなかった。そのため、母親はマユミさんの日本語学習を心配していたようだった。

K：お母様が、マユミさんに、やりなさい、やりなさいって言ったってことですか？

M：日本に行って、5年生の段階から私は母親とものすごく衝突していました。

K：お母さんも必死だった？

M：必死だったんでしょうね。母は不安だったんだと思います。日本の社会では一人前として見られないハーフの子どもを持つということは、大変なことだと思います。その不安を拭うために子どもに勉強させるという気持ちが働いていたのだと思います。

マユミさんは、その当時の母を振り返り、ドイツで補習校に通う自身の子どもの教育についても、次のように言う。

M：母はベストは尽くしたと思います。どうすればいいのかわかんな
　　かったっていうのはあると思いますけどね。ハーフが日本の社会で
　　生き抜くのは大変だと思ったのかもしれませんね。認めてもらうの
　　に人一倍努力をしなければならないと、考えていたようです。

K：そういうのがフラッシュバックして、（ドイツの）補習校のやり方っ
　　ていうのに疑問を感じる。

M：日本の子どもが、2週間かけて何十時間もやってることを、何でこ
　　の子が一人でね、土曜日にやんなきゃいけないの？（と疑問を感
　　じ）、いつも息子には「宿題、やんなくていいから」とか言ってま
　　した。でもね、他の子がやってると、「ぼくだけできない」みたい
　　なそんな意識が生まれた時点で、（補習校へ）行かせるのはやめよ
　　うと思いました。私の場合、母親のように必死にならなくても、子
　　どもとは意思疎通ができるので、私がした苦労をさせる必要がない
　　んですよ。それよりは、子どもとの関係がいいことが私にとっては
　　優先でした。また、私は、自分の子どもがここの社会でそれなりに
　　やっていけると確信しているので、無理して日本語をやらせようと
　　は思いません。

▌ドイツ語と日本語をめぐる思い

では、マユミさん自身のことばについては、どう考えるのか。

K：そうするとマユミさんの場合は、どうなんでしょう？　ご自身の中
　　で、日本語の力と、ドイツ語の力っていうのは同じようなものなん
　　ですか？

M：場合によって違うと思いますけども、同じだと思いますね。日本語
　　（を）読んでても安心できますし、ドイツ語でもそうですね。面白
　　いのが、一週間かけて難しい本を日本語で読むとしますよね。そう
　　するとドイツ語の優先順位が下がって、出てこなくなるんです。言
　　葉が見つからなくって、頭が日本語になるんです。

K：モードが？　それでドイツ語を読むと、ドイツ語が戻ってくるってことですか？

M：うんうん。だから頭がパッて、切り替わるものじゃないと思います。

　マユミさんは、小学生のお子さんが二人いる。その子どもたちに、何か日本のことを教えたいと思うのかを聞いてみた。

M：最初は本当に、息子には日本語も…。母親と日本語で話せるようにしてやりたいと思ったんですよ。で、5歳くらいまでは息子とは完全に日本語で話していました。でも、そうすると、日本語を話さない旦那をくるめての家族の団欒っていうのができない。

　あるとき、息子が言いたいことを語彙がわからないために言えなかったときに、「もういいよ、ドイツ語で話しなって、その方が大事」って言ったことをきっかけに、私とは日本語で話すというしきたりを取り消したのです。そうすると、家族の雰囲気も円満に変わりました。

K：子どもたちは、これから大学とかですもんね。しっかりドイツ語勉強しなさいって。下の子も、ずっとドイツ語で？

M：下の子は、「ママはね、私には日本語教えてくれなかった」って言います。心にちくっと来ますが、他にも大事なことがあるので、私は言葉の教育以外のところに重きを置いています。人間性とか、気遣いとか、自分を好きでいるということが、私は幸せになるうえでは最も大切なことだと思っています。

4．考察──「移動する子ども」から考える

　以上のマユミさんの語りを、「移動する子ども」という分析概念から、分析してみると何がわかるのか。

①移動のリアリティ

ドイツ生まれのマユミさんの場合、ドイツ→日本→ドイツ→日本→オーストラリア→日本→ドイツと移動の軌跡が続く。父親がドイツ人、母親が日本人であったため、生まれた時からドイツ語と日本語に触れていた。その中で重要な時期は、3歳から10歳までの成長期にドイツで過ごし、ドイツ語で教育を受けた時期と、その後大学までの思春期を含む青年期に、主に日本語で教育を受け、1年間英語で教育を受ける高校留学を体験する時期であったと思われる。10歳までドイツで暮らしていた時期はドイツ語が中心で、10歳で日本に移動した時は「3歳の日本語」しかなかったが、その後は、日本語が中心の生活を送り、逆にドイツ語は「冬眠状態」となったと語る。

マユミさんは「人格」という語を使い、10歳までドイツ語で学んだ子どもが日本語で教育を受けなければならない日本の教育環境に移動したときの衝撃を語り、逆に高校生のときにはドイツ語で生活しなければならないドイツへの移動を強く拒否したと語った。この語りに、「空間」「言語間」「言語教育カテゴリー間」の移動に関わる体験が、マユミさんにとって意味のある経験と記憶として残っていることがわかる。

それまでの移動が親の移動にともなうものであったが、高校生のときのオーストラリア留学や大学を卒業してからのドイツの大学に再入学した体験は、主体的な選択の結果としての移動であった。オーストラリアでは英語で、ドイツではドイツ語で学ぶ経験をした。ドイツでは「大学生活は、大人じゃないと終えられないですよ。自分をちゃんとコントロールできないと」と語り、日本語以外の言語で自律的に学んでいた。

②生の動態性

マユミさんは、10歳まで経験しなかったことを日本に行ってから経験することになる。たとえば、日本に帰国した後、マユミさんの母親はマユミさんに日本語の学習を強く期待し、ドイツ語で教育を受けることを望まなかった。学校では「ハーフ顔」から何度も「アメリカ人？」「何語話せんの？」と聞かれ、「どこ行ってもジロジロ見られて、動物園のライオンのようでした」と語る。高校留学でオーストラリアに行けば、今度は「ジャップだー、チャイ

ニーズだ」と言われた。移動によって自身の身体性を意識させられた。

　一方で、中高生の頃、ドイツで父方の祖父母と会うと、悲しい、複雑な気持ちになったと語る。その理由として、「自分の人格と共に言葉は成長してませんから。10歳までのドイツ語はできても、それ以上のところはもう表現できない」からと言う。日本では「冬眠状態」だったドイツ語は、その後、復活する。

　オーストラリアでドイツからの留学生と出会い、最初は英語で、のちにドイツ語で語り合った。その男性が今の夫であるとマユミさんは語った。インタビューでは、その出会いから結婚までの詳しい経緯は聞けなかったが、マユミさんが日本の大学を卒業後、ドイツへ行き、大学に編入し、ドイツ語を学び直して法律家となり、その男性と結婚したことを考えると、オーストラリアの高校留学が日本を経由してドイツへ繋がっていったように見える。そう考えると、「空間」「言語間」「言語教育カテゴリー間」の移動によって生まれる様々な経験は、当事者の生き方やアイデンティティの動態性を生むことがわかる。

　つまり、マユミさんの半生の軌跡には、「移動とことば」が強く影響していることがわかる。マユミさんは、その「移動とことば」の中で、家族や他者からのまなざし、自己表象、進路、職業と生き方の選択が行われており、結果的に、生の動態性が生まれていると言えよう。

③移動の中でアイデンティティと社会認識を更新する

　マユミさんは移動の中で、自身が置かれた環境や社会についての認識を更新している。たとえば、日本の学校が「軍隊」のようだと感じたり、日本社会の中での女性の地位や差別を感じたりした。また、「ハーフっていつも「ぴったり」なんて環境ありません。それなりに「ぴったり」にしようとは思いますけど、合う環境なんてありません」という語りは、自己認識であると同時に、社会認識でもある。それは高校留学で他国へ移動しても同様で、青空のオーストラリアにも差別があるという社会認識を語った。国際結婚した両親や妹の生き方も参照しながら、自身を「ドイツと日本で育ったバイリンガルの法律家、母親、女性、そして妻である」と説明し、「ドイツ人でい

るほうが、権利も多い」とドイツ社会についての自己認識を解説する。

　つまり、マユミさんの幼少期から現在に至るまでの語りには、「移動とことば」をめぐる、家族を含む他者とのやりとり、社会的まなざし、自己の身体性などから、自らの生き方や進路が変容していく動態的な軌跡が見られる。そこには、日本語、ドイツ語、英語を含む複言語複文化能力を活用しながら生きている姿、さらには様々な思いや迷いを抱きながらも主体的に生きようとしている当事者の姿があった。

　以上をまとめると、マユミさんの生は、前章の誠さんと同様に、ドイツ、日本、オーストラリアという一国、あるいはある場所、ある言語、ある学校という「定住の視点」で捉えきれない。したがって、私たちはもう、マユミさんを「ドイツに住む日系女性」といった、「定住の視点」から作られたカテゴリーに当てはめて単純に呼ぶことはできないのだ。あるいは、同様に、ある地点のある言語の教育だけを取り上げて議論することもできない。それらは「定住の視点」からの議論であり、今を生きる人の動態性・個別性・複合性のある生を捉える視点とはならない。

　さらに、マユミさんの語りには、記憶との対話がある。次に、その点を考察してみよう。

5.　記憶と対話する

　幼少期より複数言語環境で成長する人のライフストーリーには、「空間」「言語間」「言語教育カテゴリー間」の移動の経験と記憶が詰まっている。これまで見たように、マユミさんの語るライフストーリーにも、「移動する子ども」という経験と記憶がある。その経験と記憶は、「今、ここ」の日常的移動の軸と、「あの時そしてこれから」の個人史的移動の軸によっても形成される。

　マユミさんへのインタビューでも、この構造が見られた。「移動する子ども」をテーマにしたインタビューでは、幼少期の生活、特に言語生活からスタートするが、語り手は過去を振り返りつつ、自分の生活を語る。その語りには、いわゆる「快記憶」もあれば「不快記憶」もある。いずれにせよ、そ

れは自分にとって意味のある経験としての「自伝的記憶」となる。このインタビューの前に、先述のように、私はマユミさんに「インタビューは暴力である」と告げ、嫌なことは言わなくてもいいことを説明した。

　日本から来た初対面の年上の研究者の前で、自分の幼少期からの記憶を語ることは簡単なことではなかっただろう。それも、今に繋がる人生の出来事を語る作業は、マユミさんにとって「しんどい」作業だったかもしれない。なぜならマユミさんの語りには、「快記憶」、たとえばオーストラリアへの高校留学は「新しい経験になって楽しかったですね」とか、東京の大学は教授陣もやる気があって「最高でしたね」と語るなどの肯定的な記憶もあるが、それ以上に、辛い「不快記憶」が多かったように思われたからである。

　たとえば、10歳で日本語が十分に使用できないまま日本に移動せざるをえなかった出来事を、マユミさんは次のように語った。

　　　「私は気持ちとしては、誘拐されて日本に行ったと思っていましたからね。でも、その事実はもう変えられないし、実際に日本での生活も、それなりに、できてしまって。でもどっかでいつかドイツに帰ろうっていう目標がありました。父親はいつかはドイツに帰るんだと言っていました。そういう意識で私は生活してました。

　　　そうでなきゃ生活できなかったですね。私はドイツが好きだったんでね。私が行き着いた解決策は、人格を分裂させて、ドイツの私は冬眠状態で保管したまま、日本の私という人格を新しく作り上げる。仮の私と言いますか。日本で生き抜いていくための私。」

ここには、過去の出来事を今の視点で語る様子が見える。さらに、この語りの直後に、次のような語りが続く。

　　　「別にそれが全部嫌な経験ってわけじゃないんですけど、自分の中で、後からそういうふうにしていたんだなって思います。別にその当時、自分でそのようにしようって自分の意思でやったわけじゃありません。」

これは、個人史的移動の軸による記憶であり、今の時点から考える「経験の意味づけ」である。

　もう一つの例は、母親に対するマユミさんの記憶である。10歳で日本に移動した後、母親との関係についてマユミさんは次のように言った。

　　「日本に行って、5年生の段階から私は母親とものすごく衝突していました。（中略）母は不安だったんだと思います。日本の社会では一人前として見られないハーフの子どもを持つということは、大変なことだと思います。その不安を拭うために子どもに勉強させるという気持ちが働いていたのだと思います。」

ここにも、母親と同様に国際結婚しドイツで子育てするようになった、今のマユミさんから見た母親への気持ちが見える。そのことは、ドイツの補習校で学ぶ、自身の子どもに対するマユミさんの語りにも繋がる。

　　「「もういいよ、ドイツ語で話しなって、その方が大事」って言ったことをきっかけに、私とは日本語で話すというしきたりを取り消したのです。そうすると、家族の雰囲気も円満に変わりました。」

さらに、

　　「下の子は、「ママはね、私には日本語教えてくれなかった」って言います。心にちくっと来ますが、他にも大事なことがあるので、私はことばの教育以外のところに重きを置いています。人間性とか、気遣いとか、自分を好きでいるということが、私は幸せになるうえでは最も大切なことだと思っています。」

と、マユミさんは語る。

　この語りには、過去の母親の姿や出来事をマユミさん自身が解釈し、それをもとに、これからの子育てや家族のあり方を語る姿が見える。さらに、自

身についても、「ドイツ人でいるほうが、権利も多い」と説明するように、過去の出来事や経験が未来へ向けた「展望的記憶」となっていることがわかる。

つまり、過去の経験と記憶に向き合うことで、「移動とことば」に関する主観的かつ動態的な記憶となり、アイデンティティを再構築していくことになる。

実は、本章を書く前に、マユミさんのインタビュー原稿をマユミさんに送り、確認してもらい、マユミさんが必要と考える部分には加筆修正あるいは削除をお願いしたが、その作業はマユミさんにとって過去の子ども時代の記憶と再度向き合うことになり、辛く負担の多い時間となった。その結果、原稿の確認作業が終了するまで2カ月以上の時間がかかった。修正された原稿には、インタビュー時点で詳細に述べられた心情や思いが削除された部分もあった。

マユミさんにとって、その原稿の確認作業は、自身の記憶との対話の時間であっただろう。ここの対話とは、記憶と対話することで記憶に新たな意味づけが生まれ、新たに意味づけられた記憶から、自身の新たな生き方が生まれてくるという相互作用的関係性のある営為を意味する。

「移動する子ども」という経験と記憶は、けっして子ども時代で消滅するものでも、あるいは忘れ去られるものでもなく、人生の半ばになっても、その記憶は再生され、思い出されることで辛さや重みを持つ場合もある。そして、それらの記憶と向き合うことで、新たに意味づけされ、一時的に決着がつけられ、そこから先の人生への生き方が生まれてくる。ただし、その意味づけと決着は、残りの人生でさらに再解釈、再構築されていく可能性もあるだろう。つまり、記憶との対話は一生継続するのであろう。

このような意味で、国際結婚の両親のもとドイツで生まれ、「移動とことば」の軌跡を通じ、今は40歳代の母になったマユミさんの語りは、「移動する子ども」学が、けっして子どもの期間だけの研究ではなく、大人も含めた、これからの時代の人々の重要な研究領域となることを示唆することになるだろう。

第 11 章

人生とことばの風景
——映画監督崔洋一のことばをめぐる語り

問題意識⑪

　幼少期より複数言語環境で成長した人が高齢期を迎えると、自身のことばやアイデンティティについて、どのような思いや考えを持つのであろうか。そこには、「移動する子ども」という経験や記憶はどのように関係しているのだろうか。

1. 崔洋一監督との出会い

　私が初めて崔洋一（チェ　ヤンイル）監督にお会いしたのは、2017年3月22日だった。幼少期より複数言語環境で成長し高齢になった人の話を聞きたいと思っていた私は、崔監督へメールでインタビューを申し込んだ。すぐに快諾の返事をいただき、その日、都内の事務所を訪ね、話を伺うことができた。

　私は、子ども時代に複数言語と触れた経験と記憶が高齢になるとどのようになるのか、その「移動する子ども」という経験と記憶が自身のことばやアイデンティティにどのように影響するのか、あるいは影響しないのかについて関心を持つようになっていた。私自身が高齢期に入ったことも理由の一つである。崔監督の事務所を訪ねると、壁にビートルズの写真が貼ってあった。それを見た途端に、私は、監督が私と同世代の人だと改めてわかり、話が聞きやすい予感がした。

　初めに、崔洋一監督のプロフィールを簡単に述べておこう。崔洋一監督は1949年、朝鮮籍（朝鮮人）の父と日本人の母のもと、長野県佐久市に生まれる。映画監督としての主な作品は『月はどっちに出ている』（ブルーリボン賞）、『血と骨』（日本アカデミー賞最優秀監督賞・最優秀脚本賞）などがあり、これまで多数の映画賞を受賞してきた。2004年、日本映画監督協会理事長、2007年、宝塚造形芸術大学教授に就任するなど、日本を代表する映画監督の一人である

　崔監督へのインタビューは約1時間半行われた。インタビューの趣旨を説明した後、私の短い質問に答える形式で、幼少期からのライフストーリーを自由に語っていただいた。インタビュー後、テープ起こしをし、語りを原稿にまとめた。その原稿を崔監督に送り、確認の上、加筆修正をお願いした。

　以下に、「移動とことば」を軸に、インタビューから伺った、崔洋一監督の幼少期からのライフストーリーを記載する。

2. 崔洋一監督のライフストーリー

■ 幼少期

　崔洋一監督は、1949 年に長野県佐久市に生まれた後、3 年半ほど、その地で暮らしていた。幼児期は好奇心旺盛な元気な子どもであったという。母親の滲み落としのベンジンを飲んだり、バスのバンパーに三輪車を縄でくくって危うく死にかけたり、冬は田んぼの氷の上を滑って遊んだりしたことを覚えているという。

　その頃、朝鮮籍の父は政治運動に参加し、活動家として信越北陸を駆け巡っていた。そのため、父が不在の「母子家庭」のような一家であったが、家族はやがて東京の練馬区に引っ越しした。練馬区はもともと牧歌的な土地柄だったが、1955 年ごろから首都圏が拡大してベッドタウンとしてどんどん人口が増えていった。週末になると、近所の家の前にトヨペットクラウンが止まって、「汚いガキども」がその車に触って、怒られたこともあった。そのエピソードは映画『血と骨』の中で再現されているという。また、「モダンな美容室」の主人が、高利貸しをしていた同じ町内の「あさり屋」の親父の厳しい取り立てにたまらず首吊自殺。貧乏から這い上がった小金持ちが中産階層を追い詰めていくのも目の当たりにした。つまり、同じ町内でも貧富の差が生まれ、いろいろな家庭があったことを、子どもながらに肌で感じていた。

　通った練馬区立石神井西小学校には、1 学年に 10 数クラスあって、子どもたちが溢れ、小学校は、午前の部、午後の部という 2 部制になったという。

　　　で、僕らすることもないんで、午後の部にまわされると、朝から学校
　　　行ってワアワア遊んでるわけですよ、グランドで。まあ、それは叱られ
　　　たりね、ええ、まあ、そう、いなかで、小学校生活がありましたねえ。

と、監督は当時のことを振り返る。のちに、NHK 番組の「ようこそ先輩」の収録でその小学校を訪ねると、1 学年 2 クラスと激減していて、驚いたという。つまり、監督は「団塊の世代の一番下の方」にいるのだという。

では、その頃、家庭ではどのような生活だったのか。

▌父と母

　監督は、当時（1950年代終わりから1960年代初めの頃）を振り返り、次のように言う。

　　小学生ぐらいでしたかね。まあ、いくつぐらいでしたかね、9、10歳そのくらい。我が家に来る父親の友人たちが、時々、父親と知らない言葉で話し始めて、なんだと聞いたら、これは朝鮮語だと。で、実はうちは朝鮮人の家で、母ちゃんは日本人だけど、父ちゃんは朝鮮人なんだよっていう、それで初めて知ったっていう。まあ、その前から変な家だなとは思ってましたけどね。

監督が言う「変な家」とは、ふだん父親が不在で、ある日突然現れるというだけではない。父親は非合法の政治運動をしていて当局から睨まれ潜伏する生活を強いられていたため、帰宅しても子どもに「父親」とは絶対に告げなかった。「親切なおじさん」であり、「妙に母親と馴れ馴れしい」と、監督は子どもながらに感じていたと言う。

　　小学校1年の時でしたかね、明日お父さん帰って来るよということを知らされて、で、帰ってきたのを見たら、ああ、なんだあのおじさんじゃないかという、のだったんですね。ああ、あのおじさんがいわゆるお父さんね、ていう感じで、それが父親の登場でした。

　その後、父親は、朝鮮総連の立ち上げや朝銀、のちの信用銀行の創立にも関わるが、やがて路線の違いから政治運動や労働運動から離れていく。そして、同じように職を失った者たちを集めて、町工場を立ち上げる。プラスチック成形で、20人ほどの零細企業であったという。父親は社長であり、かつ組合作りに奔走するなど、民主的な経営を目指す「理想郷のようなもの」を実現したかったようだと監督は言う。しかし、「極悪非道な資本家」

になれきれず、会社は経営が苦しくなり、火事になったこともあり、やがて
倒産した。その結果、土地、家も取られるかたちで、家族は練馬を離れるこ
とになった。監督が中学生の頃の話である。

▌ 家庭内の言語と食生活

では、その頃、父親は、普段の仕事では日本語を使っていたのか。

　　そうですね、僕が小学校（に）入ってちょっとの頃、うちに来ていた
人たちも、だんだん来なくなりましたし、だからいわゆる朝鮮語は我が
家ではなかったですね。食文化的にキムチを父親が食べていて、僕はあ
んまりキムチが好きじゃなかった。それぐらいのところで、あとは、正
月になると上野あたりまで買い出しによく行かされましたね。あの独特
のウルチ米をたたいた、その、まあ、トゥックっていうんですけど、餅
ですね、ですとか、蒸し物ですとか、そういうものはよく買いに、正月
になると、行かされましたけどね。

▌ 名前

小学校や中学校で、どのような名前を使っていたかを尋ねると、監督は次
のように言った。

　　母方はね、熊本なんですけれども、まあ母親（が）日本人で、遠い坂と
書いて遠坂という。その母方の姓を継ぐ名として父親は使ってましたね。
だから一時は、僕の、少年時代の外国人登録証を見ると、遠坂になって
るんですね。というのは 1952 年のサンフランシスコ条約の締結前に出生
してますので、出生届を出すと国籍がない状態、宙ぶらりんな状態なん
ですね。植民地時代は当然（国籍は）日本国となるんだけど、そのサンフ
ランシスコ条約をもって、もう完全に国籍を選択しなければならない状
態になるわけです。その前でしたから、名前だけはね、通名として使っ
てたというか、実際、通名とも言い難いんだけど、実は母方の姓ですか
ら。だからね、非常に妙なことに、その遠坂という名前が書いてありま

してね、小学校、中学校は。その母方の姓で過ごしてましたね。

そうすると、学校に行くと遠坂という名前で、先生や友だちからも呼ばれていたのか。

　そうですね。ですから、中学の同窓会とか行くと、やっぱり皆おずおずと遠坂って呼んでいい？（と）言うから、もうなんでもええやみたいな感じ。だから小学校、中学校の友だちにとっては（自分は）遠坂なんですね。その遠坂、後に映画監督の崔洋一というのは、どうもピンとこないのが、彼らの実情ですね。

■ 親の教育方針―「朝鮮高校」時代
では、父親は子どもである監督に朝鮮語を教えることはなかったのか。

　まったくなかったですね。えー、未だに笑っちゃうんですけど、父の遺品（を）見ると僕より字がうまいんですよ。きれいな字を書くんですよ。僕はもう悪筆もいいところなんだけど。本当に父親は几帳面な字を書く方で、ですから（父親は）17歳のときに日本に来てますからね、たぶんね、朝鮮語忘れていったんじゃないかと思いますね。一度僕が成人してから、古い友人の方が亡くなられて、そのご葬儀に親子共々参加したときに、ほぼ日本語で話してて、たまに朝鮮語（が）入ってましたけどね、あやしかったですね。だから、本人も忘れているなあと言ってました。使わないからねって。ですから、それはある意味、我が家に言葉のみならず異文化が入ってきたっていうのは、僕が朝鮮高校に入った瞬間からですよ。

朝鮮高校に入学することを、監督はどのように決めたのだろうか。

　まあ、中学から朝鮮中学に行くって話は出てたんですけど。（朝鮮学校が）遠いんですね、練馬から板橋の朝鮮学校（へ）行くまで当時1時

間近くかかる。で、それは、中学生としてはきついっていうんで、まあ
高校からにしようっていうことで。で、ある種の義務感もあって行か
ざるをえないのかなっていうのと、行きたくないっていう意味ではな
かったんですけど、やっぱり進学を、（大学）受験のチャンスを逃すの
はちょっと惜しいかななんていう気持ちもしてましたし、けどまあ、な
ぜか日本人である母親が強く朝鮮学校への進学を希望したので、まあ、
それに準じたかたちで。

　父親はちょっと曖昧だったかもしれない。父親はもしかしたら普通に
都立（高校）でも行って大学進学を無事に果たしてくれればっていうふ
うにちょっと思ってたかもしれませんね。母親の方が、どちらかという
と、（朝鮮高校へ行くことに）熱心だった。やっぱり父親は、かつて自
分も関わっていた組織が運営する学校ですから、そういう意味でまさか
と思うけど、子どもの教育にそういうのが波及するのが嫌と思ってたと
思うんです。

　つまり敵対こそしないですけれども、（朝鮮総連と）離れた関係です
から、父親は。で、ご存じのように、いわゆる民族学校とか、朝鮮学校
とか運営するのは朝鮮総連がやってましたから。まあ、組織的には別組
織ってなってたけど、実態はもう一緒ですから、ちょっと微妙なところ
はあったかもしれませんね、父親の中ではね。たぶん、明らかに今まで
にない文化を僕が持ち込むわけですよ、家庭の中に。

■「朝鮮高校」で学ぶ

　では、監督は朝鮮高校で、どのように学んでいたのだろうか。まず、教授
言語である朝鮮語について聞いた。

　　もう必死になって、朝鮮語覚えました。ていうのは、僕らは編入班と
　呼ばれていたんですけども、他のクラスではみんな幼稚園、小学校、中
　学校と朝鮮学校（に）行ってるから、もう朝鮮語での授業や日常会話は
　普通のことなんだけど、それと同時に日本にいますから日本語で、いわ
　ゆるバイリンガルにどうしてもなってくるんですけど、僕らは知らな

いわけですから、でもまあ、夏休みも過ぎて、2学期からもう、完全に100％朝鮮語での授業になって（と）いう宿命のようになりましたんで、もう、これは死にもの狂いでやって。

　だから、僕における言葉の学習っていうのは極端に言うと、あの16歳のときの3カ月のみと。極端に言うと、あとは惰性で。

ふだん朝鮮語で行われていた授業について、監督は次のように言う。

　授業の理解っていうのは結構できるもんですね。ただ日常的に、当時、校内で日本語使ったらあかんと。朝、登校して、下校するまでの間、何％ぐらい朝鮮語使ったかっていうのを競い合わされたりとか、自己申告なんですけどね。で、実際、教師の目がなければ日本語で僕ら全部会話してましたから。他のクラスでもそうでしたよ。僕らの日常会話はもう全部日本語でしたよ、そこに時々スラング的な朝鮮語が入ってくるというような。で、教師がいるところでは無理くり朝鮮語会話っていう、そういう感じですよね。

■「朝鮮語」と朝鮮半島の方言

　もちろん教師も知ってたと思いますけど。朝鮮学校は、言ってみれば二重構造にあるってこと。（中略）校内と校外、つまり学校を出たらまた別の日常があって、学校に入るとまた別の日常があって。日常と非日常ではなくて、日常が二つあるという、そういう環境ですよね。

　だから、そこでのいわゆる、ある種の純粋なナショナリズム、ナショナリズム純粋化のために言葉があるという教育ですから。当時の朝鮮学校はそういう考え方で、まあ必然的にはそういうことになるんですけど、実態としては僕らの普通の意思疎通のための言語は日本語であるというのは変わらなかったですね。

さらに、話は続く。

　家（に）帰ると、たとえば、おじいさん、おばあさん、一世がまだ生き
ている家は、出身地方の方言を使った朝鮮語が日常会話にあるんで。僕
らが基本的に教育受けているのはピョンヤン（平壌）の言語ですから、北
朝鮮の言語で、学習させられているわけですけども、だから同じ朝鮮語
の中にも非常に矛盾があって。

　だいたい在日（朝鮮人）と言われている人々は、当時 60 万（人）と言わ
れてましたけども、そのうちのほとんどは、海っぺりの全羅南北道[1]や内
陸部の慶尚南北道、それと、済州島の出身者が多いわけですね。（加え
て）この全羅道、慶尚道、済州道が微妙に仲良しじゃないわけで、非常
に地域格差、地域差別の中で、そういう文化を背負っちゃってきてるか
ら、だから（在日の）家庭によって、出身地によって、全部言葉が違って
くるんですよ。方言世界になってくる。

　この方言差は、高校生の時、からかいや悪態のもとにもなったという。そ
れだけそれぞれの生徒は、家庭で日常的に方言に晒されていた。監督は、そ
のあたりを次のように説明する。

　田舎言葉が家庭に入って、みんなそれを吸収しているわけですよ、つ
まり日常生活の道具としての言語として、じいさん、ばあさんの言葉
がしみ込んでいて、で学校来るとピョンヤン風の教育を受けてという、
で、なおかつ一番意志を表現できるのは日本語であると。それだから3
つ、まあ極端に言うと、3つの言葉の世界が一人の人間の中に存在する
という、こういうことになるんですね。

　監督の父親は、日本語を正確に話し、字もきれいで、漢字もよく知ってい
る人だった。したがって、家庭で朝鮮の方言を話すことはなかった。しか
し、監督は高校時代に様々な方言に触れていた。なぜか。監督は、高校時代
によく友達の家に行ったという。

1　朝鮮半島の南西部に位置する韓国の行政区域。

　泊まりがけで遊びに行ったりとか、そこのお父さんお母さん、おじいちゃんおばあちゃんみたいな人と話していて、そういうの耳で覚えてましたから。特に食に関することとか、日常生活に関することとか、なんとか覚えてくるから。それで韓国行ったら、キョンサンド（慶尚道）訛りと、チョルラド（全羅道）訛りと、チェジュウ（済州）訛りが入っているって、お前どういう人生送ってきたんだよって言われて、そんなの言われること自体わからなかった。ああ、なるほどなと。友だちんち行けば、親の出身地なり、じいちゃんばあちゃんの出身が違ったり、言葉、全部違うんで、そのお国訛り、覚えちゃったんですよ。

　このことが、後述するように、後に韓国の大学へ留学した際に、「面白い結果」として出現したというが、その前に、高校時代の生活をもう少し語ってもらおう。

■ 高校生活

　高校時代は、監督にとって「とても人生的には面白いときだった」という。

　朝鮮高校行っている頃、とても人生的には面白いときだったんですけど、つまり、何だろ、いろんなものが、混在する、混在っていう概念がわかんないまま平気で、日常の中でワープをしている。ピンボールですね、あっち行ったり、こっち行ったり、そういう意思の疎通とかじゃないですかねえ。

「混在」や「ワープ」「ピンボール」は、どういう意味か。そこには、多様な人々の言語や生活のことが関連している。

①「編入班」

　上で述べたように、監督は、朝鮮学校に高校の段階で入学したため、高校から入学する生徒たちは、「朝鮮高校」では「編入班」と呼ばれた。では、その「編入班」は、同じ高校の他の生徒からは、どのように見られていたのか。

　編入班という言い方は、ある種の差別用語でもあったんですよ、朝鮮学校の中では。教師は「特別班」だという言い方してましたけど、「ピョンニッパン、ピョンニッパン」[2]って言う。「あいつ、ピョンニッパン」ていう、文化の違いって大きくあって。意外と朝鮮語の理解が進むと、初級中級[3]から上がってきた、朝鮮学校上がりで高校生になった奴らのボキャブラリーっていうのは意外と少ないなと（感じた）。つまり、どちらかというと、歴史認識、政治認識における学習させられた言葉であって。

　監督が「編入班」にいた頃、クラスは男子クラス、女子クラスに分かれていたという。「団塊の世代」だったので、クラス数も生徒数も多く、多様な生徒がいたという。

　うちのクラスの場合は編入班、つまり中学では日本語で教育を受けて、朝鮮学校に来たものたちっていうのも、これはこれで様々な家庭環境、違ってましてね。よく言うんですけど、少年革命家からヤクザまでっていうクラスだった。本当に革命少年がいて、逆の盗人不良、で、ヤクザ、ほぼプロのヤクザに近いのもいて、別に年齢も当初入学した時は一番上が20歳ってのもいましたからね。それは3カ月くらいでやめちゃったけど。もう本当にもう年齢もいろいろで、人生（それぞれ）違ってて、ある意味では朝鮮学校上がりのクラスより我々のクラスの方が、人生の縮図というか、まあ、在日の生活における縮図みたいなのはありましたね。

その頃、監督は自分自身をどう考え、どう生きようとしていたのだろうか。監督は、練馬区の公立中学校にいた頃から、自分の進路を「漠然と考えていた」と話してくれた。

2　「編入班」の意味。
3　「小学校、中学校」に相当。

　（中学）１学年が終わるころには進路はだいたい皆決めてて、ていうか、なんとなくそういうレールがやっぱりあったんですね。で、僕は深刻には考えてはいなかったけど、その朝鮮高校行くってことは、そういう出自の中でやっぱり日本で暮らすのか、えー、そうでないのか（と考えたりした）。

　実際、その高校３年間の中で、６人ほどがいわゆる帰国っていう、正確には帰国とは呼びたくないんだけど、その今の北朝鮮出身者なんて誰もいないわけだから、それを帰国と呼ぶべきではないと思ってましたけどね。まあ優秀なやつほど、やっぱり（北朝鮮へ）帰っていっちゃったんですね。帰ったというか行っちゃったんですけど。６人ぐらいいましたけど、まあそういうケースも含めて、どうなる、どうしたいっていうのは、まあ漠然とはしてましたよね。

　ただ、たまたま、その中学のときの理科の授業で、理科の教師が写真好きで、暗室作業っていうのを中学２年のときに、理科の授業で、僕は授業としてやったんですね。そんなのカリキュラムにあるはずないんだけど、その当時教員たちの趣味的な授業が許される時代だったんですね。で、理科室に暗幕張って、引き伸ばし機一台あって、それ一人一人、うちから持ってきたネガで焼いて、現像するっていう。それがとても面白くて、写真に興味持ったんですね。

②写真部

　監督は、その頃、たまたま手にした月刊誌『アサヒカメラ』に掲載されていた写真家、奈良原一高[4]の作品から強い影響を受け、中学３年の時、一眼レフのカメラを買ってもらった。そして、朝鮮高校に入学後、写真部に入部した。

　写真部っていうのは、その文化系としては人数少ないクラブでしたけれども、あの学校授業の記録っていう大きな部活動としては運動会だの

4　ならはらいっこう（1931–2020）。写真家。主な作品、『ヨーロッパ・静止した時間』『ヴェネツィアの夜』などで多数の受賞歴がある。

　文化祭だの、日々の政治集会だの、で僕たちの高校は政治集会があり
ましたからね、そういうのの記録として、ちょっと特別なクラブってい
う、まあいやらしいけどちょっとエリート意識（が）あるようなクラブ
だったんです。

　監督は写真部の一人として活動するが、やがて写真部は二つに分裂する。
監督は、「ある種の権力闘争だよね、部長になれるか、なれないか、一級上
の先輩が部長になれなかったら出てった」と説明する。その中で、「やっぱ
り写真っていうのは究極、自分の自己表現の手段としてあってね」と、監督
は確信するようになる。
　一方、写真部の先輩たちから「毛沢東の文芸講話」や「社会主義リアリズ
ム」を学ばされるが、写真と政治の関係やプロパガンダの中のメディアの説
明について、「それはどうも変だなって、子ども心、少年心でも思うわけで
すね」と語る。その確信の背景に、奈良原一高の作品群があった。

③寮生活と池袋で、先輩や大学生と交流
　監督は高校時代に親元を離れ、「寮生活」を経験する。自分の将来を見定
めるうえで、「寮生活」は貴重な経験になったという。

　　自分の将来を見定めるっていうことになると、たまたま僕が入学し
　て、1年間寮にいたんですね。朝鮮高校の寮にいて、これが良くも悪く
　もしごきのようで、どこが民主的、民族的教育なんだよっていう民主主
　義なんてここにはねえじゃないかよっていう、ただの上下関係だけじゃ
　ないかよ、寮は、「陸軍内務班」だよ。そんな批判をしたらまた殴られ
　ちゃったりして、先輩から。陸軍内務班なんですよ、全然民主的じゃな
　い。で、もう嫌気がさして、1年で寮、出たんですけどね。

　監督は、吹奏楽部や舞踊部などの文化系の生徒とも交流があった。中に
は、天才的な舞踊家の男子生徒がいて、同性愛者だった彼を通じて、いわゆ
る「ゲイ文化」にも触れた。さらに、音楽関連の先輩たちや文学青年とも知

り合った。池袋の映画館や喫茶店に出入りし、大学生とも交流した。まだ高校生だったが、「秋冬は学生服で、夏場はワイシャツと黒ズボンで、そこの飲み屋に学生鞄持っていく」こともあった。ヘンリー・ミラーの『クリシーの静かな日々』や大江健三郎の作品にも触れる中、監督は、「記録的な写真よりも、自己表現のひとつのツールとしての写真に方向を絞っていったんですね。その辺ですかね、ある程度写真家になろうという気持ちが出てきた」と語った。

　多感な高校生の時代に、学校、寮、歓楽街で、音楽、文学、映画などを通じて、多様な人々と交流したその経験が、監督の言う「混在」や「ワープ」「ピンボール」と関連している。

■ 名前の表記

　監督は、小学校、中学校のときの名前は「遠坂洋一（トオサカヨウイチ）」だった。それが、朝鮮学校に入学すると、「チェ・ヤンイル」となった。そのとき、名前が変わるということで、監督の心の中に何か変化があったのだろうか。

　　変化と言うか、朝鮮学校に行くというのはそういうことですから、通
　　名（日本名）の世界ではないと。そこでまず、ハングルではこう書かさ
　　れるとわかるわけですよね、初めに。初めに書かされるのは名前ですか
　　ら。そこでまず言葉の転換があるというのが重要ですよね。民族教育と
　　いうのはそういうことですから。言葉から始まるという。そこで決定的
　　な注入があったわけですね。その注入に関してはそんなに抵抗なかった
　　ですね。だって朝鮮学校入ったからにはそんなこと抵抗したってしょう
　　がない。やるしかない。

監督自身の中に「トオサカで行くんじゃなくて、チェで行くんだ」という決断があったのか。

　　それはもう朝鮮学校に行くってなった時点で決定的になったというのか、どちらか選ぶということになれば、そういうことですよね。決めた

時から、それは宿命付けられてたという。ただ、行ってよかったと思いますけどね。朝鮮学校に行って。

　つまり、さっきも言ったように、クラスそれぞれの生活の環境や、しょってきた個の世界。あのころ練馬在住で、学区で言うと、たとえば西高[5]とか大泉[6]なんだけども、そういうところに行ってたら、そういう世界[7]に触れ合うことはなかったですから。少年革命家からヤクザまでひと交じりでしたからね。後に金融ヤクザになって名を成したやつもいましたけど。ちょっと離れて見ると貧乏人集団なんだけど、人生の豊かさというか、グラデーション、それは面白かったですね。

　あらゆる意味での縮図がそこにあるわけですから。そこが僕の人生、映画人生に影響を与えたというのは厳密にはわからないですけど。それはナショナリティの問題ではなくて。

　たとえばアジアのどっかのスラムに行けばこういうことだよね、っていう部分はあるというか。多民族的な人々のある種の共同幻想としての国家だったり、あるいはそれを凝縮した形の都市というところに依拠すれば、ああ、ここもまたアジアのひとつという感じ。

　理屈ではなくて体感してたと思いますね。これが俺たちの世界なんだっていう。そういう意味では優越感とも違うし、コンプレックスとも違うし。なんとも説明のし難い時間と空間の3年間だったと。

監督は、高校卒業後も、「トオサカ」とは語らないで、「チェ」を使ってきたのか。

　チェ・ヤンイルでもサイヨウイチでもどちらでもいいですよ、と言ってきたんだけど。だんだん、だんだん、サイヨウイチの方が社会的に有名になってきた。それでいいですよ、チェ・ヤンイルと呼びたい人はどうぞ、というのが僕のスタンスなんですよ。

5　都立西高校。
6　都立大泉高校。
7　朝鮮高校の世界。

　若いころ僕と交流があった連中は日本人に限っては相変わらず僕のこと"チェ"って呼ぶ。チェ・ヤンイルとは呼びづらいらしいんだけど。朝鮮学校時代の友人たちは"ヤンイル"ですよね。今時の若者の符丁じゃあるまいし、いい歳してお互いヨウイチだのミツオだの呼び合ってるわけですよ。"よっ、ミツオ！"みたいな感じで。60過ぎのじいさんたちが。

■ くくられ方と国籍

　そんな感じですよねえ。いくつもの顔があるのは悪いことじゃない。選択しなきゃいけない。そういう現実も、当然来るわけですから。そのときの判断でいいでしょうと。僕の持論なんですけども、けっして、いわゆる在日って一枚岩だったり政治的な二つの「分裂状況」よりも、大多数の中庸で、中間層の様々な細分化された人たち、と思うのが一番いいんじゃないか。

　だから、なんでもかんでも在日でくくるなよ、というのが僕の持論なんですねえ。「顔が変われば、人が違う、思想が違うんだよ」ということで、いいんじゃないですかって、言うんですけども。だから、たとえば帰化をするものがいても僕は否定しない。単純に同化政策だっていうふうに、日本国の政策としての同化の道を求めつつ、帰化申請のハードルの高さで、実質は排他的領域に閉じ込めていると、非難はできるんだけど。

　でも実際、帰化って大変なのよ、手続き上。役所一回行って「はい、どうぞ。はい、今日からあなた日本国籍！」とはならない。大変なのよ、結構。で、まあ、そういう人もいていいし、未だに朝鮮学校時代の友人たちというのは朝鮮籍と韓国籍。韓国籍が増えてきたけどね、朝鮮籍でいる奴は少なくなってきたけど。我々の普通にある現実より、突きつけられた現実というふうに捉えてますね。僕自身も朝鮮籍から韓国籍に切り替えるときに様々な周辺のリアクションありましたけどね。僕の中では不自然でもなんでもない。

「朝鮮籍」から「韓国籍」に切り替えたのは、何歳くらいの時だったのか。

　40…42、3 の時ですかね、韓国籍に切り替えたのは。それまで朝鮮籍だったという。だから仕事で外国行く時、大変でしたね、本当に。たいてい、仕事で行かざるをえない国というのはビザ、求められますから。国交がない国がほとんどですから、アメリカだったり。それは大変でしたよね。

「朝鮮籍」で渡航ビザを取得するのは可能なのか。

　可能は可能です。ビザとるのも一朝一夜じゃいかないっていう。いろんなワザを使わなきゃいけないんですけど。その不便さに辟易してたっていうのもありますね。
　で、韓国籍に変えて韓国（へ）行ったら、記者会見やらされて。なーんで記者会見なんてしなきゃいけないんだろって思うけど、招いてくれた人たちが記者会見（を）やってくれって、で、韓国メディアの意向として「転向声明」（を）出せってことで、カチンときちゃって。「北朝鮮籍から韓国籍に変えたってことは転向だ、転向声明（を）ここで出せ」って、それ（を）聞いて、「バカヤロー、帰れ、コノヤロー、なにも俺は一切変わってない！」と。まあ、食い下がったと言うのか、挑発には抵抗しましたね。だから、韓国で非常に評判が悪い、僕。どうだっていいやって感じで、皮肉言ったんですけどね、僕。「世界人権宣言とか国連憲章とか、君たちは一応は知ってるよね？　国籍選択の自由は一応あるんだぜ？　国籍選択の自由は思想信条の自由だよ。韓国にはないのか？」と皮肉を言ったら、余計、向こうはカーッときてましたね。後で周りから、叱られて、叱られて。

記者会見のやり方で、監督が「叱られた」？

　記者会見はね、そんなケンカ腰じゃあだめだと。たまたまその時、見

に来ていたアン・ソンギさんという大変な人格者で有名な俳優が、あんまりもめるもんだから途中で間に入ってくれて。「彼は、やっぱり韓国来たのは初めてだし、韓国の文化を観念的にはわかっていても現実として初めて会ってる。色眼鏡で見ないのが韓国的な歓迎ではなかろうか」で、治まったんですけどね。

こっちは治まってないですよ。なんだ、調子いいこと言いやがってって感じなんだけど。まあニコニコしてましたけど。いい方がなぜか居てくれたってのもありますけど。非常にある種の狭量というか激情というか。価値観を選択するというのは、日本以上にやっぱり価値観の違いというのを厳しく捉えるとこですから。

それはまあ、しょうがないんですけどね。一応、民主化も成し遂げたという直後でしたから、そういう気運というか昇り竜的な国民感情があった中で、変なおっさんが行って嫌々記者会見やらされたっていう。んー、こっちも挑発的だったかもしれませんね。サングラスにアロハですからね。サングラス取れって言われたけど、「度付きだよ」ってまた余計なことを言って記者諸君を怒らせたわけですね。「だいたい、ちょっと前の大統領[8]はどこへ行くにもサングラスだったじゃあないか」って。「あれは許されて、なんで俺は許されないんだ」って。今思えば大笑いですね。そういうことが韓国との出会いかな、最初は。

韓国への留学

その後、監督は韓国の延世大学校[9]へ「留学」することになる。その経緯を、監督は次のように語る。

ミョンドン[10]で男性向けの雑誌の表紙写真を撮るっていうのでロケーションやってたら、その路面にカバン屋があって、最初は客になれってしつこく言ってきて、相手しないで写真撮影やってたら、今度は商売の

8　1963–1979 年の韓国大統領朴正熙（パク　チョンヒ）か。

9　ソウル市内の私立大学。

10　明洞。韓国ソウル市中心の繁華街。

邪魔になるから出てけって邪魔してきて。不思議なものですね、韓国語の罵詈雑言のスラングは僕にも理解できるんですよ。不思議なもんで。で、カチンときたからその若い店員に同じレベルのスラングで強烈にやり返してやったら、揉め始めちゃって。押し問答になりかけて、間に雑誌社の連中が入って止めて。（中略）

で、いったんその店員がひっこんで治まったかと思ったら、20 人ぐらいの新手が現れたの。いよいよ大立ち回りかって話。罵り合って結局、痛み分けで僕は引きずられるようによそ（へ）連れてかれて。周りの連中からね。それで治まったんだけど、ここは面白い国だな、と。

僕の家族を描くとか対の男女の恋愛だったり、対ではなくても共同体の違うような意味での人間関係を求める者たちがいたりとかっていう、アジアの現代みたいなことを僕の中で普遍的なテーマにしたいなと思ってた頃でしたので、その玄関口としてソウルってのは最もふさわしいんじゃないかと。

まずソウルで 1、2 年いて。そういうこともあって面白い国だなってのと、理想としては、結果そうなんなかったけども、アジア流転の旅というか、いろんなとこで映画とりながら流浪して最後は路傍の石で死んじまうのが面白いなとか思ってたんですよ。

ていうのは、日本映画界では香港映画、台湾映画に出稼ぎに行ったりっていうのがありましたから、現実に。そういうことで転々としながら、面白いなあと。玄関口がソウルでミョンドンでの撮影のときの "モメ" が（入ったり）。

普通なら嫌いになったりするんだけど、長くいるにはどうしたらいいかっていうんでいろいろ考えて。（そこで）映画の比較史的なところで、近代韓国における映画史というのを研究課題に国際交流基金と文化庁の支援を受けて、助成の手続きをして通ったもんですから 1 年間留学という形に。留学というか研修。海外研修。

こうして、監督は、40 歳を過ぎてから、「近代韓国における映画史」という研究課題で国際交流基金と文化庁から研究助成を受けて、1 年間韓国の延

世大学校に「留学」した。実際は、「留学というか、海外研修」だったという[11]。

　ところが、延世大学校に行くと、面接をした教師から意外なことを言われた。

　　延世大学に行ったときに、あなたにはキョンサンド（慶尚道）訛り、チョルラド（全羅道）訛りとチェジュウ（済州）訛りがもろ入っていると、普通あり得ないんだと。だから東北弁と関西弁と、それこそ広島弁かなんかが入っている状態らしいんですよ、僕がしゃべる言葉は。変だよね。だから、向こうの教師は笑うというか、まあ、それでだいたいわかるんですよ。この子はやっぱり、日本で総連系の学校に行っていたって。言葉ですぐにわかるんですよ、なんとなく。堅苦しいロジック、言葉のうえでのロジックを組むうえでは、やっぱりどうしてもわかりやすく、理解しやすい（言葉）ってことになると、朝鮮学校時代に注入された朝鮮語が出てくる。それは、ありますね。

　　ただそういう理解は、本当にネイティブの人たちにとっては、面白いようにわかるけど、僕らにとってみれば、あんまり面白いんだか、つまんないんだかもよくわかんないみたいなところはありましたけどね。まあ、だからそういう意味では、家庭内においても、僕が朝鮮学校に行くことによって若干、家庭内のその理想というのかな、ずれてきたっていうのはあったと思いますね。たった3年間のことでしたけど。

　さらに、父親の出身地を聞かれたので、韓国の時代劇によく出てくる古都キョンギドスオン（京畿道水原）と言うと、監督の話す朝鮮語にそこの言葉（訛り）は入っていないと、面接官の教師は不思議がったという。

　しかし、監督はそのことを否定的に見ない。むしろ、父親の出身地の言葉がないことや他の訛りが混在していることは、「面白いし、どちらかというと、

11　文化庁の特別研究制度（3カ月）、国際交流基金の助成プログラム（6カ月）から渡航費と滞在費が計9カ月支給され、残りは自費で賄ったという。ただし、これらの助成金を得るには「語学研修」ではなく、学問的あるいは職業的テーマが必要ということで、「韓国の映画史」を研究課題とした申請書を作成し、申請したという。

僕なんか、自分の人格形成の中で、そういうことに感謝している」と言う。

　監督は、延世大学校に滞在中、外国人を対象に韓国語を教える「語学堂」[12] で「韓国語をまた学び直すことになった」という。

　では、韓国の大学校で「韓国語を学び直す」とき、どのように感じたのだろうか。

　　日本（の朝鮮学校）で 3 カ月必死に学んで、それで 3 年間の生活の中では、（たとえば）パソコンの言語機能がいくつかあって選ぶようなもんで、時々変えることが可能だ、トランスできるっていうのがあったんだけど、韓国における韓国語はトランスとはちょっと違う、意味合いが変わってくるんですね。韓国語がないと始まらない国だから。そこが苦労したっちゃしたかもしれませんね。

　　最初は、僕の受け入れ先（延世大学校の語学堂）も（僕が）何者かわかってるから上のクラスにされちゃったんですよ。「いやだ、一番下からの再スタートだ」って言ったのに一級から六級まであるんですよ。三級に最初から入れられちゃって。あいうえおから始めなきゃいけないのに三級なんて持たなくて、すぐ二級に落とされて。落とし方が気に入らないって、大喧嘩になって。「だから言ったじゃないか、最初は一級、二級からって言ったのに、お前らがカッコつけて三級なんか入れるから」っていう八つ当たり。延世大学にいた 3 カ月間は笑っちゃう程に他学部の僕の特別授業なんてのも、二回くらいやらされたかな。その時は通訳付きでしたけどね。

映画の話を？

　　そうです。そうこうするうちにやっぱり語学堂とモメるんですね。語学堂というのは延世大学の中でもドル箱と言われてるくらい世界各国から（留学生が）韓国語を学びに来ていたんですよ。キャンパスのはずれ

12　主に留学生に韓国語を教える、大学校の附属機関。

にあるんだけども、校舎も学舎も日本政府からの援助で作られていて、学生数が600はいたかな。外国語学部の一環なんですよ。学部ではないわけですね。長期的なセミナーみたいな。元々が（延世大学は）聖フランシスコ系のカトリック系の大学なんですけれども、韓国語を外国人に外国語学部の中で学ばせるという習慣は、実は、朝鮮戦争の1年くらい前からアメリカ大使館の武官や在韓米軍諜報関係者に教えたのがスタートだったんですって。

　だから元々、怪しいのよ。スタートが、そこはそれで。（語学堂に）僕の入ったころは、毎回出身地を嘘つく、自己紹介となれば毎回違う出身地言って、「お前どこなんだよ」って言うと、ニヤッと笑って。結局、自分で在韓米軍陸軍で仕事してること吐いたよ。本当は韓国語なんて学びたくないけど、仕事だっていう完全に諜報系の人がいたりだとか。宗教団体の人がいたりとかで、面白かったですよ、意外と。

　一番熱心だったのは、中国からの人々ね。中国人の女子学生が特に。ちょっと授業でモメたり議論が始まると、「無駄な議論はやめてくれ。私たちはお金を出して韓国語を学びに来ている。これは私たちの将来に直結するんだ」と、「あんたたちみたいに気軽に語学を学びに来てる連中と違う。授業を進めてください！」っていうのがいて。面白かったですよ。結局は、クビですよ、モメて。ひとつモメる理由が、日本人の留学生に関して例題とかテキストがいやらしいのよ。だって、今この子たちに「日帝三十六年史」の白黒をつけろなんて…。そんなの、語学学習のとこで不適切だろうと。「やめろ」っつったの。「お前のお父さんとか兄さんなんて、ベトナム派兵で人殺してるじゃないか[13]。それをテキストに出してみろ」って、僕は言っちゃったの。（すると）向こうはカッカ、カッカして大モメ。学科長に当たる方とモメて。最後が、面白かったですねえ。「お前は元々観察対象だ。お情けで入れてやってんのに、その態度は何だ。いつだって当局に売ってやる」って。「売ってみろ、この野郎！　お前、自分のとこの学生を売るなんて恥ずかしくない

13　ベトナム戦争の際、韓国は米国軍を支援するため1964–1972年の間にベトナムへ32万人の韓国軍の兵士を派兵した（伊藤、2010）。

のか！」なんて、散々、僕に言われたりして。で、向こうも逆上して。おかしかった、で、大学教員にあるまじき姿で。で、あっさりとクビになりました。

その後も延世大学校に在籍したのか？

　いましたよ。あとはもうフラフラ。入ってからも、もうフラフラ遊んでばっかりだったんですよ。学生の中では俄然、年上ですから。若い連中と遊んだり、相談事、受けてて。そういうのも影響したかもしれませんね。居酒屋で議論吹っ掛けられて殴られたとかなんて、「今から行って仕返ししてこい、コノヤロー、本当にうちの学生なのか」って聞いたら、「間違いない」って。

　早稲田の周りにもいろんな学生相手の飲食店があるけど、延世大学の周りもそれ以上に飲食店があるんですよ。そこの居酒屋で学生が因縁つけられて殴られたんです。いろいろ報復論を教えて、やり返してこいって言ってたんです。それで片付かなかったらまた相談のってやるからって、とか、学生同士の博打の後始末を相談されたりとか。金のやりとりがスムーズにいかないって、笑っちゃったんですけど、「そんなの簡単だ。授業始まったらそいつのクラスに乗り込め。そして大声で金を返せ！と言え」と。それはまずくないですかって、「いや、まずいんだよ。おまえは博打で勝った金を獲りたくて俺に相談してるんだろ。だったらやってみろ。間違いなく相手はビビって金出す」、そしたら「金出してくれた」って。成功した。正当な要求だよね。正当な要求をしてちゃんと対価を払えと。そんなことをやってましたね。

　ですから「近代韓国における映画史及び日本映画との比較研究」[14]ていうのは、進んでるような、進まないような。面白かったです。いろんな知人もできましたし、驚いちゃうんですけど、日本にはない（ことが起こる）。

14　日本で研究助成申請時の「研究課題」。

　アパートを借りてたんですけど、アパートの管理人さんが当然ながらマスターキーを持ってるんですけど、大学に行って戻って来た日に鍵を開けたら、「あれ？　鍵、開いてたかな」って思って、ドア開けたら管理人のおじさんが、「よう、おかえり」って部屋の真ん中で座ってる。「お前、韓国慣れてないだろうからオンドル入れて待ってた」って、部屋（を）暖めておいてくれた。

　親切心ですよ。そのおじさんにとっては。茶飲み話か、するつもりで勝手に人の部屋に入って。暖めておいてくれたのは良いけど、その間のガス代は僕が払うわけですから。それが２回ぐらいなったら、さすがにマズイな、と。おじさんは僕のこと（を）名前（で）はなくて老学生、ノウハクセンて呼ぶんです。韓国語で学生はハクセンですから。あだ名をつけて。非常に親しくして頂いたんですけど。でも２回ぐらい続いちゃうと、一応大人にはプライベートっていう時間と空間があるので、そのためにこの部屋を借りているわけで。「もう結構です」って言ったら、すっごい寂しそうな顔して、「もう、来るなってことか？」って。「いやいや、そういうわけじゃないんですよね。勝手に部屋に上がるのだけはやめてくれ」と。

　そんなことがあって管理人の人は別れ際にビール奢ってくれましたね。近くの雑貨屋さんで。僕が日本で映画監督やってるなんてのも知ってて。知ってたけど「学びに来てる以上は俺にとっては子どもだし、学生である」と。それでハクセンて、あだ名がついたんですけど。いい親切なおじさんでしたねえ。

▮ 韓国で映画を製作して

その後、韓国語について、監督はどう思っているのだろうか。

　結局１年いて、７〜８年前にちょうど韓国で映画を作らないかということで１年半くらい韓国にいましたので、日常会話には困らないんだけど、少し進化した世界観であるとか仕事上で必要な専門用語に対する解釈。簡単に言うと、演出をどうするかということ。これに関しては、手

慣れた通訳がいないと僕はだめなんです。日常会話には困りませんけれ
ども、高度な会話になると…。

　日本でも同じなんですよね。我々の映画の現場は特殊な言語体系のよ
うなものがあって、仕事を進行させるためのひとつのテクノロジーに関
することっていうのは、普通の人にはわからない。それプラス、台詞が
あって。映画を作るのだって社会の中にあるわけですから、社会性を持
つ能動的な言語としての普通の日本語っていうのがあるわけですね。映
画を作るうえで。

　それで韓国行って日常会話はこなせるんだけども、やっぱり専門的
なことになるとそのことを理解している通訳者がいないと仕事として
はうまくいかない、とわかってましたので、（通訳者を）付けましたね。
100% と言うよりも 50 〜 60% は頼りにしましたね。

　あとは、普通に喋って理解されることもあるし、理解することもでき
る。肝心なところ、曖昧にはできないところは、通訳を立ててやってま
したね。通訳は、もう何度も涙流して泣いてましたよ。叱ったりすると
きはね、直訳しなきゃいけないわけですから。基本的に、（通訳は）韓
国人ですからね、韓国人が韓国人を叱る、という形になるわけですか
ら。そういうところは、すごく嫌がってましたけどね。

　通訳は大変才能のある女性だったんですけど、「監督、自分で仰りた
いこと言えるんだから、自分で言ってください」と居直られちゃって
さ。僕が言うと、棘が立ちすぎちゃったりあるんですよ。

　そこが、言葉の壁って大きいなあと思いましたねえ。仕事はスムーズ
とはいかないまでも、なんとか進められるんですよ。僕のレベルでも。
それは映画監督として培ってきたものが言語化されるわけだから、ある
程度はいけるけど、より高度な専門的なやりとりになると、通訳がいな
いと難しくなると。そういう世界を通訳できる人って限られてくるんで
すよね。いくら喋れても畑違いの学問のことを通訳できないじゃないで
すか。

　そんなんで 1 年半ぐらい韓国行ってましたけどね。ひと月に 1 回くら
いは日本に行ったり来たりでしたけど。1 年半よく（韓国へ）行ったと

思いますよ。マンションも借りてましたから。外国人専用のマンションなのに外国人ひとりしかいなくて、他は怪しい韓国人ばっかりの外国人専用マンション。

　ある日ね、部屋にいたらドアがドンドンドンドンて、「えっ、おかしいな。オートロックだから、どっか間違えて来てるのかな」って思ったら、すごい剣幕で男が2、3人「開けろ」って叫んでるの。で、開けたんですよ、ドア。いざとなったらすぐ110番するつもりで。そしたら相手も"あっ違う！"って顔して、急に丁寧な喋り方になって、「ここに以前住んでたナントカさんて方はいらっしゃいますか」と。「そんな人、知りませんよ」。

　入って1カ月ぐらいの時だったかな。借金取りだったんですよね。でも、なんでこの人たちはオートロック外して入ってこれたのかという謎があるわけ。もしかしたら、コピーのカギ（を）持ってるかもしれない、そんな怪しい連中ばっかだった（マンションだった）という。面白かったですよ。外国人がひとりしかいない外国人専用マンション。5階建てだったけど、あとは全部韓国人。変なアパートだったけど。面白かったですねえ。

■ ことばとアイデンティティを振り返る

　歳を重ねていくと言葉の感覚とか記憶、経験は、どんなふうになっていくものなのか。

　たぶん、人間の記憶ですから限界はあるはずなんですよ、絶対。だからやっぱり消失していく。若き日に様々な言葉の中で文化情報だけじゃなくて、すべての存在状況みたいなことが、いろんな言葉のやりとりの中でどんどん増幅していく。想像力っていうのがともなう形での営為と言いますか、表現というのがあったと思うんですけど、次第にしぼんでくるわけですから、年齢と共に。

　どんどん消費ではなくて、かつては消費したけれどもそれ以上に新たな対価を求めて拡大するようなところが、言語的にもあったと思うんで

すよね。それはもう当然しぼんでくるわけですね。ですから消費というよりは消失に近いかな。消費してなくなるよりも言葉が消えていく、忘れていく。止められないことだと思いますね。

　僕の中の韓国語もそういう位置づけになるんでしょうね。使ってないと忘れてしまう、という。ましてネイティブとしての言葉ではなかったですから、どこか外国語でしたから。それは未だに変わらないままですよね。よく1年半も韓国（に）いられたと思うけど。そういうところで不自由しないですけどね。やっぱりどんどん忘れていくということでしょうねえ。齢を重ねればね、結局、日本語だってそういうことになってきますよね。必要最低限のボキャブラリーしか残ってこないという。こういうことが一般的だと思うんですよね。その一般性が、僕の中にもあるのでね。

　時々韓国の映画を見ても韓国のテレビニュースを見ていても、とりわけ留学で行ってる時が一番理解が深かったと思いますね。あの頃の方ができてたなっていう。映画を撮って1年半いたけれども、仕事をするうえで少々はスムーズにいってたと思うんですけれども、終わればね、消えちゃうんですよ。どんどんどんどん忘れていく、消えていくっていう。これはもうどうしようもないことですね。

　たとえば40数歳のときに、1年間ではなくてもう少し長いタームだったら、話は別だと思うんですけど。でも、それは現実的な話ではないんで。10年くらい前に国際映画祭に行ったときに同行するライターの方がいましたけど、結構、僕が宴席等々で韓国語のジョーク飛ばしてたらしいんですよ。よく記憶にはないんだけど。「なんだ、（監督は韓国語が）できるじゃないかって思った」って、記事には書いてありましたけど。

　ただし、僕はジャーナリストに会う時や戦闘モードに入るときは通訳（が）必ずいて、「相手の言ってることを100%理解してるけど、その答えを全部通訳を通じてするという、そこにこのサイヨウイチという男の二重性が垣間見える」と、そのライターは書いてましたけどね。当たっていなくはないですけどね。だから10年くらい前は宴席で、酒席で韓

国語のジョークを言えるレベルにはあったと。今はどうかなあ…。

では、齢を重ねていくと、自分のアイデンティティを考えたりすることに影響が出てくるものなのか。

それは答えによって全部違うんじゃないでしょうかね。僕の場合は影響があると言えばあるでしょうし。今更アイデンティティ・クライシスってことはないと思いますけれども。

ただ、アイデンティティの根源的なものは何？とそういう問いかけは深みを持たざるをえないと思いますね。ただ、こうなると、観念とかフィロソフィーということになってくるので、単純に僕が日本と朝鮮の混血で、そういう「変な家庭」というか普通のおうちではないような環境の中で育ってて、親族一同そういうことなんですね。ちなみに伯父の子どもが、僕にとっての従兄弟が４人いるんですけど、その従兄弟たちの人生を見ててもそうですしね。

母方の血縁に脈々と流れる、九州の古いおうちの血の部分、で、韓国においてもある意味旧家の出身ですから、その両方が相混ざりになって受け継いでる部分は確かにあって。たとえば、物の考え方とか。九州系は、ある意味での山っ気のあるおうち…。山っ気があるとはまた違うかな…。割合、じいさん、干拓で失敗してるんですよ。同時にそれなりのいいおうちだったもんだから、嫁ぎ先が立派だったりとかあったけれども。

父方の方は、またいろいろあるうちで。旧法によれば僕が当主ということになるんですね。ひいじいさんの長男がじいさんで、その長男がうちの父親で、で僕がその長男でしたから。一応、僕が崔家をしょわなきゃいけない、旧法によればね。

でも今、新法ですから。ただ面白いのが新法と旧法の間に遺産問題ってのがあって。旧法によれば全部僕のもんなんですよ。全部放棄しましたけどね、めんどくさいんで。「どーぞ、あんたたちで自由に」って。向こうは大喜びですよね。そんなこともありましたけれども。

齢を重ねる、歳をとるということは、いずれ非生産性の死というもの

にだんだん近くなっているということですから、年齢的にも。そこなら、やっぱりアイデンティティというある種の帰属性みたいなことなのでしょうね、簡単に言えばね。今、言えるのはどっちでもない僕がいるみたいな。僕の頭の中を支配している僕の想像力なり観念なりを培うものは何かってなると日本語があるんですよ。完全に日本語です。生まれ育ちが日本ですから。

　その中で理解するとなると白黒つけ難い曖昧なところにいるな、と。言ってみれば、価値観の混在みたいな意識をしながら生きてきたということは言えると思いますね。

　若き日のナショナリズムに出会ったときの新鮮さというのは民族求心主義的に思うんですけど、熱病みたいなもんでね。これ、意外と冷めやすいんですよ。と、僕は思ってるけど、冷めないやつもいるんだけど。僕なんかすぐ冷めちゃいましたよね。純粋化されたある種の観念的な民族主義ほど、たちの悪いものはないと思ってますので。それとは割とうまく手が切れたというか。

　で、後にうちの父親と母親が一番心配した、学生運動に入ってるんじゃないかと、その通りになっちゃうんですけどね。後で聞かされて"はめられたー"と思っちゃうんですけどね。志望する大学もあるにはあったんです。朝鮮大学（校へ）行けって言われてたけど朝鮮大学は行きたくねえなあ、と。でも浪人しなきゃいけないし大検は取らなきゃいけないし [15]。となると 1 年はかかるかな、うちの経済から見ると 1 年浪人は言いづらいかなって思ってたら、「洋一君、君は写真をやってるわけだから、そっちの道は考えないの？」って父親が（言った）。

　「洋一君」とか調子いいこと言いやがってね。将来のこともあるから家族で箱根でも行こうってなって、珍しいんですよ、父親が家族旅行なんて言い出すなんて。で、箱根の温泉に行って、「我々としては、才能とは別に少し写真を学んで生きていってほしいと思ってる、願ってる。君も、写真やりたいだろうから」。「あ、理解あるな。何だろな」って

15　朝鮮学校は「学校教育法」の「各種学校」になるため、大学進学には、「大学入学資格検定」（現・高等学校卒業程度認定試験）を受けなければならなかった。

思って、後で聞いたら、大学行かせて学生運動[16]でパクられるより写真学校（へ）行っとけば大丈夫だろうと思ったってわけ。必ずコイツはパクられると思ったらしいよ。

　写真学校（へ）行ってもパクられましたけどね、結局。比較的面白いやつが集まる写真学校（でしたね）、当時はね。小さいながらも、面白い所だったんで。そこで知り合った友人たちとは未だに付き合いがありますけどね。ずいぶん亡くなりましたけども。未だに長い長い付き合いがありますねえ。その頃の友人たちが、僕のことを"チェ""チェ"って呼びますね。はい。

3. 人生とことばの風景——崔洋一の場合

　誰もが感じたことがあるだろう。映画を観終わったときの清々しさと映画館を出て引き戻された現実世界とのギャップを。そんなときに、野暮な映画評論家らしき人の「訳知り顔の解説」など、誰も聞きたくもないだろう。私も同感だが、崔洋一監督の語るライフストーリーから、「崔洋一ワールド」といった独自の映画のような世界観を覚えるのは、私だけだろうか。

　「野暮な解説者」と自覚しつつ、以下で、崔洋一監督の語る「人生とことばの風景」を考えてみよう。私が注目するのは、次の3点である。

　第1点は、崔監督の語りに、時代の中で生きる「移動する家族」（本書の第3章）の歴史があることである。17歳で本土（日本）に渡った父親、その父親と出会い結婚した日本人の母親、戦後のサンフランシスコ条約による国籍選択と名前の変更、40歳代の国籍変更と韓国での記者会見など、20世紀の時代の激流の中で、社会や歴史の圧力を受けながら懸命に生きる、崔監督を含む「移動する家族」の姿がある。同時に、崔監督自身が、戦後の混沌とした社会状況の中で貧富の差、力のある者とない者の差を感じた少年時代、北朝鮮へ「帰国」する優秀な若者の姿を見ながら高度経済成長期の激動と混沌の時代を生き抜いた青年期、さらにビザ取得の不便さに辟易しながら国民

16　1960年代後半は、「全共闘運動」と呼ばれる大学紛争が全国で起こった。特に東京都で激しく、1969年、東京大学が学生に占拠され、その年の入学試験が中止された。

国家の間（はざま）で生きる人々をテーマに映画作りをする壮年期など、「移動する家族」の歴史が崔監督のライフストーリーに色濃く反映している。

　第 2 点は、ことばをめぐる記憶があることである。幼少期に父親が「知らない言葉」を使っていたことや、成長期に朝鮮学校に編入学し、多様な朝鮮半島方言に触れたこと、それが韓国留学の際に思わぬ形で出現したことなど、朝鮮学校時代の数々の記憶が人生を織りなしている。その背景には、母親の強い勧めがあって朝鮮学校へ入学したという、第 1 点と関わる要因もあるが、多感な時期に複数言語環境で過ごしたことが大きな要因になっていたと思われる。たとえば、朝鮮学校に入学するとき、「初めに書かされるのは名前ですから。そこでまず言葉の転換があるというのが重要ですよね。民族教育というのはそういうことですから。言葉から始まるという」点があると崔監督は述べていた。また、朝鮮学校では、友人から聞く朝鮮半島の多様な方言、それに平壌の朝鮮語と日本語に日常的に触れていた。「それだから 3つ、まあ極端に言うと、3 つの言葉の世界が一人の人間の中に存在するという、こういうことになるんですね」と言う。

　このような複数言語に触れた経験が、40 歳代の韓国留学の際にも、出現した。崔監督の話す朝鮮語に朝鮮半島の多様な方言が混在していることで驚かれた。それ以上に、崔監督は「ことばと思考」について語っている。つまり、「日本で総連系の学校に行っていたって。言葉ですぐにわかるんですよ、なんとなく。堅苦しいロジック、言葉のうえでのロジックを組むうえでは、やっぱりどうしてもわかりやすく、理解しやすい（言葉）ってことになると、朝鮮学校時代に注入された朝鮮語が出てくる」と言う。

　興味深いのは、崔監督は、父親の出身地の言葉（方言）が自身の中にないことや、一方で他の地域の訛りが自身の中に混在していることは、「面白いし、どちらかというと、僕なんか、自分の人格形成の中で、そういうことに感謝している」と言う。

　だからこそ、崔監督にとって、朝鮮学校時代の経験と記憶は大きかった。「日常と非日常ではなくて、日常が二つあるという、そういう環境ですよね」と言う。また、「朝鮮高校行っている頃、とても人生的には面白い時だったんですけど、つまり、何だろ、いろんなものが、混在する、混在っていう概

念がわかんないまま平気で、日常の中でワープをしている。ピンボールですね、あっち行ったり、こっち行ったり、そういう意思の疎通とかじゃないですかねえ」と言う。これが、私の注目する第3点でもある。この点を、以下に詳しく述べてみよう。

朝鮮学校で「いろんなものが混在する」世界観を経験したことが、崔監督ののちの写真や映画や人生に大きく反映しているように見える。たとえば、崔監督は「理屈ではなくて体感してたと思いますね。これが俺たちの世界なんだっていう。そういう意味では優越感とも違うし、コンプレックスとも違うし。なんとも説明のし難い時間と空間の3年間だった」と振り返る。

また、「あらゆる意味での縮図がそこにあるわけですから。そこが僕の人生、映画人生に影響を与えたというのは厳密にはわからないですけど。それはナショナリティの問題ではなくて」とも言う。

この「体感」「縮図」「混在」といったキーワードは、崔監督自身の社会認識や世界観、アイデンティティにも、繋がっているように見える。たとえば、「アイデンティティの根源的なものは何？とそういう問いかけは深みを持たざるをえないと思いますね」と語るし、「価値観の混在みたいな意識をしながら生きてきたということは言えると思いますね」と振り返る。ここには、他者からのまなざしもあるだろう。「なんでもかんでも在日でくくるなよ、というのが僕の持論なんですねえ。「顔が変われば、人が違う、思想が違うんだよ」ということで、いいんじゃないですか」と言う。他者からのくくり方より、個人の思いのバリエーションがあるという視点と思いがある。

さらに、ここで注目するのは、崔監督の自身のことばに対する意識と意味づけである。「言葉の壁って大きいなあと思いましたねえ。（映画制作の現場で）より高度な専門的なやりとりになると、通訳がいないと難しくなる」と朝鮮語について語る。ただし、映画制作に関わる複数言語についての記憶はしっかり残っている。「若き日に様々な言葉の中で文化情報だけじゃなくて、すべての存在状況みたいなことが、いろんな言葉のやりとりの中でどんどん増幅していく。想像力っていうのがともなう形での営為と言いますか、表現というのがあったと思うんですけど、次第にしぼんでくるわけですから、年齢と共に」と語る。

　ここには、人生を振り返ったときの思いもある。「齢を重ねる、歳をとるということは、いずれ非生産性の死というものにだんだん近くなっているということですから、年齢的にも。そこなら、やっぱりアイデンティティというある種の帰属性みたいなことなのでしょうね、簡単に言えばね。今、言えるのはどっちでもない僕がいるみたいな。僕の頭の中を支配している僕の想像力なり観念なりを培うものは何かってなると日本語があるんですよ。完全に日本語です。生まれ育ちが日本ですから」と崔監督は語る。

　崔洋一監督の語りは、複言語で育つ子どもが「複雑で不均質だとしても全体としてひとつのもの」と捉えられる複言語複文化能力（コスト他、2011）を培いながら成長し、社会で活躍し、そして人生とことばを振り返ったときに、高齢者として何を思うかを示す貴重な語りだった。「人生とことばの風景」とは、「移動する子ども」という経験と記憶から生じる当事者の社会認識であり、世界観のことである。この崔洋一監督の事例研究は、「移動する子ども」学が、成長期の子どもだけを対象にする研究ではなく、「移動とことば」をめぐる経験と記憶を抱えて 21 世紀を生きる人々の人生全体を対象にした新しい学問領域となることを示唆している。

第 12 章

展望

——実践の学としての「移動する子ども」学

問題意識⑫

　前章まで、「移動する子ども」学への問題意識をもとに様々な課題について議論を重ねてきた。しかし、まだ議論は緒についたばかりである。では、「移動する子ども」学の今後は、どのように展望することができるであろうか。

1. 「移動する子ども」学の展望

　第1章より「移動する子ども」学の問題意識を提示し、それにそって議論を重ねてきた。ここで、その議論を簡潔に整理し、今後を展望してみよう。

　問題意識①からは、移動に関する思索はジンメル以後欧米を中心に100年前に始まり、研究が重ねられてきたことがわかった。「異郷人」「異人」「マージナル・マン」「ストレンジャー」などの用語で、「移動する人々」が焦点化された。重要な論点は、集団内部の人が集団外部から接近する人をどのように認識するか、また集団に加わった人が集団内の人からどのように見られているかという関係性によるという点と、その関係性は、個の主観的な認識によるという点である。

　問題意識②からは、現代社会の諸問題を考えるうえで、移動の視点を欠いた議論ができないこと、そして現代社会は「モバイル・ライブズ」であると捉える視点が必要であることがわかった。ただし、その中で、「移動とことば」の視点は欠かせないうえ、「移動する子ども」という分析概念が必要であることが確認された。その視点に立ち、天動説的な研究ではなく、地動説的な研究が必要であることがわかった。

　問題意識③からは、幼少期より複数言語環境で成長した子どもが大人になっていく過程で、当事者がどのように感じながら生きてきたのかを、当事者に寄り添って考えることが大切であることを、一青妙さんの事例検討から明らかにした。同時に、「移動とことば」は、家族も含め当事者のアイデンティティの構築と生き方に深く関わることがわかった。

　問題意識④からは、「名付けの暴力性」を明らかにし、「名付けること」と「名乗ること」の弁証法的関係が明らかになった。これは、ジンメルのいう主観的な社会認識と同様の論点でもある。

　問題意識⑤からは、タイの親子の語りから、複数言語環境で成長する子どもの事例を検討し、「移動する子ども」学の研究主題が、当事者の「移動とことば」の経験と記憶から「感情」「感覚」「情念」を含む主観的な意味世界を探究することであることが確認される。

　問題意識⑥からは、複数言語環境で成長する子どもが複言語複文化能力を

持ちながら成長することを踏まえた「ことばの力」と「ことばの教育」の実践が必要であることがわかった。

問題意識⑦と⑧からは、複数言語環境で成長する子どもの主観的な意味世界をフィクションの中から探った。その結果、すでに文学作品の中で、「移動する子ども」学の主題が探究されていることがわかった。

問題意識⑨⑩⑪からは、複数言語環境で成長した若者、壮年期、高齢期の人のライフストーリーを「移動する子ども」という分析概念を使って分析した。その結果、人生のステージにおいて、「移動とことば」に関わる経験と記憶がそれぞれの生き方とアイデンティティ形成に様々に影響を与えていることがわかった。まさに、「移動する子ども」学の射程が 21 世紀を生きる人の人生全体に関わることがわかった。

2. 成果と課題

もちろん、これだけが「移動する子ども」学の取り組むべき課題ではないだろうし、本書が示したのは「移動する子ども」学の輪郭にすぎないかもしれないが、「移動する子ども」学のテーマは、既存の学問領域の中には収まらないことも確かであろう。ここで、一つだけ例を挙げ、「移動する子ども」学の主題を考えてみよう。

すでに第 2 章で述べたように、近年「移動」をテーマにした研究が増加している。リーペレス ファビオ（Lee Perez Fabio）『ストレンジャーの人類学——移動の中に生きる人々のライフストーリー』(2020) もその一つである。著者は国際交流会などでよく見られる自己紹介の場面で、自分はメキシコ人の母と韓国人の父との間に生まれ、様々な国を転々として育った経験から、「メキシコ人です。でも、日本の教育を受けてきたから、日本語も英語もスペイン語も話せます」と自己紹介すると、「本当かよ？」と疑われるという。この「理解され難い何者か」を、著者は「ストレンジャー」と呼ぶ。そして複雑な家族構成を持ち、複雑な移動の遍歴を持ち、他者から「理解され難い何者か」と見なされる、著者自身を含む 5 人の若者のライフストーリーを分析している。

　特に、著者は、このストレンジャーを特定の地域や国籍、血統、エスニシティといった既存のカテゴリーで分類されない存在として捉えている。そのうえで、ストレンジャーの自己認識、他者認識、社会認識等がどのように形成されるのかを探究している。

　このリーペレス（2020）は、「移動の中に生きる人々」の主観的な意味世界を当事者の視点から探究することが新たな文化人類学の研究となりうることを実証した貴重な書であるという点で高く評価できるし、今後のこの分野の礎の一つとなる成果であることは確かであろう。

　リーペレス（2020）で注目されるのは、ライフストーリーの分析の視点として、a.「周縁化と受容」、b.「差異の渡り越え」と「差異の橋がけ」、c.「他者との接触と交流の断念」、d.「差異の折り合い」の４点を挙げている点である。これらの差異とは、ストレンジャーが思う、ホスト社会で遭遇する「他者との差異」「ホスト社会における文化的差異」のことである。そして、その差異の認識に、文化相対主義と関連する「文化人類学的課題」を、著者は設定しているのである。

　つまり、リーペレス（2020）で議論されているのは、端的に言えば、「移動の中に生きる人々」自身が移動の中で何を差異と認識し、それらにどう向き合い、どう対処したのかという点なのである。

　このような問題設定は、「移動する子ども」学の課題と重なる部分がある。たとえば、一青妙さんが日本の学校では台湾からの「帰国生」であることを伏せて、中国語能力も「封印」したこと（第３章）やマユミさんが10歳で日本の学校に編入した際に日本の学校は軍隊みたいだと語ったこと（第10章）などは、当事者の社会的認識によるものであった。また、シュミット誠さんが「民族意識」について、「本来、そういう意識は捨てたいと思うのに、そういう意識が出てくる。それをどう乗り越えて、自分を守っていくかが難しい」と、当事者の中に「日本人」「ドイツ人」の意識や他者からのまなざしから逃れられないジレンマを語る部分（第９章）も、当事者の社会的認識と密接に関わるであろう。

　また、リーペレス（2020）は、移動を軸に、当事者の語りから問題の探究を始めるように、地動説的アプローチによる研究である点も、「移動する子

ども」学と親和性がある。ただし、彼は、移動の中に生きる人、すなわちストレンジャーが経験する差異は、当事者の中にも、またホスト社会にもあると思われる、いわゆる「文化的ステレオタイプ」によるものであると捉えているように見える。さらに、ストレンジャーがその差異を受け入れたり、抵抗したり、あるいは諦めたりしている現実に、著者は注目している。その多様な差異のある現実を文化相対主義的な見方で、ストレンジャーが柔軟に対応して実践をしていることを、著者は「自省型マルチエスノセントリズム（Self-Reflective Multi-Ethnocentrism）」と呼ぶ。

　確かに、移動の中に生きる人々の生きざまを、文化人類学的に語ろうとすれば、「差異」や「文化」や「ステレオタイプ」などの道具立てが必要で、その結果として、「自省型マルチエスノセントリズム」と結論づけることも理解できよう。では、本書で見た文化人類学者のケヤ・ガングリーの質問（第1章）や、蘭さんやハイさんの生き方（第4章）、温又柔さんの母娘の葛藤（第7章）、岩城けいさんの作品でMasatoが「だから、日本語でいろいろ考えていても、今、ぼくの口からでるのは英語だ。もうひとりのぼく、英語のぼくだ」と語る苛立ち（第8章）、シュミット誠さん、マユミさん、崔監督の語りに見られるアイデンティティの変容（第9、10、11章）を、「自省型マルチエスノセントリズム」と解釈するだけで、人の生とリアリティを理解したことになるだろうか。

　リーペレス（2020）には、著者自身を含む5人の若者の人生の軌跡が描かれている。これらの5人は成長期、青年期に居住した国がそれぞれ異なるが、彼らは日本、韓国、マレーシア、メキシコ、米国、カナダ、スウェーデン、スイス、クエート、南アフリカなどの中の複数の国を移動し、その都度、日本語、英語、韓国語、スペイン語、スウェーデン語など多様な言語に触れながら成長している。これらの5人の人生の軌跡には、「移動とことば」のバイフォーカルな軸にそって編み出された経験と記憶が蓄積されており、それらが時により再度意味づけられ、再解釈され、人生の後半に続いていくだろう。そのような視点から、移動の中に生きる人々の生き方と人生を考えることが「移動する子ども」学の大きな主題なのである。

　さらに言えば、本書の序で、「移動する子ども」という現象を説明するた

めに国際色豊かなアスリートを例に出したが、「移動する子ども」学は親の国籍や血統、エスニシティ、言語などで当人を説明することを放棄し、その当事者の考える、「移動する子ども」という経験と記憶によって当事者を理解し、共に議論する地平へ向かうことが目標である。それは、文化人類学者が得意とする文化人類学的語りを超えること、すなわち、既成の学問領域がカバーしきれなかった、「移動する子ども」という経験と記憶の領域を開拓することを意味する。

3. 実践の学としての「移動する子ども」学

このように考えると、本書の第5章で見たように、「移動する子ども」学は、現状を理解したり、解釈したりするだけではなく、「移動する子ども」という経験と記憶と向き合いながら成長する子どもたちや大人たちの生を理解し、支え、現代の「モバイル・ライブズ」の動態的な世界を生きる複合的なアイデンティティを育む教育実践を目指すことが大きな目標になろう。

以前、私は欧州のある国で、「移動する子ども」に関する講演を行った。その国に住んでいる国際結婚家族や日本人が多数参加していたが、講演が終わったあと、30歳代後半の日本人女性が私に話があると言ってやって来た。話を聞くと、その女性の兄が幼少期より複数言語環境で成長し、その国と日本の間を行ったり来たりした時期があったという。その兄は、大学を出てから、日本の企業に就職したが続かず、結局、もと居た国に戻ってきた。彼は、もう40歳代になっているが、心の病を起こしており、今は何もできない状況になっているという。そして、その女性は私に、「「移動する子ども」の講演をもっと早く聞きたかった」と、涙を浮かべながら話した。おそらく、その女性は兄の状況を理解することも、支えることも大変難しかったと推測されるし、もしかしたら、彼女の兄の事情は、その当人の個人的な資質による病であると、あるいは家族の中だけで対処する問題と考えてきたのかもしれない。

その話を聞いて、私は同じような経験をしたり、悩んだりしている人が世界各地にいるのかもしれないと思った。

　もしそうなら、私たちは「移動する子ども」という経験と記憶を持つ人や
その家族に寄り添い、生き方や人生を共に考える実践を考えなければなら
ないだろう。そのことも含めて、「移動する子ども」学は、実践の学とならな
ければならない。本書の第10章のマユミさんからも、以下のメールが私
のもとへ届いた。「（第10章の）最終原稿を読み、私も、心の中が整理され、
いわば荷物を一つおろすことができました。先生と行ったインタビューのお
かげです。ありがとうございました」。これも、実践の一つかもしれない。

　その意味で、本書の提唱した「移動する子ども」学は、まだスタート地点
にある。21世紀を生きる人の生を理解し、人間理解を目指す人文社会科学
の一翼を担う学問として、「移動する子ども」学が、今後ここからさらなる
独自の学問領域として発展することが期待される。

あとがき

　私が「移動する子ども」という造語を最初に作ったのは、『「移動する子どもたち」と日本語教育——日本語を母語としない子どもへのことばの教育を考える』（川上郁雄編、2006）の刊行の時だった。「移動する子どもたち」と複数形にし、「日本語を母語としない子ども」と言い換えたように見せた理由は、「移動する子ども」という捉え方がまだ一般的でなかったからである。

　また、私が「移動する子ども」という造語を作ったのは、その頃の子どものくくり方に違和感を覚えていたからである。

　私は大阪大学の大学院生だった 1988 年、オーストラリアのクイーンズランド大学へ留学し、その後、国際交流基金の派遣で、同じブリスベンにあるクイーンズランド州教育省へ日本語教育の専門家として赴任した。その豪州滞在に、私は家族を連れて行った。当時、日本では小学校 1 年生の年齢だった娘は、現地の小学校の 1 年生に入学した。ブリスベンに日本人学校がなかったからである。娘は、英語がまったくわからないまま小学校に通い、週に 1 回、取り出し指導で、ESL[1] の授業を受けた。そして、土曜日には、日本語補習授業校（以下、補習校）で学んだ。私も、地元の日本人会に入り、補習校の運営のお手伝いをした。娘は、日本語を維持しながら、徐々に英語を習得し、友だちも増えていった。そして、2 年間の私の任期を終えて、家族で日本に帰国すると、今度は、娘は関西の公立小学校に編入したが、学校に適応するのに苦労をした。

　つまり、私の娘はオーストラリアの学校では「新着移民の子ども」「英語を母語としない子ども」「ESL の子ども」、補習校では「継承日本語学習者」、日本に帰ると、「帰国生（帰国子女）」などと呼ばれた。しかし、実際は同じ子どもであるにもかかわらず、子どもは海を渡り、移動しながら、そして複数言語に触れながら成長しているという事実が、これらのくくり方に

1　English as a Second Language（第二言語としての英語）の略。現在、オーストラリアでは English as an Additional Language/Dialect（EAL/D）と呼ばれる。

274

は見えない。そのような中で、私は、「移動する子ども」というタームを考え、新たな学を構想し、研究を重ねてきた。

　「移動する子ども」というタームを作って研究を始めて、しばらくすると、「移動する子ども」が実際の子ども以上に、「移動する子ども」が時代を読み解く重要なキーワードになることに気づいた。そのきっかけが『私も「移動する子ども」だった――異なる言語の間で育った子どもたちのライフストーリー』（川上編、2010）であった。その着想は『「移動する子どもたち」のことばの教育学』（川上、2011）、『「移動する子ども」という記憶と力――ことばとアイデンティティ』（川上編、2013）へ発展した。

　したがって、これらの研究以後に私が発表してきた論考等をもとに加筆修正し、本書を編んだ。序から、それらの初出は、以下の通りである。

序…………原題：川上郁雄（2016）「移動する子ども」駒井洋監修・佐々木てる（編）『マルチ・エスニック・ジャパニーズ――〇〇系日本人の変革力』明石書店、pp. 86–89. をもとに大幅に加筆。

第1章……原題：川上郁雄（2018）「「移動する子ども」という記憶と社会」橘弘文・手塚恵子（編）『文化を映す鏡を磨く』せりか書房、pp. 15–34.

第2章……原題：川上郁雄（2020）「「移動する子ども」というフィールド」『比較日本文化研究』20号、pp. 19–31.

第3章……原題：川上郁雄（2013）「ことばとアイデンティティ―複数言語環境で成長する子どもたちの生を考える」宮崎幸江（編）『日本に住む多文化の子どもと教育――ことばと文化のはざまで生きる』上智大学出版、pp. 117–144.

第4章……原題：川上郁雄（2016）「ベトナム系日本人――「名付けること」と「名乗ること」のあいだで」駒井洋監修・佐々木てる（編）『マルチ・エスニック・ジャパニーズ――〇〇系日本人の変革力』明石書店、pp. 168–184.

第 5 章……原題：川上郁雄 (2017)「「移動する子ども」をめぐる研究主題とは何か — 複数言語環境で成長する子どもと親の記憶と語りから」『ジャーナル「移動する子どもたち」— ことばの教育を創発する』8, pp. 1–19.

第 6 章……原題：川上郁雄 (2020)「「ことばの力」と「ことばの教育」— 子どもの日本語教育のあり方を問う」『リテラシーズ』23, pp. 33–40.

第 7 章……原題：川上郁雄 (2018)「「移動する子ども」という記憶と温又柔」『多文化社会研究』4 号、長崎大学、pp. 73–91. をもとに大幅に加筆。

第 8 章……原題：川上郁雄 (2018)「書評　モバイル・ライブズを生きる「移動する家族」の物語 — 岩城けい (2017)『Masato』集英社文庫」『ジャーナル「移動する子どもたち」— ことばの教育を創発する』9, pp. 40–46. および川上郁雄 (2020)「書評　岩城けいの世界を読む — 『ジャパン・トリップ』(角川書店、2017)、『Matt』(集英社、2018)」『ジャーナル「移動する子どもたち」— ことばの教育を創発する』11, pp. 100–113. をもとに加筆修正。

第 9 章……原題：川上郁雄 (2018)「「移動する子ども」からモバイル・ライブズを考える」川上郁雄・三宅和子・岩﨑典子 (編)『移動とことば』くろしお出版、pp. 245–271. に新たな調査結果を加えて、大幅に加筆。

第 10 章、第 11 章、第 12 章は、新たに書き下ろした。

　本書を編んでいたのは、新型コロナ・ウイルスによる感染拡大（パンデミック）が世界を覆った 2020 年であった。「移動」をテーマとする本書が、国境を越える人口移動が世界的に制限される時期に編まれるという皮肉な巡り合わせとなった。

　しかし、この移動制限のある生活は、改めて、「移動」とは何かを私たちに問うことになった。たとえば、大学の授業がオンラインで行われ、国際会議やセミナーなどもオンラインで実施されるということが急速に広がった。

「テレワーク」や「在宅リモートワーク」という新語とともに新しいライフスタイルも試みられている。物理的に「移動」せずとも、遠隔地にいる人と交流したり、会議をしたり、交渉したりすることが日常的に行われているのだ。つまり、このような移動制限のある生活の中でも、人は代替方法を考えることによって、新たな「移動」を実践し、新たな「移動」の経験を積んでいるのである。人は、このように制限されても、テクノロジーを駆使して「移動」を求め、心的バランスを保とうとしていると見ることもできよう。

今般のパンデミックの中で、私たちは、テクノロジーの世界に新たな移動空間を見出し、これまでと異なる「移動」のリアリティを体験している。結局、「人間は移動する動物」であり、「移動の中に住まう」ということを私たちは再認識し、「移動」の概念を再吟味し、かつ拡大する局面に立っているのである。

そのように考えると、テクノロジーの発展する21世紀の新たな生活環境で、デジタル・ネイティブ、Z世代と呼ばれる子どもや若者、そして高齢者まで多様な人々が体験する複層的な「移動」の経験と記憶を探究する「移動する子ども」学は、まさに時代に求められる学問領域となっていくことが予想される。本書が、これからの時代を生きる人々の生き方とその意味を考える礎の一つとなれば幸いである。

最後に、「移動する子ども」をめぐり私のインタビュー調査に協力してくださった国内外の多くの方々、そして貴重なインスピレーションを与えてくださった一青妙さん、温又柔さん、岩城けいさん、崔洋一監督に感謝を申し上げる。また本書の刊行にあたり、編集作業を迅速に進めてくださった、くろしお出版の池上達昭さん、今回も素敵なカバー・デザインを引き受けてくださった桂川潤さんに、そして本書の帯にエールを書いてくださった恩師の小松和彦先生に、心より御礼を申し上げる。

2021年1月

　　　　冬のある晴れた日に、仙台にて

　　　　　　　　　　　　　　　　　　　　　　　　川上郁雄

参考文献

青木保（2010）『作家は移動する』新書館.

青木保・内堀基光・梶原景昭・小松和彦・清水昭俊・中林伸浩・福井勝義・船曳建夫・
　　山下晋司（編）（1996）『移動の民族誌』（岩波講座文化人類学第 7 巻）岩波書店.

石井正子・中川理・カプリオ、マーク・奥野克巳（編）（2019）『移動する人々 —— 多様
　　性から考える』晃洋書房.

イシグロ、カズオ（2001）『遠い山なみの光』（小野寺健訳）早川書房.

伊藤正子（2010）「韓国軍のベトナム派兵をめぐる記憶の比較研究 —— ベトナムの非公
　　式記憶と記憶する韓国 NGO」『東南アジア研究』48(3), 294–313.

井ノ口馨（2013）『記憶をコントロールする —— 分子脳科学の挑戦』岩波書店.

伊豫谷登士翁（編）（2007）『移動から場所を問う —— 現代移民研究の課題』有信堂.

伊豫谷登士翁（編）（2013）『移動という経験 —— 日本における「移民」研究の課題』有
　　信堂.

伊豫谷登士翁・平田由美（編）（2014）『「帰郷」の物語／「移動」の語り —— 戦後日本に
　　おけるポストコロニアルの想像力』平凡社.

岩城けい（2015）『Masato』集英社.

岩城けい（2017）『ジャパン・トリップ』角川書店.

岩城けい（2018）『Matt』集英社.

印東道子（編）（2013）『人類の移動誌』臨川書店.

上野千鶴子（編）（2001）『構築主義とは何か』勁草書房.

エリオット、A. & アーリ、J.（2016）『モバイル・ライブズ ——「移動」が社会を変え
　　る』（遠藤英樹監訳）ミネルヴァ書房.

OECD（編）（2018）『移民の子どもと世代間社会移動 —— 連鎖する社会的不利の克服に
　　向けて』（木下江美・布川あゆみ・斎藤里美訳）明石書店.

欧州評議会（2004）『外国語教育 II —— 外国語の学習、教授、評価のためのヨーロッパ
　　共通参照枠』（吉島茂・大橋理枝他訳編、朝日出版社）

太田裕子（2012）「「移動する子ども」は他者との関わりの中でことばとアイデンティ
　　ティをどのように形成しているか —— 幼少期より日本で成長したある高校生の事
　　例から」『ジャーナル「移動する子どもたち」—— ことばの教育を創発する』3,
　　25–48.

大山泰宏（2015）『人格心理学』放送大学教育振興会.

岡正雄（1979）「異人その他 —— 古代経済史研究序説草案の控へ」『異人その他 —— 日本
　　民族＝文化の源流と日本国家の形成』pp. 117–154. 言叢社.

岡村郁子（2017）『異文化間を移動する子どもたち —— 帰国生の特性とキャリア意識』
　　明石書店.

尾崎仁美・上野淳子（2001）「過去の成功・失敗経験が現在や未来に及ぼす影響 —— 成
　　功・失敗経験の多様な意味」『大阪大学大学院人間科学研究科紀要』27, 63–87.

尾辻恵美（2011）「メトロリンガリズムと日本語教育 —— 言語文化の境界線と言語能
　　力」、『リテラシーズ』9, 21–30.

尾辻恵美（2016）「メトロリンガリズムとアイデンティティ —— 複数同時活動と場のレ

パートリーの視点から」『ことばと社会』18, 11–34. 三元社.

温又柔 (2011)『来福の家』集英社.

温又柔 (2015)『台湾生まれ 日本語育ち』白水社.

甲斐睦朗 (1997)「日本語教育と国語教育」、『日本語学』16(5), 71–78.

ガーゲン、K. J. (2004)『あなたへの社会構成主義』ナカニシア出版.

柄谷利恵子 (2016)『移動と生存——国境を越える人々の政治学』岩波書店.

川上郁雄 (2001)『越境する家族——在日ベトナム系住民の生活世界』明石書店.

川上郁雄 (2008)「「移動する子ども」の文化人類学的課題とは何か」小松和彦還暦記念論集刊行会編 『日本文化の人類学／異文化の民俗学』pp. 584–602. 法藏館.

川上郁雄 (2011)『「移動する子どもたち」のことばの教育学』くろしお出版.

川上郁雄 (2013)「ことばとアイデンティティ——複数言語環境で成長する子どもたちの生を考える」宮崎幸江 (編)『日本に住む多文化の子どもと教育——ことばと文化のはざまで生きる』pp. 117–144. 上智大学出版.

川上郁雄 (2014a)「「難民」として来日した親を持つ子どもたちの記憶と自己表象——複言語と無国籍の間で」『比較日本文化研究』17, 48–70.

川上郁雄 (2014b)「あなたはライフストーリーで何を語るのか——日本語教育におけるライフストーリー研究の意味」『リテラシーズ』14, 11–27.

川上郁雄 (2015)「「ことばの力」とは何かという課題」『日本語学』34(12), 56–64.

川上郁雄 (2016)「ベトナム系日本人——「名付けること」と「名乗ること」のあいだで」駒井洋監修・佐々木てる (編)『マルチ・エスニック・ジャパニーズ——○○系日本人の変革力』pp. 168–184. 明石書店.

川上郁雄 (2017a)「書評 小説に昇華した「移動する子ども」という記憶——温又柔 (2016).『来福の家』白水社 (U ブックス)」『ジャーナル「移動する子どもたち」——ことばの教育を創発する』8, 29–32.

川上郁雄 (2017b)「「移動する子ども」をめぐる研究主題とは何か——複数言語環境で成長する子どもと親の記憶と語りから」『ジャーナル「移動する子どもたち」——ことばの教育を創発する』8, 1–19.

川上郁雄 (2018a)「なぜ「移動とことば」なのか」川上郁雄・三宅和子・岩﨑典子 (編)『移動とことば』pp. 1–8. くろしお出版.

川上郁雄 (2018b)「「移動する子ども」からモバイル・ライブズを考える」川上郁雄・三宅和子・岩﨑典子 (編)『移動とことば』pp. 245–271. くろしお出版.

川上郁雄 (2018c)「「移動する子ども」という記憶と社会」橘弘文・手塚恵子編『文化を映す鏡を磨く』pp. 15–34. せりか書房.

川上郁雄 (2018d)「書評 モバイル・ライブズを生きる「移動する家族」の物語——岩城けい (2017)『Masato』集英社文庫」『ジャーナル「移動する子どもたち」——ことばの教育を創発する』9, 40–46.

川上郁雄 (2018e)「「移動する子ども」という記憶と温又柔」『多文化社会研究』4, 73–91. 長崎大学.

川上郁雄 (2019a)「移民の子どもへの言語教育とは——日本語教育を問う」別冊『環』24 (「開かれた移民社会へ」), 224–228. 藤原書店.

川上郁雄 (2019b)「国境を越えた子どもの異言語・異文化の壁」近藤ブラウン妃美・坂本光代・西川朋美 (編)『親と子をつなぐ継承語教育——日本・外国にルーツを持つ子ども』pp. 224–237. くろしお出版.

川上郁雄（2020a）『JSL バンドスケール　小学校編——子どもの日本語の発達段階を把握し、ことばの実践を考えるために』明石書店.

川上郁雄（2020b）『JSL バンドスケール　中学・高校編——子どもの日本語の発達段階を把握し、ことばの実践を考えるために』明石書店.

川上郁雄（2020c）「「移動する子ども」というフィールド」『比較日本文化研究』20, 19–31.

川上郁雄（2020d）「書評　岩城けいの世界を読む——『ジャパン・トリップ』（角川書店, 2017）、『Matt』（集英社, 2018）」『ジャーナル「移動する子どもたち」——ことばの教育を創発する』11, 40–46.

川上郁雄（2020e）『探究型アプローチの大学教育実践——早大生が「複言語で育つ子ども」を考える授業——』くろしお出版.

川上郁雄（2020f）「「ことばの力」と「ことばの教育」——子どもの日本語教育のあり方を問う——」『リテラシーズ』23, 33–40.

川上郁雄（編）（2006）『「移動する子どもたち」と日本語教育——日本語を母語としない子どもへのことばの教育を考える』明石書店.

川上郁雄（編）（2010）『私も「移動する子ども」だった——異なる言語の間で育った子どもたちのライフストーリー』くろしお出版.

川上郁雄（編）（2013）『「移動する子ども」という記憶と力——ことばとアイデンティティ』くろしお出版.

川上郁雄・三宅和子・岩﨑典子（編）（2018）『移動とことば』くろしお出版.

ギアーツ、C.（1987）『文化の解釈学 I』（吉田禎吾・柳川啓一・中牧弘允・板橋作美訳）岩波書店.

北川由紀彦・丹野清人（2016）『移動と定住の社会学』放送大学教育振興会.

木下康仁（2003）『グラウンデッド・セオリー・アプローチの実践——質的研究への誘い』弘文堂.

工藤正子（2016）「差異の交渉とアイデンティティの構築——日本とパキスタンの国境を越える子どもたち」川島浩平・竹沢泰子（編）『人種神話を解体する 3——「血」の政治学を越えて』pp. 303–331. 東京大学出版会.

栗田和明（編）（2016）『流動する移民社会——環太平洋地域を巡る人びと』昭和堂.

栗田和明（編）（2018）『移動と移民——複数社会を結ぶ人びとの動態』昭和堂.

小島勝・白土悟・齋藤ひろみ（編）（2016）『異文化間教育体系　第 1 巻　異文化間に学ぶ「ひと」の教育』明石書店.

コスト、D.・ムーア、D.・ザラト、G（2011）「複言語複文化能力とは何か」（原文は1997 年、姫田麻利子訳、『大東文化大学紀要〈人文科学編〉』49, 249–268.

小松和彦（1985）『異人論——民俗社会の心性』筑摩書房.

小松和彦（1995）「異人論——「異人」から「他者」へ」井上俊・上野千鶴子・大澤真幸・見田宗介・吉見俊哉（編）『岩波講座現代社会 3——他者・関係・コミュニケーション』pp. 175–200. 岩波書店.

桜井厚（2002）『インタビューの社会学——ライフストーリーの聞き方』せりか書房.

佐伯康考（2019）『国際的な人の移動と経済学』明石書店.

佐藤浩一・越智啓太・下島裕美（2008）『自伝的記憶の心理学』北大路書房

塩原良和（2003）「エッセンシャルな「記憶」／ハイブリッドな「記憶」——キャンベラの日本人エスニック・スクールを事例に」『オーストラリア研究』15, 118–131.

ジンメル、G.（1976）『ジンメル著作集 12——橋と扉』（酒田健一ほか訳）白水社.

ジンメル、G.（1994）『社会学–社会化の諸形式についての研究』（居安正訳）白水社.

白水繁彦（編）（2008）『移動する人びと、変容する文化——グローバリゼーションとアイデンティティ』御茶の水書房.

杉村美紀（編）（2017）『移動する人々と国民国家——ポスト・グローバル化時代における市民社会の変容』明石書店.

谷口すみ子（2013）「「移動する子ども」が大人になる時——ライフストーリーの語り直しによるアイデンティティの再構築」川上郁雄（編）『「移動する子ども」という記憶と力——ことばとアイデンティティ』pp. 44–68. くろしお出版.

陳天璽・小森宏美・佐々木てる・近藤敦（2012）『越境とアイデンティフィケーション——国籍・パスポート・ID カード——』新曜社.

時枝誠記（1950）『国語学原論続編』岩波書店.

バーガー、P. L. & ルックマン、T.（1977）『日常世界の構成——アイデンティティと社会の弁証法』山口節郎（訳）. 新曜社.

バトラー後藤裕子（2011）『学習言語とは何か——教科学習に必要な言語能力』三省堂.

原尻英樹（2005）『マイノリティの教育人類学——日本定住コリアン研究から異文化間教育の理念に向けて』新幹社.

一青妙（2012）『私の箱子』講談社.

平井京之介（編）（2012）『実践としてのコミュニティ——移動・国家・運動』京都大学学術出版会.

深澤伸子（2013）「複言語・複文化の子どもの成長を支える教育実践——親が創るタイの活動事例から」川上郁雄（編）『「移動する子ども」という記憶と力——ことばとアイデンティティ』pp. 194–219. くろしお出版.

深澤伸子・池上摩希子（2018）「タイにおける複言語・複文化ワークショップの実践——「自分を語り他者と体験を共有する場」を作り、繋げていく意義」『ジャーナル「移動する子どもたち」——ことばの教育を創発する』9, 1–18.

福岡伸一（2014）『動的平衡ダイアローグ』木楽舎.

細川英雄（1999）「日本語教育と国語教育——母語・第二言語の連携と課題」、『日本語教育』100, 57–66.

前川和也（編）（2009）『空間と移動の社会史』ミネルヴァ書房.

松本宣郎・山田勝芳（編）（1998）『移動の地域史』山川出版社.

三宅和子（2016）「社会言語学の新潮流——‘Superdiversity’ が意味するもの」『早稲田日本語教育学』20, 99–104.

村中雅子（2010）「日本人母親は国際児への日本語継承をどのように意味づけているか——フランス在住の日仏国際家族の場合」『異文化間教育』31, 61–75.

山口昌男（1975）『文化と両義性』岩波書店.

山下晋司（1996）「序　南へ！　北へ！——移動の民族誌」青木保他（編）『移動の民族誌』（岩波講座文化人類学第 7 巻）pp. 1–28. 岩波書店.

山泰幸・小松和彦編（2015）『異人論とは何か：ストレンジャーの時代を生きる』ミネルヴァ書房.

リーペレス、F.（2020）『ストレンジャーの人類学——移動の中に生きる人々のライフストーリー』明石書店.

ル・ゴフ、J.（1999）『歴史と記憶』（立川孝一訳）法政大学出版局.

レイブ、J. & ウィエンガー、E.（1993）『状況に埋め込まれた学習——正統的周辺参加』（佐伯胖訳）産業図書.

Anderson, B. (1991). *Imagined communities: Reflections on the origin and spread of Nationalism*, revised edition. London: Verso Editions and NLB.［アンダーソン、B.（1997）『増補　想像の共同体——ナショナリズムの起源と流行』（白石さや・白石隆 訳）NTT 出版.］

Appadurai, A. (1996). *Modernity at large: Cultural dimensions of globalization*. Minneapolis: University of Minnesota Press.［アパデュライ、A.（2004）『さまよえる近代——グローバル化の文化研究』（門田健一訳）平凡社.］

Barth, F. (1969). *Ethnic groups and boundaries*. Boston: Little, Brown and Company.

Blommaert, J. (2010). *The sociolinguistics of globalization*. Cambridge: Cambridge University Press.

Busch, B. (2012). The linguistic repertoire revisited. *Applied Linguistics*, *33*(5), 503–523.

Clifford, J. (1986). Introduction: Partial truths. In J. Clifford & G. E. Marcus (Eds.), *Writing culture: The poetics and politics of ethnography* (pp. 1–26). Berkley: University of California Press.

Clifford, J. (1994). Diasporas. *Cultural Anthropology*, *9*(3), 302–338.

Clifford, J. (1997). *Routes: Travel and translation in the late twentieth century*. Cambridge, Mass: Harvard University Press.［クリフォード、J.（2002）『ルーツ——20 世紀後期の旅と翻訳』（毛利嘉孝・有元健・柴山麻妃・島村奈生子・福住廉・遠藤水城訳）月曜社.］

Coste, D., Moore, D., & Zarate, G. (2009). *Plurilingual and pluricultural competence*. Language Policy Division. Strasbourg: Council of Europe.

Elliott, A. & Urry, J. (2010). *Mobile lives*. Oxen: Routledge.［エリオット、A. & アーリ、J.（2016）『モバイル・ライブズ——「移動」が社会を変える』（遠藤英樹監訳）ミネルヴァ書房.］

Garcia, O. & Li W. (2014). *Translanguaging: Language, bilingualism and education*. Basingstoke: Palgrave Macmillan.

Gilroy, P. (1995). *The black atlantic: Modernity and double-consciousness*. Cambridge, Mass: Harvard University Press.

Haneda, M. (2005). Investing in foreign-language writing: A study of two multicultural learners. *Journal of Language Identity & Education*, *4*(4), 269–290.

Kanno, Y. (2003). Imagined communities, school visions, and the education of bilingual students in Japan. *Journal of Language Identity & Education*, *2*(4), 285–300.

Kanno, Y. & Norton, B. (2003). Imagined communities and educational possibilities: introduction. *Journal of Language Identity & Education 2*(4), 241–249.

Kawakami, I. (2003). Resettlement and border crossing: A comparative study on the life and ethnicity of Vietnamese in Australia and Japan. *International Journal of Japanese Sociology*, *12*, 48–67.

Lee, S.S. (2000). Dys-appearing tongues and bodily memories: The Aging of first-generation resident Koreans in Japan. *Ethos, 28*(2), 198–223. American

Anthropological Association.

Norton, B. (2000). *Identity and language learning: Gender ethnicity and educational change.* Harlow, England: Pearson Education.

Park, R. E. (1928). Human migration and the marginal man. *American Journal of Sociology, 33*(6), 881–893.

Pavlenko, A. & Blackledge, A. (2004). Introduction: New theoretical approach to the study of negotiation of identities in multicultural contexts. In Pavlenko, A., & Blackledge, A. (Eds.), *Negotiation of identities in multicultural contexts* (pp. 1–33). Clevedon: Multilingual Matters.

Pennycook, A. & Otsuji, E. (2015). *Metrolingualism: Language in the city.* Oxon: Routledge.

Robertson, R. (1995). Glocalization: The time-space and homogeneity-heterogeneity. In Featherstone, M., Lash, S., & Robertson, R (Eds.), *Global modernities* (pp. 25–44). London: Sage.

Safran, W. (1991). Diasporas in modern societies: Myths of homeland and return. *Diaspora, 1*(1), 83–99.

Schuetz, A. (1944). The stranger: An essay in social psychology. *American Journal of Sociology, 49*(6), 499–507.

Urry, J. (2007). *Mobilities*, Cambridge: Polity.［アーリ、J.（2015）『モビリティーズ──移動の社会学』（吉原直樹・伊藤嘉高訳）作品社］

法務省・在留外国人統計
　　http://www.moj.go.jp/housei/toukei/toukei_ichiran_touroku.html
　　（2020/05/10 閲覧）
外務省（2017）「海外在留邦人数調査統計　平成 29 年版」
　　http://www.mofa.go.jp/mofaj/files/000260884.pdf（2018 年 1 月 1 日閲覧）
観光庁（2018）「観光庁長官メッセージ」
　　http://www.mlit.go.jp/kankocho/about/message.html　（2018 年 1 月 1 日閲覧）
法務省（2016）「出入国管理統計」
　　http://www.moj.go.jp/housei/toukei/toukei_ichiran_nyukan.html
　　（2018 年 1 月 1 日閲覧）
外務省（2019）「海外在留邦人数調査統計　令和元年版」
　　https://www.mofa.go.jp/mofaj/toko/tokei/hojin/index.html
　　（2020 年 6 月 30 日閲覧）
文部科学省（2014）「外国人児童生徒のための JSL 対話型アセスメント」
　　https://www.mext.go.jp/component/a_menu/education/micro_detail/__icsFiles/afieldfile/2018/05/24/1405244_1.pdf
　　（2020 年 6 月 30 日閲覧）

索　引

川上郁雄（かわかみ いくお）
早稲田大学大学院日本語教育研究科教授
オーストラリア・クイーンズランド州教育省・日本語教育アドバイザー（国際交流基金派遣日本語教育専門家）、宮城教育大学教授等を経て、2002年より現職。博士（文学、大阪大学）。専門は、日本語教育、文化人類学。

主編著に、
『越境する家族——在日ベトナム系住民の生活世界』(2001、明石書店)、『「移動する子どもたち」と日本語教育——日本語を母語としない子どもへのことばの教育を考える』(編著、2006、明石書店)、『「移動する子どもたち」の考える力とリテラシー——主体性の年少者日本語教育学』(編著、2009、明石書店)、『海の向こうの「移動する子どもたち」と日本語教育——動態性の年少者日本語教育学(編著、2009、明石書店)、『私も「移動する子ども」だった——異なる言語の間で育った子どもたちのライフストーリー』(編著、2010、くろしお出版)、『「移動する子どもたち」のことばの教育学』(2011、くろしお出版)、『「移動する子ども」という記憶と力——ことばとアイデンティティ』(編著、2013、くろしお出版)、『日本語を学ぶ／複言語で育つ——子どものことばを考えるワークブック』(共著、2014、くろしお出版)、『公共日本語教育学——社会をつくる日本語教育』(編著、2017、くろしお出版)、『移動とことば』(共編著、2018、くろしお出版)、『探究型アプローチの大学教育実践——早大生が「複言語で育つ子ども」を考える授業』(2020)くろしお出版、など。

「移動する子ども」学

初版第1刷 ——— 2021年3月15日

著　者 ——— 川上郁雄

発行人 ——— 岡野秀夫

発行所 ——— 株式会社　くろしお出版

　　　　　〒102-0084　東京都千代田区二番町4－3
　　　　　[電話] 03-6261-2867　[WEB] www. 9640. jp

印刷・製本　シナノ書籍印刷　　装　丁　桂川　潤

©KAWAKAMI Ikuo 2021　Printed in Japan
ISBN978-4-87424-855-3 C0080